KB139877

Education
Essay

好學先生의
窓

갈래길에서 賢者는

Education
Essay

好學先生의
窓

갈래길에서 賢者는

엄대용 지음

| 발간사 |

하늘이 천둥번개로 깨달음을 암시하는 여름날에 두 번째 수필집 『好學先生의 窓』을 발간하게 되니 벅찬 감회가 밀려온다. 그동안의 집필과정의 중압감에서 해방되었지만 독자들의 송곳같이 예리한 서평을 생각하면 광야에서 우거(寓居)를 찾지 못해 방황을 거듭하는 어린양을 떠올리게 된다.

好學先生은 필자가 신설 부천 송내고등학교 교장재임시절 학생들이 지어준 별칭으로 학문, 학교, 학생을 좋아하는 선생님 모두의 자화상을 지칭하는 말이다.

필자는 40년 교직생활 내내 '好學修己(학문을 즐겨하고 인격을 닦는다)'를 가슴에 새기며 학교생활을 했다. 따라서 신설교의 교훈도 '호학입례(好學立禮)'로 정하고 교훈 탑을 세워 등하교 길에 가슴에 담자고 역설한 것이 별칭을 얻게 된 계기이다.

好學先生의 窓은 제1장 교육의 계명은 중용(中庸 - 지나치거나 모자람 없이 도리에 맞고 불변적인 것), 제2장 선생님의 힘은 민족의 힘, 제3장 경제강국은 학교교육의 출발점, 제4장 그리움이 물드는 창가에서, 제5장 미래설계는 활화산처럼으로 구성되어 있다.

오늘날 우리사회는 미래 예측 불안, 도덕의 실종, 좌우 이념 논쟁으로 한국 건국 초기로 옮아간 느낌이다. 이 시점에서 선생님들이 간과해서는 안되는 것은 교육의 계명인 중용, 도덕교육의 재건, 글로벌 인재 양성 등 새교육의 혜안을 가져야 한다. 또한 교육은 백년지 대계이므로 좌우 편향 교육은 온전한 인간이 아닌 정신적 장애를 가진 인간을 길러 낸다는 점에 유의해야 함을 일깨우고 싶다.

그동안 떠오르는 아이디어를 부지런히 메모하고 40년 교육현장의 경험을 바탕으로 전국의 선생님들에게 작은 힘이 되었으면 하는 것이 바람이고 소망이다.

이 에세이집을 발간하기까지 조언을 해준 동료, 우인(友人)들과 타이핑을 도와준 엄정선 님, 표지그림을 그려준 아내 유재숙 님, 편집 출판에 애써주신 한국학술정보(株)에 깊은 감사를 드린다.

2017년 푸르른 계절에
엄대용

| 차례 |

제2장-선생님의 힘은 민족의 힘

제3장 - 경제 강국은 학교교육의 출발점

제4장-그리움이 물드는 창가에서

제5장 - 미래설계는 활화산처럼

제 **1** 장

교육의 계명(誡命)은 중용(中庸)

내 마음 나도 모르게

사람의 마음은 그야말로 시시각각으로 변화를 거듭한다. 이랬다 저랬다 저랬다이랬다 종잡을 수 없는 것이 사람의 마음이다. 환하게 밝았다가도 어둡게 흐린다. 야릇한 감정에 휩싸였다가도 곧바로 원 상으로 회복한다. 그만큼 사람이 중심을 잡고 살아가는 것이 난해하 다는 것을 입증하는 것이다. 마음에 그만큼 변동 폭이 심한 것은 사 람 탓은 아닌 듯하다.

신이 인간을 그렇게 창조하고 사람은 신의 뜻에 따라 움직일 수밖 에 없는 존재이기 때문이리라. 그러한 것은 또한 사람이 세상을 살 아가는데 상황에 따라서 어떤 사안에 결정을 내린다는 것이 그만큼 어려움이 따르기 때문이기도 하다.

우리가 대화나 토론을 하다보면 짧은 시간에 합의점을 찾기란 낙 타가 바늘구멍을 들어가기만큼 힘듦을 알게 된다. 저마다의 생각이 다르고 또한 생각하기에 따라서는 모든 것이 일리가 있기 때문이다. 상대방의 생각이 이러할 것이라고 판단해서 가까이 가면 착각이었 다는 것을 빨리 알아채는 경우가 많게 된다. 그런 경우 상대방이 눈치 채기 전에 순간적인 수정을 하고 새롭게 대처해야 하기 때문에 순발력이 필요하게 된다. 사람은 누구나 처음부터 진심을 드러나지 않고 숨기고 있다가 나중에 가서야 본심을 보여주기 때문이다.

마음은 내면에 흐르는 기류이다. 도도히 말없이 흐르는 물길과도 같은 것이다. 평온한 것 같으면서도 작은 파동이 일기도 하고 파도처럼 마음을 철썩철썩 때릴 수도 있다. 때로는 폭풍우가 몰아치고 높은 파도에 배 멀미가 일어나기도 한다. 내 마음 나도 모른다고 많은 사람들이 고백한다. 그 묘한 심리적 변화를 딱 부러지게 정의할 수는 없다. 마음이 고정되어 있어서 어떠한 자극에도 흔들리지 않는다면 세상사는 무미건조하리라.

사람은 오감을 통한 자극이 시시각각으로 뇌에 전달되어 인지능력을 발휘하여 반응한다. 이러한 현상은 우리들의 마음과 연결되어 마음을 고정시키지 않고 변동성을 높여준다. 따라서 사람의 마음은 끊임없이 변화를 거듭하고 이동하게 된다.

마음은 신비의 세계가 작용하는 것으로 살아 있음을 입증하는 것도 된다. 성적 자극이 시청각을 통해 뇌에 전달되었을 때 아무런 반응이 없다면 비극이고 절망으로 빠져들게 된다.

연애는 결혼을 위한 전주곡이다. 연애는 상대를 앎에 목적을 둔다. 말의 씨를 읽을 줄 아는 지혜가 필요하다. 연애는 결혼의 전 조작기 단계이기 때문에 연애기간에는 만남이 뻔질나게 있어야 하고 성격도 테스트하고 지혜의 깊이도 잴 수 있어야 하며 위기가 닥쳤을 때의 대응전략이 어떠한가도 예의 주시할 필요가 있다.

결혼을 하면 같이 살아가는 기간이 회혼식을 넘기는 사람들도 점점 늘어나기 때문에 수많은 테스트 과정을 거쳐서 신중한 결정을 내려야 한다. 연애기간에는 행복하고 달콤한 사건보다는 슬프고 아픈 상황에서 그것을 극복하는 과정을 설정하는 것이 필요하다.

젊은 날에는 누구든지 주변의 또래들이 맴돌면서 교류를 하게 된다. 친구로 동료로 연인으로 우정을 나누는 과정에서 수없이 많은 평가를 하고 측정을 하면서 결혼 상대를 찜하게 된다. 찜하는 상대에게 나도 모르게 쏠리게 된다. 콩깍지가 씌어서 찜한 상대에게 빠져들면 동행의 인생길을 걷게 된다.

고교 시절 5층 음악실에서 목청 높여 불렀던 '김동명의 시에 김동진이 작곡한 가곡'을 지금은 작은 소리로 읊조려 본다.

> "내 마음은 호수요 그대 노 저어 오오오오. 나는 그대의 흰 그림자를 안고 옥같이 그대의 뱃전에 부서지리라. 내 마음은 나그네요 그대 피리를 불어주오. 나는 달 아래 귀를 기울이며 호젓이 나의 밤을 새이오리다."

02

노리개

'겉볼안'이라는 말이 있다. 겉을 보면 속도 알 수 있다는 말이다. 이 말은 틀릴 수도 있고 맞을 수도 있기 때문에 일언지하에 단정하는 것은 위험한 사고이다(오늘날 남녀평등은 중요한 사회적 이슈이다).

사람들은 여자를 볼 때 세 가지 측면으로 곧잘 분류한다.
첫째는 지적인 여자이다.
이들은 사물을 예리하게 꿰뚫어보며 해박한 지식으로 대화의 장을 압도한다. 외모에 신경을 쓰고 자신을 꾸미지만 드러나지 않으면서도 깊은 메시지를 주는 화장과 옷차림이 인상적이다. 자기 치장을 하지 않는데도 매력이 샘솟는 여자들이 이에 해당한다.

둘째는 정적인 여자이다.
이들은 다정다감하고 친화력이 뛰어나다. 자존심을 접을 줄 알며 남자들이 원하는 교태도 부릴 줄 안다. 그래서 쉽게 상대를 끌어들여 사랑의 탑을 짧은 시간에 쌓을 수 있는 비법을 알고 있다. 이들은 분위기에 이끌려서 인생을 재미있게 살 줄도 안다. 무미건조함을 경계하면서 그것에 난색을 표한다.

셋째는 지적인 면과 정적인 면을 겸비한 여자이다.

이들은 지적인 면도 얕고 정적인 면도 얕은 여자이다. 바람에 날리는 갈대와 같이 항상 변하는 두 개의 얼굴을 가지고 있다. 심리적 변동의 폭이 크기 때문에 세심한 주의를 기울이지 않으면 낭패를 볼 수도 있다.

남자들은 지적인 여자들보다 정적인 여자들에게 관심을 갖고 접근하게 된다. 그렇긴 해도 여자들은 남자들에 비해 쉽게 마음을 열지 않을 뿐더러 숨겨둔 카드를 보여주지도 않는다. 남자들은 우정이 연정으로 진입하기도 전에 미주알고주알 얘기를 던지며 상대의 반응을 살피지만 여자들은 들어만 줄 뿐이다.

여자들은 쉽지 않은 존재이다. 그러나 남자들은 결혼을 전제로 다가가는 경우와 여자를 노리개 감으로 생각하고 다가가는 경우로 나눌 수 있다. 여자에게 남자는 장시간을 두고 관찰해야 할 대상인 것이다.

남성 중심의 사회에서는 여성 노리개 문화가 창궐하고 여기저기 그러한 저급문화가 눈에 띄곤 했다.

예전에 방석집이란 주점이 시장 근처에 많이 있었다. 방석에 둘러앉아 곁에 소위 작부라는 여자를 앉히고 술 먹는 분위기를 내고 권주가를 부르도록 시켰다. 돈 몇 푼을 저고리 품에 꽂아주면 흥겨운 노랫가락이 풍악을 울려 분위기가 띄워져 술은 거부반응 없이 몸으로 마구 들어갔다. 분위기가 익으면 작부들은 남자들의 노리개 감으로 변한다.

이런 주류문화는 지금은 사라지고 주점도 고급화되고 여자들도 돈 몇 푼에 흔들리는 바보가 되지 않는다. 여성들이 눈을 뜨고 쉽게 넘어가지 않는 비즈니스 세상으로 변모한 것이다.

아직도 여자를 꽃에 비유하고 노리개 정도로 생각하는 남성들의 문화가 존재하지만 이는 후진국에서나 볼 수 있는 남성 위주의 저급한 문화로 우리 사회에서 추방시켜야 한다. 여성을 지금보다도 더 많이 사랑하고 떠받들고 위해 주어서 평등의 문화가 뿌리내려 가도록 남성이 앞장서야 한다.

중국의 가정을 방문하면 손님에게 남성이 요리를 해서 대접하는 경우를 종종 보게 된다. 부계사회이면서도 여성을 배려하는 모습을 보면서 조선시대부터 이어져 내려오는 여성비하 노리개 문화를 하루 빨리 추방해 나가야 한다.

남성과 여성은 전후좌우를 살펴보아도 평등이 살아 숨 쉬는 문화인의 길로 나아가야 한다.

남녀평등은 어린 시절부터 아이들에게 귀 따가울 정도로 철저한 교육이 행해져야 한다. 특히 남자아이들에게는 지나칠 정도로 강조하여 몸에 밸 수 있도록 밥상머리 교육도 행해야 한다. 여자아이들도 남자에게 의지하고 이끌어 주기를 바라고 남자아이들에 비해 자신이 열등하거나 뒤떨어지지 않는다는 것을 뿌리내릴 수 있도록 지도해야 한다.

국가나 사회는 여성에게 불리한 모든 제도를 과감하게 철폐하고 대등한 파트너의 관계로 유도해 나가도록 앞장서 실행해야 한다.

03

대관령 시산제

겨울을 뚫고 나온 봄이 대지에 초록색 칠을 시작한다. 냉기로 몸을 사시나무 떨 듯 휘둘린 날이 엊그제였는데 온기가 스며들면서 활력이 넘쳐난다. 이제 겨울을 한시름 놓고 새봄을 향해 계절은 질주하기 시작한다.

오늘은 산행의 시작을 천지신명께 알리고 산행의 무사고를 기원하는 시산제 날이다. 어린 시절 소풍날을 손꼽아 기다리며 들떠 있던 시산제가 눈앞을 아롱거린다. 안정감의 실종이다.

시산제 날의 일기 검색은 필수점검의 첫째이다. 산행도구를 빠짐없이 챙기면서 구급약과 산행지도도 배낭에 넣는다. 제사상에서 준비하는 음식의 정성이 중요하듯이 시산제도 별반 다를 것이 없다. 먹거리 준비는 여성회원들의 몫이다. 매월 여성회원들이 점심 도시락용으로 한 통에 싸온 음식은 그 솜씨가 모두들 달인에 가깝다.

나는 학교에서 선생으로 40년간 오직 교육만을 천직으로 알았다. 산악회 활동은 현직시절 꿈도 꾸지 못했는데 퇴직 후 산행은 분명히 나를 흥분시키기에 충분하다.

교원의 주된 업무는 학습지도안 작성, 담임업무, 생활지도, 상담활동, 공문처리, CA활동, 연구연수활동, 협의회참석 등 어느 하나 소홀히 할 수 없으며 다른 생각을 할 겨를이 없이 하루가 지나가는 직업이다. 그 당시 나는 주인이 아니고 교육에 고용된 하인과 마찬가지로 분주한 생활의 연속이었다.

이제는 퇴직해서 하루일과가 널널한 탓에 산악회 산행은 월중행사의 중요한 일과의 하나이다. 밤새 앞뒤가 들어맞지 않는 꿈 탓에 잠을 설치긴 했어도 산악회 시산제가 있어 발걸음은 무겁지 않다.

우리가 타고 갈 버스는 높은 사람들 모시고 시찰 가는 것도 아닌데 늘 일찍 와서 대기하고 있으며 산악회원들이 주고받는 인사도 활짝 핀 웃음이 밝고 경쾌하다.

나는 눈으로 주고받는 인사와 마음이 오가는 인사를 나누고 싶어 하지만 겉핥기식 인사가 대부분이다. 대관령을 향해 출발한 차 안에는 그간의 밀렸던 얘기가 봇물 터지듯 여기저기서 쏟아지고 활기가 넘친다.

사람의 일은 알다가도 모르는 것이 태반이라는 말이 꼭 맞는다 늘 산악회모임에 개근하는 잉꼬부부가 불참한 것이다.

산행에서도 앞에서 리더가 되어 우리를 이끌고 여흥을 즐길 때도 분위기 메이커이고 먹성도 좋고 건강도 양호한 그분에게 갑자기 변고가 생겼다는 것이다.

눈 깜작할 새에 뇌출혈이 찾아왔지만 대수롭지 않게 생각한 것이 화근이 되어 뒤늦게 병원을 찾았지만 이미 몸은 반신불수라는 비극이 쓴웃음을 짓게 한 것이다. 병원에서의 삶은 계속되고 치료가 완료되어도 반신불수로 산행은 엄두도 낼 수 없다는 안타까운 소식이다.

영동고속도로를 달리면서 차창 밖으로는 겨울을 이긴 초목들이 대견스럽기만 하다. 나무의 새순은 열다섯 여자애의 가슴이 부풀어 오르듯 커가고 자연의 신비를 바라보는 내 가슴의 환희는 끓어오르는 온천물처럼 보글거리기 시작한다. 자연에 압도된 내 모습을 차량의 속도가 거듭제곱으로 가속도가 붙으면서 제자리로 돌아왔다.

남한강을 건너 강원도로 들어서면 양쪽에 쭉쭉 뻗은 소나무 터널이 그 위용을 자랑하고 경사진 길을 오르고 내려가길 반복하면 어느덧 대관령 드넓은 광장에 차는 숨을 죽이고 멈춰 선다.

입춘을 지난 3월이지만 대관령의 바람은 볼 따귀를 사정없이 후려친다. 춘풍의 부드러움은 온데간데없이 실종되고 봄을 거부하는 북풍이 겨울이 끝나지 않았음을 강조하는 듯하다.

산은 산소가 다량으로 생산되는 공장이고 기지이다. 산에 오면 내 몸은 살이 찌고 호강에 빠져 든다. 이 맑고 향긋한 공기를 실컷 마시면 며칠 더 머무르고 싶어진다. 산의 공기는 몸에서 우리를 괴롭히는 아토피 피부염도 그 활동을 멈추고 완화시켜 주기도 한다. 계곡의 물을 피부에 쏟아 부으면 자연화장품이 따로 없다. 매끈매끈하고 피부에 윤기가 감돈다. 같이 산행 온 여자들이 더 예쁘고 선녀처럼 보인다.

계곡에 흐르는 물은 청아하고 청량감이 넘친다. 평지를 흐르는 물은 소리를 내지 않지만 계곡의 물은 자신에게 집중해 달라고 박자 없이 소리를 내고 흐른다. 산이 같이 걷기를 원하고 계곡의 물이 같이 놀기를 원한다.

시산제상 차리기는 긴 시간을 필수로 하지 않는다. 제사상에 올리는 음식을 지지고 볶고 만드는 과정이 생략되고 사전에 마련한 제물이 진열되기 때문에 순식간에 시산제 준비가 끝나고 회원들은 경건한 마음으로 제례장소로 집결한다.

시산제의 제주는 산악회장이 되고 집사는 제례순서에 따라 진행을 담당한다.

'노산 이은상' 선생이 글쓴이로 나와 있는 산악인의 선서는 가슴에 와 닿는다.

'산악인은 무궁한 세계를 탐색한다. 목적지까지 청렴과 협동으로 고난을 극복하고 절망과 호기는 없다. 산악인은 자연에 동화되어야 한다. 아무런 속임도 꾸밈도 없이 자유와 평화의 참 세계를 향한 행진이 있을 다름이다.'

시산제는 산악회원들 모두가 올해에도 아무런 산악사고가 발생하지 않고 안전산행을 기원하기 위해 산신제 예를 갖추는 제례의식이어서 경건하고 엄숙함은 조상님께 올리는 제례의식과 유사한 형태를 띠게 된다.

시산제 이후에는 술과 음식을 같이 나누며 우의를 돈독히 하고 단합의 뒤풀이 행사가 의미 있게 진행된다.

대관령은 서울과 영동을 이어주는 태백산맥의 관문이다. 고개굽이가 99개소라는 옛길을 생각하면서 강릉이 고향인 신사임당이 어린 율곡을 데리고 대관령을 넘어 시댁을 오갔다는 얘기가 생각이 났다.

대관령은 선자령, 황병산, 발왕산 등에 둘러싸인 분지로 아득하고 멋스런 풍경이 다소곳이 눈에 들어왔다. 선자령이 눈앞에 보이지만 가야 할 길은 멀기만 하다.

산은 우리에게 단맛, 쓴맛, 신맛, 짠맛, 떫은 맛 등 갖가지를 맛보게 한다. 오늘은 산이 주는 특유의 단맛이 가슴을 파고든다. 내 가슴의 묵은 찌꺼기를 우려낸다. 몸도 마음도 산의 운치로 대청소를 한다. 개운하고 상큼하다.

목욕탕의 좁은 공간에서 많은 사람들이 씻고 또 씻은 물로 몸을 닦는 것이 얼마나 비극인가를 산욕을 하면서 그 차이를 만끽한다. 죽어서 세속을 떠나 산으로 가서 영면하는 것도 맑고 깨끗함을 향유하기 위함이 아닐까?

시산제 후의 뒤풀이 과정은 술을 주거니 받거니 하면서 세상의 시야를 넓히고 사람을 알고 우정을 확산시키는 계기가 된다. 그러나 이렇게 화기애애한 분위기에서도 어떤 주체를 놓고 논쟁이 일어나고 분위기는 얼어붙고 말싸움은 한계를 넘을 수 있다.

이날 산악회원들의 논쟁이 된 것은 『환단고기』라는 책이 문제였다. 『환단고기』라는 책에서 주장하는 내용의 진위여부에 대해 심각한 공방이 오고가면서 흥분이 가세하게 된 것이다.

내 생각은 역사는 민족의 자존심과 깊은 관련을 가지므로 국민의 가슴에 유리한 에너지를 강하게 공급한다는 사실을 인식하면서 역사를 객관적으로 들여다보아야 한다는 것이다.

『환단고기』의 내용이 학자들에 의해 받아들여진다면 전 세계 상고사와 일부 역사가 수정되어 다시 쓰여야 한다는 문제를 수반한다. 중국과 우리가 맞부딪치고 있는 상황에서 『환단고기』는 우리 민족의 자존심을 높일 수 있는 계기가 될 수는 있어도 그 책에서 주장하고 있는 것이 정답이라고 확정할 수는 없다는 것과 이 책이 위서인지 여부도 연구가 필요하다고 생각한다.

우리 산악회원들은 뜨거운 논쟁을 접고 시산제 후 앞으로 힘차게 전진하는 모습이 멋지고 우람하게 느껴진다.

04

도시모습 읽기

    도시는 늘 동적이고 분주하다. 여기를 가도 사람들이 가득하고 저기를 가도 사람들이 만원을 이룬다. 도시를 헤집고 다니는 사람들의 발걸음은 속도감이 있다. 새벽부터 생업을 준비하는 사람들의 손발이 빨라지고 일터로 일찍 출근하는 사람들의 행렬도 분초를 다툰다.

    사방팔방으로 잘 뚫린 도로는 자동차로 넘쳐나고 미처 빠져나가지 못한 차량들은 신호등 앞에서 잠시 숨을 고른다. 도시의 교통체증은 이른 시간부터 운전자들을 초조하게 만든다.

    도시는 안정감이 없고 늘 들떠 있는 느낌이다. 사람과 사람이 부딪치고 사람과 차량이 곡예를 하고 차량과 차량이 경쟁이라도 하듯 분주하게 속도를 높인다. 사람 사는 냄새가 물씬 풍기는 도시는 역동적이다. 시장에서는 팔자 사자가 맞붙는다. 가격조정을 위한 눈치보기도 치열하다. 흥정이 성사되기도 하지만 구매행동이 불발로 그치기도 한다.

    도시는 서로 다른 문화가 충돌하면서 새로운 문화가 생성되고 기존 문화가 빛을 잃고 사라진다. 도시는 거대한 패션의 물결이 일렁

이는 곳이다. 저마다의 개성을 돋보이게 하려고 꾸미고 다듬고 분장하기 바쁘다. 도시의 패션은 우리들의 시선을 사로잡고 마음을 흔들어 놓기도 한다.

도시는 갖가지 음식이 경연하는 음식박람회를 연상하게 한다. 세계여행이 일반화된 탓으로 외국 음식도 낯설지 않다. 한국음식이 주된 메뉴로 자리 잡았지만 늘 같은 음식에 식상한 사람들이 색다른 외국음식을 선호하기도 한다. 한때 유행이 아닌 제법 장사가 잘 되어 즐거워한다.

도시는 열기와 냉기가 공존한다. 수많은 군중들이 살아가면서 뿜어내는 열기는 늘 뜨거워 한증막을 떠오르게 한다. 도시에서 생업에 종사하는 사람들의 움직임과 무언가를 응시하는 눈매는 날카롭고 매섭기만 하다. 도시인은 느린 템포로 살지 않고 빠른 템포로 바쁘게 이동하면서 일을 처리한다.

도시의 냉기는 때때로 북극의 빙하보다도 차갑다. 훈훈한 온기는 어디론가 실종되고 이기주의가 팽배하여 따스함을 느낄 겨를이 없다. 너는 너, 나는 나라는 극단주의는 도시를 더욱 춥게 만든다. 사익이 공익을 앞서기 때문에 나타나는 현상이다.

도시는 공동체적 이미지가 강해야 살맛이 나는데 개인주의가 팽창하는 사회특성상 공동의 이익을 창출해 낸다는 것은 힘든 일이다.

도시의 파수꾼은 가로등이다. 가로등 불빛으로 인해 비로소 도시는 생동감을 찾는다.

가로등이 없는 암흑의 도시를 생각해보면 소름이 끼친다. 도시는 범죄의 소굴이 되고 난장판이 되어 통제 불능의 상태에 빠지게 된다.

가로등과 사촌관계인 신호등은 도시를 제어한다. 신호등은 사고 예방을 위해 한 박자 느리게 움직이라고 권장한다. 가로등이 없고 신호등이 없다면 도시는 마비되고 통제 불능의 상태로 돌입하게 된다.

도시는 군중들의 생각과 새로운 문화가 충돌한다. 소멸과 탄생의 과정을 거듭한다. 마치 블랙홀을 연상케 한다. 도시의 문화는 정상을 달리는 것 같지만 각박하기 그지없다.

도시의 문화는 고집이 센 것이 특징이다. 도시가 삭막하다는 것은 거기에서부터 원인을 찾을 수 있다. 어릴 때 우리는 우스갯소리로 개똥철학도 철학이라는 말을 자주 접했다. 어떤 논리적 근거가 희박하더라도 무지하고 배움이 얕은 사람들이 생활해 가면서 자연스럽게 생성되는 것을 일컫는 말이리라.

도시는 분주하다. 여유가 없이 뱅글뱅글 돌아가는 것이 현기증을 느낀다. 도시인은 정신적으로 가난하다. 정신세계를 잃고 물질의 풍요를 선택했기 때문이다. 도시인은 사람은 어디에서 유래하고 어디로 가고 있으며 삶의 목적이 무엇인지 하루에도 여러 번 반문하면서 살지 못한다. 그것은 정신건강에 이로운지 해로운지는 나도 모르겠다.

죽어가는 도시는 생각만 해도 끔찍하다. 범죄가 활개를 치고 도시를 어지럽게 하고 환란에 빠뜨리는 집단이 지하에서 숨어 있는 도시는 죽은 도시이다.

도시는 살아 움직이는 거대한 생명체이다. 선과 악이 공존하고 세상사의 희로애락이 뒤엉켜서 걷잡을 수 없이 굴러가는 자동차의 네 바퀴가 연상된다.

도시의 인심은 각박하다. 때로는 살벌한 느낌마저 준다. 생존경쟁에서 살아남기 위해서는 긴장을 늦출 수가 없다. 강하고 끈질겨야 하며 냉정함도 잃어서는 살아남을 수 없다.

도시는 서로 다른 문화가 충돌하면서 새로운 문화가 출현하고 기존 문화는 어느 날 빛을 잃고 소멸한다. 도시는 때로는 침묵에 익숙하다. 도시 사람들은 그들의 생각을 겉으로 잘 표현하지 않는다. 도시 속에서 도시인을 관찰해보라. 그들의 표정을 읽어 보려고 노력해보라. 무뚝뚝한 표정에 놀라게 된다.

도시는 항상 왁자지껄하고 떠들썩하다. 사람과 사람이 부딪치기도 하며 사람 사는 냄새가 물씬 풍긴다.

도시의 밤 문화는 난잡하고 정돈되어 있지 못하다. 밤 문화의 화려함은 세계 어느 나라나 같지만 제한된 지역에서 드러나지 않게 나름대로의 밤 인생을 즐긴다. 그러나 퇴폐를 지향하는 밤 문화는 모두가 나서서 경계해야 한다. 낮에 쌓였던 스트레스를 풀고 내일의 새로운 날들을 보다 성숙하게 만들기 위한 도약을 준비하는 밤이 되어야 한다. 인생의 가치 있는 삶을 이끌어 내기 위해서 끊임없이 내면의 세계를 정화하고 새로운 가치를 창조해 내는 시간이 되어야 한다.

도시는 침묵하기도 한다. 침묵은 태곳적부터 있어 온 것이다. 침묵의 의미는 수수께끼이다. 가르쳐 주는 사람도 없고 알쏭달쏭하며 의문부호만 덧붙이게 된다.

침묵은 무서운 것이다. 그래서 그냥 받아들이는 것이다. 기나긴 침묵을 깨는 건 새벽 닭 울음소리이다. 도시의 밤 침묵을 견디다 못해 새벽녘에 목을 길게 빼고 울어재끼는 닭이 신기하기도 하고 신통스럽기도 하다. 도시의 침묵을 깨는 순간 사람들은 그 소리가 정겨워 하나둘 잠을 깨고 일어나 하루를 시작한다.

도시의 출발은 농촌으로부터 시작된 것이다. 인구가 팽창하면서 소 도읍이 되고 소 도읍은 몰려드는 이주민을 수용하기 위해 주변을 개발하여 도시로서의 형태를 갖추고 기하급수적인 인구 유입을 계속해서 주변 토지를 잠식하기 때문에 도심부터 고층 건물과 고층 아파트를 건축하면서 도시는 발전해 나간다.

이제 도시는 삭막함과 경쟁구도의 몰 인간적인 모습에서 원래 농촌으로부터 출발할 때처럼 구수한 인심과 따뜻한 정분이 넘치는 사람답게 살아갈 수 있는 공동체를 향해 진군을 해 나가야 한다.

도시 곳곳에 자리 잡은 교회, 성당, 절 등 종교단체들이 앞장서서 도시인심 리모델링 사업에 적극 나서야 한다. 김장나누기, 연탄나누기 등 물질적인 원조를 앞장 세워서 우리 이렇게 이웃돕기 했노라고 자랑하지 말고 도시민이 정서 마음 자세 등을 개선시킬 수 있는 사업에 집중하고 비중을 높여야 한다.

도시는 우리 모두의 자산이다. 도시의 겉모습 즉 인간이 살아가는 데 불편을 느끼지 않고 원하면 언제든지 얻을 수 있고 이용의 편리성을 부여하는 것도 중요하지만 도시의 속 모습도 거칠지 않고 각박하지 않고 부담스럽지 않은 따뜻한 도시를 만드는 일에 모두가 동참해야 한다.

05

명동의 르네상스

내가 명동과 인연을 맺은 것은 중학교 입학시점으로 거슬러 올라 간다. 오늘날 명동의 롯데 백화점 옆자리가 예전에는 화신 백화점이 영업을 했던 곳이다. 당시에 화신 백화점은 서울시내 중고교의 교복 을 거의 독점할 정도로 의류업계의 대명사로 통했으나 지금은 사라 진 기업이다. 그때는 중학교도 필기고사로 입학시험을 치르고 합격 자도 일간지에 발표했다. 지금은 평준화로 꿈 같은 얘기지만 그 당 시 중고교 입시의 열기는 뜨거웠던 시절이다.

초등학교를 복사골에서 마치고 서울로 중학교를 가게 된 것도 부 친의 영향력의 결과이다. 그 당시 교복은 요즘 학생들의 교복처럼 천의 품질이 우수하고 디자인이 뛰어나지 못하고 광목보다는 약간 나은 정도의 품질에 일본 학생들 교복을 흉내 내는 정도의 디자인이 전부였다. 학교에서 지정한 교복을 구입하기 위해 기차를 타고 서울 역에서 내려서 명동까지 걸어서 화신 백화점을 찾아갔으니 지금도 지울 수 없는 추억으로 남아 있다.

명동의 인파는 거대한 물결을 연상케 한다. 오는 사람과 가는 사람으로 분주함이 넘친다. 내국인과 외국인이 범벅이 되어 인파가 이리 쏠리고 저리 쏠린다. 명동은 잠들지 않는 동네이다. 명동의 문화와 바람은 찬란하고 그 규모가 거대해서 종잡을 수가 없다.

명동에서는 아이쇼핑도 꽤 재미있는 오락의 일종이다. 아이쇼핑은 주머니가 가벼운 사람에게 대리만족감을 준다. 쇼핑은 묶여 있는 시간에서의 해방감을 준다. 원래 사람에게 주어진 시간은 일하고 잠자고 공부하고 식사하고 독서하고 여가를 즐기는 시간으로 구성되어 있으니 말이다.

명동에서는 가난을 느낄 수가 없다. 가진 것 없는데도 모두가 부자가 된 느낌이다.

명동의 구두는 유명하다. 구두의 시대가 가고 운동화 시대가 도래하면서 구두점이 문을 닫고 파리를 날리지만 다시 구두의 시대가 재건되어 가는 느낌이다. 젊은이를 중심으로 불길처럼 번졌던 운동화 문화는 수제구두를 제조하는 사람들의 생업을 망가뜨리고 눈물을 안겨주었다. 그러나 유행은 돌고 돌아서 제자리로 온다.

명동은 유행을 창조하는 근원지이다.

명동의 극장은 늘 만원이다. 명동에서 덕수궁을 거쳐 청계천 길을 걸으면 반나절이 쉽게 간다. 명동을 거쳐 한옥마을에 둘러 남산에 오르면 서울이 한눈에 들어온다.

명동은 숨 가쁘게 돌아가는 서울의 한가운데이다. 명동은 남성보다는 여성의 거리이고 여성이 점령한 도시이다. 여성의 패션이 눈부시고 그들의 경쟁이 찬란하게 빛나는 동네이다. 명동의 색깔은 빨주노초파남보 무지개 색처럼 예쁘고 다양하다.

한국인과 외국인, 젊은이와 늙은이, 남성과 여성 등 뒤범벅이 되어 늘 혼잡하다. 사람들이 밀물처럼 밀려오고 썰물처럼 어디론가 빠져나간다. 사람들의 표정도 신기할 정도로 가지각색이다. 먹는 것, 입는 것, 보는 것, 듣는 것 모두가 한국에서 첨단을 달린다고 해도 지나치지 않는다.

우리네 인생의 삶의 모습이 적나라하게 살아 숨 쉬는 곳이다. 특별히 할 일이나 볼일이 없어도 명동에 가서 인파 속에 파묻히면 내가 살아 있음을 실감한다. 사람들은 그만큼 명동을 사랑한다.

명동은 서울을 이끌고 맨 앞에서 한국을 잡아당기는 짐꾼이다. 우리 모두는 명동의 화려함에 빨려 들어간다. 오늘도 인파에 파묻혀 명동거리를 걷는다. 사람들의 표정도 읽어보려 애쓰지만 정답을 찾기는 어렵다. 명동은 심심함을 달래주는 묘미가 있는 동네이다. 그리고 불현 듯 학창시절에 크리스마스 이브송이 울릴 때면 무작정 명동으로 달려가고픈 충동에 몸부림쳤던 그때를 회상한다.

명동에 달려간다고 해서 얻은 것은 없다. 상상을 뛰어넘는 군중 속에서 방향감각도 없이 떠밀려갔던 그 시절은 또 다시 돌아오지 않는다.

중국에 가면 베이징의 가장 번화한 거리인 왕푸징은 명동과 비슷한 느낌과 분위기가 살아 있는 곳이다. 이곳을 두 번 방문했지만 규모가 너무 크고 번화해서 길을 잃어서 혼난 일이 생각난다. 꼬치음식인 참새, 애벌레, 전갈, 뱀, 불가사리 등의 식재료를 쓰는 것을 보고 충격을 받기도 했다. 그들의 독특한 식문화이다.

나는 20대 초반 명동에 위치한 가톨릭대 부속 성모병원과의 인연이 있다. 먹은 것이 도무지 소화가 되지 않는 심각한 위장병 치료 때문이다. 젊은이가 위장 조영술로 심각한 위장 상태를 진단하는 것도 문제지만 회색액체를 마시면서 상하좌우로 몸을 이동되면서 순간순간의 위장내부를 촬영한 것은 또 다른 고통이 수반된 것으로 기억된다.

검사 결과는 위장에 특이증상이 발견되지 않았고 신경정신과 의사 상담으로 내과 의사 소견서가 손에 쥐어졌다. 음식을 먹으면 속이 타 들어가는 증상은 신경계통의 과민반응으로 온 증상으로 잠정 결론이 나고 신경정신과 의사와의 면담에서 내가 당시에 직면한 삼각관계를 하나도 빠짐없이 토로하여 무슨 문제가 얽혀서 위장장애의 원인을 찾아 처방하기 위한 의사의 노력이 고맙기만 했던 시절이다.

명동은 도시의 보석이다. 많은 사람들이 밀물처럼 밀려와 콩나물 시루처럼 집합체를 이룬다. 명동에서는 이야깃거리를 만들고 번쩍이는 불빛이 찾는 사람들을 더 흥분되게 한다.

명동은 사람 사는 느낌이 실감나는 동네이다. 명동 사람들은 눈빛에 활력이 넘치고 의욕적이다. 걸음걸이에도 힘이 넘친다. 내가 단골로 자주 찾는 돈가스 집은 학생들로 만원이라 표를 받고 순서를 기다린다. 가격이 착하고 맛도 뛰어나기 때문이다.

똑같은 상호의 부평 돈가스 집을 들렀는데 맛이 명동 돈가스 맛과는 비교가 되지 않는다.

명동의 음식은 착하면서도 맛도 뛰어나다. 내가 건강하고 다리에 힘이 있는 날까지 명동을 사랑하고 찾아가서 젊음을 만끽하리라.

06

무도회장의 해프닝

오늘도 오마지 않는 이가 일도 없이 기다려지는 날이다. 친구가 이심전심으로 내 마음을 읽었는지 순간 전화벨이 울린다. 친구의 요청은 무도회장에 한 번쯤 가 보자는 것이다. 날렵한 몸매에 댄싱 솜씨가 뛰어나서 무도회장에서 인기 톱을 달리는 친구이다.

학교에서 아이들 가르치는 일에만 전념하다가 퇴직했으니 이제는 무도회장을 드나들면서 세상살이도 읽고 땀 흘려 춤추며 건강도 챙기라는 친구의 조언이다. 망설임 없이 친구와 무도회장으로 향한다.

무도회장에 들어서니 조명은 어둡고 침침하지만 붉은색이 분위기를 띄우고 압도하는 느낌이 든다. 무도회장은 양지보다는 음지를 연상하게 한다. 상대방의 얼굴을 겨우 알아볼 정도의 조도를 나타내고 있다. 남녀가 손을 맞잡고 자유자재로 사뿐사뿐 잽싸게 스텝을 옮기며 연결하는 것이 경쾌하고 산뜻해서 내 몸에 엔도르핀이 급격하게 생성되는 것 같다.

춤은 우리 삶의 또 다른 모습이고 활력을 안겨준다. 스텝을 밟고 이동을 거듭하는 것이 질서가 있고 조화롭다. 그리고 역동적이다.

남녀 간의 호흡도 중요하고 춤을 리드하는 남자의 춤 전개 솜씨도 뛰어나야 한다. 남자가 끌고 여자가 따라가는 동작에 스타카토가 있으면서도 부드럽고 유연하다. 두 사람의 스텝이 꼬이게 되면 당황하는 모습이 엿보이기도 한다. 춤 동작은 단순하지 않고 다양하며 스텝 밟기도 난이도가 높아 보인다.

춤은 예전부터 남녀 간의 구애의 의사표시에서 시작되었다고 한다. 여러 가지 춤동작을 통해 자신의 생각을 이전시키면 상대는 이를 받아서 또 다른 춤동작으로 반응하면서 소통과 화합의 단계로 접어들게 되었다고 한다.

무도회장에서의 만남은 즉흥적인 부킹에서 시작된다. 부킹에서는 지위나 체면 자존심 등은 모두 내려놓아야 한다. 그냥 자연스럽게 손을 잡고 춤을 추다가 소통에 장애가 발생하면 그냥 손을 놓으면 되는 것이다. 무도회장에서는 계산도 없고 따지지도 않으며 거래라는 것도 없다. 즐겁고 행복하기 위해 회장에 입장한 이상 골치 아픈 세상사 전부 잊고 이성도 내려놓을 수 있게 된다. 그래서 해프닝이 일어나고 인적사항에 관심도 없고 알 필요도 없고 거론되지도 않는다. 철저하고 완벽한 하루살이 놀이터가 무도회장이다.

무도회장에서의 남녀의 눈빛은 강의실에서의 교육적 눈빛보다도 더욱 강렬한 로망의 빛을 발산한다. 일시적인 상대를 취사선택하는 대단한 일이 벌어지기 때문이다.

원하는 파트너와 짝을 이루는 것은 그날의 무도회장 행차의 성공 여부를 결정짓는 중요한 단서이다. 날렵하면서 날씬하고 부드러우면서도 스텝에 힘이 있는 준수한 외모와 춤 실력이 화려함을 더하기 때문이다.

이제 우리도 음지의 무도회를 양지의 무도회로 전환시켜야 한다. 무도회장에 가는 것이 이상하고 나쁘게 보는 것은 정말 나쁜 행태이다. 거기에는 즐거움이 있고 낭만도 있고 삶의 지친 사람들에게 피로를 풀고 건강을 선물하는 고귀한 사교장으로 다시 평가해야 한다. 그곳에서 일어나는 일들은 비난 할 필요가 없다. 자기 선택에 의해 스텝에 몰입해서 삶의 활력을 갈구하는 민중들의 화해의 장이기 때문이다.

무도회장의 조명은 어둡고 침침하고 음지를 연상할 정도로 꾸며져 있다. 상대방의 얼굴을 겨우 알아볼 정도인 것은 분위기를 띄우기 위한 것이라고 해도 지나친 느낌이다. 어둡고 침침한 곳에서 남녀 간의 은밀한 접촉과 거래가 이루어지기보다는 밝고 환한 곳에서 부담을 느끼지 않고 춤을 통해 흥겨움과 기쁨 스트레스의 해소가 이루어지도록 해야 한다.

또한 무도회장에서 주객이 전도되는 일이 일어나서는 안 된다. 즐겁게 춤을 추고 쌓아놓은 스트레스를 말끔하게 풀고 오늘을 잊고 내일의 새로운 출발을 위해 건전한 사교장이 되어야 한다.

무도회장에서도 생존경쟁은 적용된다. 인기를 끌기 위해서는 외모보다는 댄싱의 매너가 더 중요하게 작용한다. 신체가 건실하고 서로가 즐길 수 있는 가능성의 평가는 그다음에나 유효한 항목이다.

나는 어느 날 금마차 무도회장을 찾았다. 객석에 앉아 춤꾼들의 무도회를 열심히 바라본다. 그런데 어느 여인이 내 앞에서 손을 내밀며 춤을 추자고 요청한다. 순간 나는 당황했다. 나는 그 여인의 인생 얘기를 들어서 내 책에 소제목을 달고 이야기를 전개하려 했는데 해프닝이 일어난 것이다.

우리나라는 아직도 무도회장이라는 말을 떠올리면 왠지 낯설고 거부반응을 일으키게 된다. 이는 우리 스스로 문화적 후진성을 드러내는 것이다. 서양과의 문화적 차이에서 오는 어쩔 수 없는 일이지만 앞으로는 이런 현상은 말끔히 청산해야 할 과제이다.

우리는 옛 조상들께서 '남녀칠세부동석'이라는 답답한 문화유산을 가르쳤기 때문에 무도회장에서 사교문화는 거부반응부터 일으키므로 답답할 따름이다.

영화에서 자주 접하는 서양의 무도회 문화를 우리가 답습할 필요는 없다. 더구나 강요할 필요도 없다. 그리고 무도회 문화를 경원시하고 부정할 필요는 없다. 우리와 서양의 독특한 문화적 차이를 인정하면서도 좋은 면은 도입해서 자신의 독특함을 변화시키며 공존하는 것이 좋으리라고 생각한다.

내가 지금의 나이에 춤을 배운다면 너무 늦지는 않았을까?

07

무의식의 항아리

　과거는 내가 살아온 날들의 흔적이고 추억이고 무덤이다. 나는 잃어버린 시간들의 잔해를 말끔히 지우고 잊어지기를 소망한다. 그러나 나의 과거는 내 마음의 항아리 안에 숨어 있어서 잊는 것은 쉬운 일이 아니다. 그것은 희미하지만 늘 재생이 가능한 필름들이다.

　무의식의 항아리 안에는 소꿉장난 하던 어린 시절과 청춘의 향연이 특히 진하게 담겨 있다. 거기에는 쓴맛, 단맛, 신맛, 매운맛, 짠맛, 떫은 맛 등 갖가지 맛들이 산재되어 있다. 또한 아름다움과 추함, 기쁨과 슬픔, 희망과 절망, 환희와 비애도 함께 어우러져 있다. 알록달록 무지개 빛깔이면서 총 천연색 파노라마이다.

　나의 무의식 항아리 안에는 혼자 만든 것, 둘이 만든 것, 여럿이 공동으로 만든 것, 가족과 만든 것, 직장에서 만든 것, 친구와 만든 것, 남자들이 만든 것, 여자들이 만든 것, 남자와 여자가 만든 것 등 다양하고 갖가지 사건들이 담겨져 있다. 그렇지만 그 속에 나를 묶어둘 필요는 없고 과거는 과거로서 잠들게 하고 그 속에서 동력을 찾고 빛을 모아 나가는 것이 중요하다.

과거는 누구에게나 아픔이 있다. 그 아픔은 언제든지 복원되고 재현된다. 이럴 때마다 아픔을 부정하는 것이 필요하다. 과거는 과거일 뿐이기 때문이다. 과거가 생각나는 것은 일시적 마음의 동요일 뿐 그 이상도 그 이하도 아니다. 과거는 각인되어 존재하기 때문에 바꿀 수도 없고 무시할 수도 없다.

과거는 현실회귀가 불가능한 죽은 시간이다. 후회와 반성과 탄식이 공존하며 아쉬움도 미련도 기쁨도 무의식의 항아리 속에 갈무리되어 함께 들어 있다. 과거는 지그시 눈을 감고 있어도 때때로 구체화되어 영화를 보는 착각에 빠진다.

영화는 스토리가 자연스럽고 질서정연하게 전개된다. 그러나 과거가 만든 장면들은 굴곡이 심하고 희로애락도 뒤죽박죽으로 갈무리되어 혼란을 유발한다. 과거의 영상을 보노라면 가슴이 아려오기도 하고 분노에 치를 떨기도 하고 기쁨의 눈물이 앞을 가릴 때도 있다. 올곧게 서 있다가 거꾸로 뒤집어지고 희로애락도 마구 섞여 있다.

과거는 역사가 만들어 놓은 잔해물이다. 눈을 감고 과거의 언짢은 일을 생각하면 비위가 상하기도 한다. 그럴 때마다 망각 연습을 통해 치유하려고 몸부림을 치지만 잘 되지 않는다. 치유가 안 되는 상처는 마음의 병으로 남는다. 그건 또 고통의 바다 속으로 뛰어 들어가서 나를 혼절시킨다.

과거와 나와의 끊임없는 싸움은 시도 때도 없이 계속된다. 그 싸움은 칼질을 마구해 대지만 어린아이들의 장난감놀이와도 같다. 승패가 결정되는 것도 아닌 늘 무승부로 끝이 난다. 또 다시 재교전이 예고는 되어 있다.

과거는 잃어버린 시간이 아니다. 재생하기 위해 갈무리 해놓은 시간이다. 나이가 들수록 사람은 철이 나고 세상살이도 자신감이 생긴다. 젊은 날의 강직했던 마음도 유연해지고 양보도 할 줄 알고 타협도 하게 된다. 벼이삭도 낱알이 알곡으로 채워지면 고개를 숙이듯이 쓴맛, 단맛, 떫은맛 등을 알게 되면 사람은 커가는 것이다.

과거는 잊어버린 시간으로 잊어야 하나 보다. 항아리에서 익어가는 간장과 된장, 고추장은 숙성을 위해 수많은 시간을 필요로 하는 이치에 동의한다.

갈등이 나를 압도한다. 누구든지 과거의 모습이 머릿속에 저장되어 돌출을 준비하고 있다. 아름답거나 추하거나 기쁘거나 슬프거나 환희에 차 있거나 절망적이거나를 불문하고 가슴속 저 깊은 곳에 잠복되어 표출과 소멸을 거듭한다.

무의식의 세계 과거는 발버둥친다 해도 돌아올 수 없는 지나간 시간들이 선명하게 그려져 있다. 알록달록 그야말로 총 천연색이다. 희로애락이 무지개빛 파노라마처럼 필름에 담겨져 있으며 해도 해도 끝이 없는 드라마로 엮을 수 있다.

내가 의식하지 못하는 세계에서 또 다른 나의 모습이 내 삶을 꾸려가고 있는 것을 느낄 때면 나는 전율을 느낀다. 재미있는 이야기 속의 주인공이 되기도 하고 상처 입은 영혼을 치유하려는 치유사가 되기도 하고 시간의 문을 여는 관리자가 되기도 하고 꿈의 실현을 위해 정진하는 청년이 되기도 하고 자연 속에서 마냥 즐거운 소년이 되기도 한다. 내 삶의 여정들이 무의식 속에서 숨 쉬고 활동하고 있는 것이다.

앞으로 다가올 우리 삶의 파편들이 무의식 속에서 즐거움으로 자리할 수 있도록 생활해야겠다는 생각을 하며 오늘도 필자는 그 세계를 자유로이 넘나든다.

08

받고 이어주고

    사람은 누구나 때가 되면 물러날 줄 알아야 한다. 나 아니면 안 된다는 생각을 버리는 용기가 필요하다. 내가 여기 오기까지 얼마나 많은 역경을 극복하고 온갖 어려움을 다 이겨냈는데 쉽게 내 자리를 넘겨 줄 수 없다는 아집에 사로잡히는 경우를 주변에서 본다.

    내가 은퇴하면 큰일이라도 날 것처럼 자리를 꿰차고 있는 걸 보면 안쓰러운 마음까지 든다. 그러나 끝까지 버티다 보면 마지막에는 안 좋은 꼴까지 당하고 명예롭지 않게 내려와야 하는 걸 대부분의 사람들은 모르는 것이 문제이다. 높은 자리든 낮은 자리든 관계없이 역할을 수행하는 것인데 소유욕에 불타다 보면 역할을 까맣게 잊고 절대불변의 수호자가 되는 우를 범하게 된다.

    세대교체를 거부하는 나라의 최고지도자도 독재자의 길로 들어서고 국민적 저항에 부딪치게 되면 무리수를 두고 권력 장악을 위해 눈을 감고 귀를 닫고 입을 막아 끝내는 대립각을 세우고 국민 탄압의 길로 들어서는 것을 주변에서 많이 보아온 우리들이다. 흔쾌히 자리를 넘겨주는 지혜가 필요한 시점이다.

자리를 물려받은 사람은 전임자의 경험을 가슴에 받아들여 더 잘할 수 있다는 것을 인정하고 전임자는 곁에서 도와주고 힘을 합해 주는 통 큰 사람이 되어야 한다. 마음속의 아집은 가차 없이 버릴 줄 아는 사람이어야 하고 새 술은 새 부대에 담아 예전과는 다른 맛을 내는 데 일조하는 자세가 필요하다.

우리들이 전면에 나서서 세상을 좌지우지 흔들어 대던 날들은 역사 속으로 사라지고 이제는 전방이 아닌 후방에서 세상 돌아가는 모습을 지켜보고 구경하고 있다. 또한 세상을 주도하는 세대들이 실수하지 않고 우리들이 마련한 부와 문화유산들을 더욱 확장시키고 뒤에 오고 있는 예비 주도세력에게 탈 없이 물려주길 소망하는 우리들이다.

세상은 끊임없이 세대교체를 하면서 손이 바뀌고 있다.

지금까지는 신세대들보다 후세대들이 더 잘했기 때문에 오늘날 우리들의 의식주가 눈에 띄게 좋아지고 세계시장에서 부러움의 대상이 되고 있다, 그러나 이것은 유지 발전시키는 일이 언제 삐거덕 될지 모르는 일이다.

세계인의 경쟁은 격화되고 있다. 더 많은 파이를 차지하기 위해 피 튀기는 싸움이 곳곳에서 벌어지고 그것은 무한 경쟁양상을 보이고 있다. 먹느냐 먹히느냐의 싸움은 쉽사리 결론이 나지 않는 것은 물론이다. 우리 모두가 정신 차려야만 나라를 지키고 미래를 번영하게 할 수 있기 때문이다.

우리가 사는 세상은 예측불허의 불확실성이 상존하며 변화의 속도가 걷잡을 수 없이 혼란스럽다는 것을 누구나 느낀다. 인생길이 햇볕이 쨍쨍 내리쬐는 맑고 화창한 날이 있는가 하면 구름과 안개에 가려 앞을 내다볼 수 없을 정도로 고통을 수반하는 날도 있다. 더 나아가 비바람에 폭풍우가 몰아쳐 모든 것을 한꺼번에 집어 삼킬 정도의 시련도 주어진다. 그야말로 험난한 인생길이다. 이런 세상을 지혜롭고 다치지 않게 헤쳐 나가려면 정확한 판단력과 권모술수도 때로는 필요하다.

민속촌에 가면 줄타기 시범 공연을 볼 수 있다. 이때 줄타기를 하는 곡예사들의 솜씨를 눈여겨보자. 평형을 유지하기 위해 발걸음을 뗄 때마다 균형 유지를 위해 정신집중을 하는 것이 참선에 가깝다. 수없이 많은 시련과 고난이 그를 시험에 들게 하고 고난을 극복하기 위한 곡예를 어떻게 어떤 방법으로 할 것인가를 탐닉했을 것이다. 낭떠러지로 추락하면 모든 것은 끝난다.

누구든지 엄청나게 길게만 느껴졌던 인생길이 지나고 보면 왜 이리도 짧고 허무한 것인가를 가슴 저리게 느끼게 된다. 어릴 때에는 시간이 왜 그리 가지 않는지 불평하면서 난 언제나 어른이 돼서 하고 싶은 것, 갖고 싶은 것, 먹고 싶은 것 맘대로 하나 하는 소망이 살아 움직였다.

지나온 세월 되돌아보면 후회가 앞서고 이리하고 저리 처리했으면 이렇게 아쉬움이 남지 않고 가슴앓이도 하지 않았을 것을 탄식해 보지만 그것은 일회용 해프닝일 뿐이다. 그러나 지나간 일을 후회하는 것은 앞으로 오는 날들을 더 잘 살아보려는 의지의 표현이기 때문에 그 자리에 그대로 주저앉을 필요는 없는 노릇이다.

우리네 인생길은 아직 많이 남았고 어떤 일을 언제 당할지는 미지수이다.

가던 길 멈춰 홀연히 뒤를 돌아본다. 살아온 모습의 성적표를 살

샅이 뒤적여 본다. '이건 아닌데'라고 탄식이 나온다. 때론 흐뭇함에 엷은 미소가 즐거움을 짙게 한다.

노년에 이르면서 우리는 세상을 반환하는 준비를 해야 한다. 내 것인 양 조몰락대던 이 세상을 뒤에 오는 사람들에게 흔쾌히 물려줘야 한다. 아무리 발버둥 쳐도 세상의 흐름을 자연히 굴러감을 거스를 수는 없다. 순응하는 것만이 거칠지 않게 사는 방법이다.

사람이 세상에 올 때 원해서 온 것이 아닌 것처럼 갈 때도 마찬가지로 자원해서 가는 것이 아니다. 자연스럽게 왔다가 자연스럽게 생을 접는 것이 우리네 인생인 것을 부산을 떨면서 살다가 이치를 느끼면 뒤통수를 맞는 느낌이다.

죽음은 세상에서 차지했던 자리를 비우고 홀연히 그 새로운 정착지를 향해 떠나가는 것이다. 새로운 삶을 시작할 그곳이 어디인지는 아무도 모른다. 그저 상상의 나래를 펴고 픽션화시킬 뿐이다. 한 시절을 마음대로 풍미했던 그의 시절이 거하고 새로운 이들이 바통을 이어받아 그들의 삶을 전개한다.

우리는 직장에 몸을 담고 무심코 달려온 길이었다. 걸어온 길을 되돌아보고 새로운 설계를 하고 궤도를 수정하는 시간이 없었다. 앞만 보고 달려와 지금 되돌아보니 만감이 교차하고 한 편의 연주 같았던 인생길을 어떻게 조명해보고 뜯어보면서 음미해야 할지 가슴이 짠하게 저려온다.

살아온 인생을 피드백시켜 다시 그 시절로 돌아갈 수는 없다. 옛 경험을 거울삼아 그것이 바탕이 되어 다가오는 삶이라도 후회 없이 알뜰하게 살아야 한다. 이제 옷깃을 여미고 헝클어진 머리도 단정히 매만지며 생각도 행동도 바르게 가져야 한다.

09

신뢰와 배신

개인은 사회구성의 기초를 형성한다. 개인은 사회를 통해 인간관계를 맺고 개인의 발달을 도모한다. 인간관계는 얽히고설킨 실타래와 같다.

인간관계에서 신뢰와 배신은 항상 따라다닌다. 신뢰는 오랜 시간을 두고 형성되어야만 가능하지만 배신은 생각지도 않게 어느 날 갑자기 일어나서 당한 사람을 곤혹스럽게 만든다. 배신은 처음부터 끝까지 같은 생각과 같은 행동을 할 경우에 그것을 벗어났을 경우 일컫는 말이다.

사람은 세상을 혼자 살아가는 것이 녹록지도 않고 버겁기만 하다. 따라서 인간관계를 맺으면서 서로 돕고 협력하며 신뢰를 쌓아가게 된다. 그 과정에서 본의 아니게 상처를 받고 아픈 상처는 틈이 생기고 그들은 균열을 가져오게 된다.

맺음과 배신은 끊임없이 우리 주변에서 어느 날 갑자기 일어난다. 배신은 또 다른 인연을 찾아 이합집산을 거듭하게 된다.

인간은 삶의 과정에서 끊임없이 계산을 하면서 살아간다. 유 불리를 따져서 유리한 방향으로 자신을 이끌고 음지보다는 양지를 찾아 나서는 현상이 뚜렷하다.

내 것 네 것을 구분하지 않았는데 어긋나는 일이 생기면 언제 그랬느냐며 서로 남남이 된다.

남녀 간의 사랑에도 배신은 무서운 결과를 낳는다. 사랑으로 하나일 경우에는 그 어떤 것을 주어도 아깝지 않고 행복이 늘 상존하게 된다. 그러나 사랑이 깨지게 되면 걷잡을 수 없는 소용돌이에 빠져들게 된다. 살을 섞을 때와는 전혀 다른 보복과 막말이 상처를 내고 사랑을 떠나게 한다. 그들은 심정적으로 빈 배가 되어 외롭게 다른 항로를 향해 항해를 해야 한다.

배신자에 대해서는 앙갚음이라는 복수의 기회를 엿보게 된다. 같은 솥의 밥을 먹을 때는 지척에서 서로의 마음까지도 보여 줄 정도로 친근감을 보이다가도 어떤 계기가 있어서 대립의 각을 세우다가 보면 생각과 행동이 충돌하게 되고 도를 넘으면 갈라서게 되어 상종조차도 하지 않는 것이 인간사회에서는 다반사로 일어나고 있다.

내 주변에서도 30대의 서운한 감정이 계기가 되어 가까운 인척이면서도 80대까지도 훌훌 털어버리지 못하고 가슴에 간직하다가 죽을 때까지도 결국은 화해하지 못하고 세상을 떠나는 것을 목격하니 안타까운 마음이 들었다. 한 발짝씩 물러서면 좋았을 것을 앙금을 털어버리기가 그렇게 쉽지는 않은 일인가 보다.

주변에서 화해를 조언해도 들은 척 만 척하고 외면하는 것은 그만큼 감정의 골이 깊다는 것을 보여준다.

부친은 어린 나이에 고향을 떠나 중국 땅에 발을 디뎠다. 조부모님이 혼인 후에도 생기지 않는 자식을 어렵게 얻은 아들이 중국으로 간다는 것이 얼마나 가슴 아팠을까 상상해 보면 가슴이 메어진다.

만주 땅에서 닥치는 대로 일감을 얻어 약간의 돈을 모아 금의환향했지만 전염병이 휩쓸고 간 고향은 조부모님 두 분이 저세상으로 가셨기에 그 슬픔은 하늘을 찌를 듯했다. 모아온 돈을 이리저리 굴려서 눈덩이처럼 키우는 과정에서 사기꾼의 배신에 걸려들어 거금을 공중에 날려버렸다.

중국에서 피땀 흘려 모은 돈은 온데간데없이 사라지고 공허와 분노는 하늘을 찌를 듯했지만 인생을 다시 시작할 수밖에 달리 방법은 없었다고 한다.

인간관계에서 신뢰는 중요한 의미를 갖는다. 의심하지 않는 행동 즉 상대를 전폭적으로 지지하는 심리적 동향일 때 신뢰는 가능하다. 단 1%만이라도 평가가 갸우뚱하게 되면 신뢰관계는 구축되지 않는다. 무조건적 사랑은 상대에게 신뢰 형성의 계기를 마련할 수 있다. 특히 남녀관계에서나 상품거래에서는 양자의 신뢰관계 구축이 필수이다.

신뢰는 남녀관계에서 서두르지 않고 차곡차곡 쌓아나가면 상호간의 이익을 극대화할 수 있는 기본 조건이 된다.

신뢰는 많은 시간을 필요로 한다. 짧은 시간에 신뢰관계는 구축되지 않는다. 단기간에 형성된 신뢰관계는 모래성을 쌓는 것처럼 순식간에 파쇄될 수 있다. 비온 후 무지개가 떴다가 순식간에 사라지는 것과 같은 이치이다.

신뢰는 한 번 깨지면 배신의 계절로 들어서서 이리 깨지고 저리 터지고 그야말로 엉망진창이 된다.

사람은 도움을 필요로 하거나 아쉬울 때는 고개를 숙이고 저자세를 취하면서 많은 것을 얻어내려고 한다. 그러나 일이 성사되고 나면 언제 그랬냐는 듯이 표변하고 오리발을 내미는 경우를 종종 목격하게 된다.

가난한 사람이 부자가 되면 가난했던 시절을 잊어버린다. 으스대고 거만해지고 세상이 자기 것인 양 착각 속에 빠져든다. 가난한 사람을 업신여기는 행동도 서슴지 않는다. 어쩌면 가난한 시절로 돌아가고 싶지 않은 방어기제의 일환으로 생각된다.

지나온 세월을 돌아보면 많은 사람들 만나서 좋은 인연을 만들고 따뜻한 인정을 주고받았던 호인들이 많다. 본받을 사람들도 많고 존경해야 할 사람들도 가득하다. 하지만 옳지 않고 나쁜 선례를 남긴 사람들을 생각하면 안타까움이 앞선다.

인간관계에서는 유 불리를 따져서 붙었다 떨어졌다를 반복하면 미래는 없다고 보아야 한다. 흰 도화지에 어떤 색깔을 선택해서 칠하는가는 매우 중요한 문제이다.

인생은 연습이 없다. 그리고 연습을 허용하지도 않는다. 인간관계의 신뢰 형성은 오랜 시간 믿음을 주어서 그 믿음이 숙성될 수 있도록 인내하는 기다림이 필요하다.

10

어느 날 癌(암) 손님이

소설 『동의보감』을 읽으면 감동적인 장면이 우리들의 가슴을 두드린다. 책의 처음부터 끝까지 상황전개에 마음 조이면서 조선에도 허준 선생 같은 명의가 있었음에 큰 자부심을 느낀다.

허준 선생은 위암에 걸린 스승 유의태가 해부실험 대상으로 자신의 몸을 내놓고 자살하자 밀양 얼음골에서 스승의 시신을 해부한다. 소설 『동의보감』의 클라이맥스를 인용하면서 가슴이 짠해 옴을 느낀다.

우리는 누구든지 암으로부터 자유로울 수는 없다는 것을 알면서도 남의 일처럼 생각하는 것이 일반적인 경향이다. 설마 하는 순간에 들이닥치는 암세포의 진입과 활동 우리 몸의 장기를 공격하여 초토화시키는 암세포를 피할 수 없는 숙명 앞에서 우리들의 인식도 체인지해야 할 것 같다.

암이 겨울날 함박눈 내리듯 소리 없이 찾아들지라도 침묵으로 받아들이고 동행할 수밖에 없다는 메시지를 나에게 던져주어야 한다. 거부하고 원망한들 달리 방법이 없기에 현실 앞에서 냉정하게 받아들이고 진행 정도를 늦춰가는 방향으로 치료방법을 강구해야 한다. 눈물을 흘리고 짜증을 내고 분노하더라도 어쩔 수 없는 무차별 공격 앞에서 항복할 필요도 없다. 나하고 같이 살아가면서 소리 없이 싸워서 전투에 승리할 수 있는 지혜를 동원해야 한다.

인간의 더 살고 싶은 욕망을 막을 수가 없다. 이 세상의 영화를 두고 누가 암흑의 세계 즉 죽음의 세계로 발을 담고 싶겠는가? 살아가는 것이 정신적 육체적으로 시련과 고통이 따르긴 하지만 죽어 없어지고 다시는 되돌아올 수 없는 저승으로 떠나기는 싫은 것이 사람들 모두의 공통된 마음이다.

식생활이 어지러워지고 공기와 물의 오염, 인간관계의 단순화에서 복잡함으로 이행되면서 파생되는 스트레스, 예전에 비해 노동의 축소로 인한 건강의 취약성 등이 우리가 암에 노출되는 요인이 된다. 그러나 의료기술이나 치료약물의 획기적 발전이 암과의 싸움에서 우위에 올라서게 하는 청신호가 켜지고 있다.

일단 암이라는 의사의 진단이 떨어지면 우리는 모든 것을 내려놓아야 한다.

나를 찾아온 원수 같은 암을 원망하면 할수록 절망에 빠지게 된다. 편안한 마음으로 나를 죽이기 위해 찾아왔지만 손님맞이 하듯 정중하고 깍듯하게 환영하면서 죽는 날까지 상생하는 방안을 찾는 것이 유한한 수명을 연장시키는 하나의 방법이 될 수도 있는 것이다.

나는 아버지와 어머니 두 분이 가문의 질환이 없었던 관계로 힘들게 삶을 살아가지는 않으셨다. 두 분 모두 90을 넘기셔서 천수를 누리고 계심은 다행스럽고 하늘의 축복으로 생각하고 있다. 아버지는 노환으로 쇠약하셔서 91세로 생을 마감할 때까지 병원에 입원을 단한 번도 하지 않으셨고 몸에 칼을 대는 수술도 받아보지 않으셨다. 왜소하고 가냘픈 체력을 타고났지만 건강관리에 대한 집념과 노력이 주효하여 천수를 누리신 것으로 나름대로 생각한다.

요즈음 우리 주변에 암은 흔히 볼 수 있는 질병이다. 자신이 암 판정을 받았다 해도 당당하게 이겨갈 수 있는 의지가 살아 숨 쉬고 약물요법과 식이요법, 정신요법이 삼위일체를 이루어서 무서운 암의 공포에서 탈출하는 사람들이 많이 늘어나고 있다.

암이여 물렀거라 나는 너의 노예가 되어 죽음을 맞이할 수는 없다고 큰소리치고 전투를 시작하는 사람들의 용기에 박수를 보낸다.

내 친구는 암수술을 7번이나 받고 지금도 생존하고 있다. 처음 암수술을 받은 해로부터 15년이 지나고 있다. 잠잠하다가도 여기저기 새끼 친 암이 발견되면 수술하고 늘 수술을 대기하고 있다. 그러나 그 친구는 낙천적이다. 사는 동안 즐겁게 살고 암이라 하면 잘라내고 꿰매고 사랑도 하고 춤도 추고 해외여행도 즐기고 먹고 싶은 것, 입고 싶은 것 실컷 욕구를 충족시키며 기쁘게 살아간다.

또 다른 친구는 혈암의 일종인 백혈병으로 견디기 어려운 고통을 겪은 경험을 내게 들려주었을 때 가슴이 아팠다. 나중에는 피부가 망실되어 차마 눈을 뜨고 볼 수 없는 광경이 벌어져서 귀천을 맞이했다.

초등학교 동창 중에 머리가 뛰어난 친구가 있었다. 미국으로 이민을 떠나기 전 정밀건강진단을 받는 과정에서 발견된 간암은 그의 인생을 송두리째 앗아갔다. 38세에 사무관이 되어 앞길이 청청했던 친구는 암 진단을 받은 후 민간요법 중에 붕어 물을 점지해서 사투에 가까우리만큼 거기에 의존했다. 차라리 먹고 싶은 것은 먹고 행복하게 남은 인생을 즐기다가 죽음을 맞이했으면 좋았을 것을 안타깝다.

나중에는 암의 고통을 이기지 못해 좁은 방 안에서 머리를 벽에 박으며 충격을 가하는 장면은 차마 표현할 수가 없다. 결국 모르핀에 의존하게 되고 모르핀의 부작용은 무섭기 그지없었다.

　병의 고통은 앓아 본 사람만이 그 세계를 안다. 추상적으로 짐작하는 것과는 정도의 차이가 크다. 암은 우리 몸에 들어와서 자리를 잡으면 기하급수적으로 세포분열을 하고 힘을 축적했다가 이웃장기로 전이를 시작하고 전이가 시작되면 치료는 걷잡을 수 없는 상태로 돌입한다. 초기에 진화를 하지 않으면 불이 번진 다음에는 걷잡을 수 없는 상태가 되어 소화 자체가 불가능해진다. 폐암 친구, 고환암 친구, 뇌암 친구, 당뇨 신장 암 친구, 암과 동행을 하다가 세상을 떠난 친구들을 생각하면서 건강 챙기기를 확인한다.

11

언론의 큰 힘

　언론은 우리의 가까운 이웃이고 때로는 친구가 된다. 우리는 언론이 전해주는 갖가지 뉴스와 재미가 배어 있는 프로그램에 흠뻑 빠져서 시간 가는 줄 모른다.

　언론이 없는 사회는 죽은 사회이다. 언론이 우리 곁에 없다면 거시적 세상을 보는 눈은 사라지고 눈앞에 미시적 세상만 보게 된다.

　우리는 하루도 빠짐없이 언론과 함께 생사고락을 같이하고 살아간다. 시시각각으로 전해주는 뉴스를 기다리는 마음은 갈증에 물의 공급을 기다리는 사람과 닮은꼴이다. 낮잠을 자거나 밤잠을 자거나 잠에서 깨어나면 나도 모르게 TV의 스위치를 켜거나 인터넷 세상으로 빠져든다. 새로운 뉴스나 정보를 접하면서 때로는 환희에 때로는 분노에 때로는 동의와 거부를 반복하면서 세상 사는 맛을 맛보곤 한다.

　언론은 우리가 원하든 거부하든 우리 곁에서 평생 동안 동반자로 자리매김하고 있는 것이다. 마치 마약에 빠져든 몽유병 환자와도 같이 한시도 언론의 곁을 떠나서는 살아갈 수 없는 언론의 노예가 이미 되어버린 것이다. 오랜 시간 동안 똑같은 일이 반복되어 일어나서 습관화된 것이다. 이러한 생활을 변경하는 것은 불가능에 가까워 이미 빠져버렸다고 할 수 있다.

수영선수가 평생을 물속에서 수영을 해야만 살아갈 수 있듯이 우리도 언론이 없으면 삶의 존재가치를 상실할 정도로 언론과 친구이다. 그러나 언론은 자기들의 입맛을 중시한다. 입맛에 맞지 않는다 싶으면 슬슬 긁기 시작한다. 긁는 것이 약간 먹혀 들어가면 원군이 생기고 원군은 뭉치기 시작해서 언론의 주장이 옳고 그르건 판단하지 않고 힘을 보태기 시작한다. 그러면 신이 나서 침소봉대해서 있는 것 없는 것 전부 끄집어내어 난장판을 만든다. 그러면 백도 흑이 되고 흑도 백이 된다. 남는 것은 항복뿐이다. 그러면 그 뒤처리는 경찰이 하고 검찰이 하고 법원이 죄인으로 만들어 법정에 세우고 이들 역시 언론의 손을 들어준다.

반대로 어떤 사건이 언론의 잘못으로 판정이 나면 항복을 하지 않는 것이 언론이다. 독자의 알 권리를 위하다 보면 착각할 수 있고 오류가 있을 수 있다고 강변한다.

정의의 사자들이 달려들어도 작은 소리나 작은 활자로 사과인지 아닌지 모를 정도로 얼렁뚱땅 넘어간다.

언론은 띄우기 인터뷰를 통해 막대한 돈을 벌어들인다. 홍보해주고 반대급부로 재물을 챙기니 이보다 쉬운 장사가 이 세상에 어디 있겠는가.

광고는 이들의 수입원의 주류이지만 기사를 광고화하여 소비자에게 어필해주고 받아들이는 돈은 어마어마할 것이다.

못된 송아지 엉덩이에서 뿔난다는 말이 있다. 언론은 사람들이 언론을 외면하면 살아갈 수 없다는 약점을 최대한 이용하여 제멋대로 전횡을 휘두르고 있다. 이들에게는 무서운 사람이 단 하나도 없다. 마음만 먹으면 누구든 타깃이 되어 집중포화를 쏘아대면 죽고 만다는 것을 놀이삼아 즐기고 있는 것이다.

언론은 사람의 존엄한 가치는 안중에도 없고 자기들의 눈 밖에 나거나 거스르면 여지없이 죽임의 대상으로 선정되어 끊임없는 고통을 안겨준다.

언론은 깨끗한가 묻는다. 일부 언론은 답을 못할 것이 뻔하다. 왜냐하면 더러운 것을 넘어 흙탕물이고 심한 악취가 나는 집단일 수 있기 때문이다. 이들의 생존전략은 독자의 알 권리라고 주장한다. 나는 '아니다'라고 단정한다.

언론은 민중 선동에 일가견이 있다. 언론에 밉보이면 그 어느 누구도 살아남는다는 것이 기적일 따름이다

하늘을 나는 콘도라가 유명한 사냥꾼으로 군림할 수 있는 것은 하부세계를 완벽하게 장악하고 있기 때문이다. 사냥의 목표물이 정해지면 순식간에 하강하여 제압해 버리기 때문에 옴짝달싹할 수가 없는 것이다. 콘도라는 언론에 비해 멋진 사냥꾼이다. 콘도라와 사냥감은 일대일이기 때문에 도망자와 추적자의 관계로 때론 멋진 황야의 결투가 될 수 있다.

그러나 언론은 사냥감이 시야에 잡히면 일대백 일대천일 수 있을 정도로 무지막지하게 공격을 한다. 검은 왜가리도 흰 백로라고 우겨대면 그 거짓이 통용된다.

언론의 세계에서 페어플레이란 존재하지 않는다. 보호받아야 할 여성의 치부까지도 다 들어내서 난도질을 해야 직성이 풀린다. 이유는 알 권리가 있기 때문에 그렇게 한다는 것이다. 정의를 얘기해도

진실을 밝혀도 이것이 옳다고 해도 언론의 입맛에 맞아야 한다. 언론과 싸워서 이길 생각을 접어야 한다. 우겨대는 데 이길 방법이 없다.

언론은 오류를 인정하지 않는 고집이 존재한다. 그들이 옳다고 주장하면 꺾을 사람은 이 세상에 없다. 달려들었다가는 좋지 않은 결과만 있을 뿐이다.

지금 우리나라에서 벌어지고 있는 상황은 거짓과 선동과 부화뇌동하는 무리들이 장악하고 있으며 서로의 생각들이 양분되어 사회적으로 혼란이 가중되고 있다. 언론의 균형 있는 보도가 중요한 시점임에도 언론은 지나친 흥밋거리 위주로 보도하며 세계적으로 한국이 망신을 당해도 언론은 아랑곳 하지 않는다.

우리 사회가 탁하고 심하게 오염되어 있으며 악이 선을 누르고 제 세상인 양 활개를 치는 것은 언론에도 원인이 있다고 볼 수 있다. 예를 들면 부동산 투기현상이 그렇고 주식시장이 돈 놓고 돈 먹기 식으로 쉽게 빠져드는 것도 그렇고 물가가 오른다고 사재기를 부추기는 언론보도 학교에서 일부 부적격 선생들이 교육을 망치는 방향으로 이끄는 것도 뒤에서 언론이 부추기기 때문이다. 일부 언론, 이들에게는 나라가 흥하건 망하건 현상유지를 하건 개의치 않는다. 좌파가 득세하면 좌파로 순식간에 쏠리고 우파가 좌파를 밀기 시작하면 내가 언제 좌파였는가 하고 손바닥 뒤집듯이 자세를 변경한다. 언론은 기회주의의 대표주자이기 때문이다.

언론은 거대한 정부조직도 자기들 입맛이 어긋나면 뒤집어엎기에 들어간다. 따발총 쏘아대듯이 험담을 만들어내면 순진한 국민은 그걸 믿는다. 취사선택해서 선과 악을 구분해야 하는데 언론에 취약한 국민들은 그럴 만한 판단능력이 구비되어 있지 않다. 쉽게 속아 넘어가는 것이다.

　언론은 칼이 들어와도 진실을 말해야 한다. 언론은 군림해서는 안
된다. 자기주장을 펼치되 객관성 정확성 신뢰성이 있어야 한다. 사
실만을 보도하고 선동질을 해서는 안 되며 겸손을 실천해야 한다.
언론은 최고 지성인들의 집단 아닌가. 언론은 독자 길들이기 시도를
해서도 안 된다. 올바른 사회 건설에 일조하는 것이 언론의 역할이
기도 하다.

12

온탕 냉탕을 오가며

피트니스 안의 남녀 회원들의 운동하는 모습은 그야말로 제각각이다. 남녀노소 모두가 건강유지는 물론 몸짱을 만들기 위한 전략이 운동내용 속에 내재되어 있다.

이마에 굵은 땀방울이 흐르고 착용하고 있는 추리닝이 흠뻑 젖는 것은 보기 좋은 광경이다. 러닝머신으로 속도를 조절하며 걷고 달린다. 자전거 페달은 다리 힘을 강건하게 하고 근력 운동기구들은 나처럼 나이가 먹어 근력이 약골이 되어 버린 사람들에게 맞춤운동이 된다.

남자들이 강건한 체력에 주안점을 둔다면 여자들은 아름답고 균형 있는 몸매를 만들기 위해 고통을 감수하는 모습은 애처롭다기보다 오히려 아름답게 느껴진다.

사람은 따뜻한 사람과 차가운 사람 미지근한 사람 등 삶의 자세에 따라 갖가지 양태를 띤다. 어느 것이 유리하고 불리할까를 생각해 보면 결론은 쉽게 내릴 수 없다. 장애를 극복하기 위해 아주 기초적인 스텝 바이 스텝을 하는 회원들에게는 모두가 힘을 실어 주고 격려의 응원을 보내는 모습도 대견스럽기만 하다.

피트니스라는 좁은 공간은 우리 사회의 축소판을 보는 느낌이다. 운동을 하면서 인간관계의 폭을 넓히고 서로 잘하는 모습을 칭찬하고 보고 배우며 자기의 부족한 부분을 채워 나가는 노력들이 돋보인다.

운동 후의 사우나 안은 나체 경연장을 떠오르게 한다. 실오라기 하나 걸치지 않고 저마다 남성미를 뽐낸다. 일본작가 야마다 아키네의 『여자들의 생존법칙』이란 책(역자 이은정)에는 "굵고 짧게 no 가늘고 길게 no 길고 강하게 yes!"라는 말이 있다. 그렇다면 남자들의 생존법칙은 동일하다고 보아도 무리는 아닐 것 같다.

운동 후의 땀으로 흠뻑 젖은 몸매는 윤기가 나고 탱글탱글하지만 끈적거림은 곧바로 닦아 내야 개운하고 날아갈 듯하다.

여체의 아름다움은 사람들의 입에 끊임없이 오르내리지만 남자들의 몸매를 예찬하는 일은 희귀하다. 똑같은 신의 창조물을 두고 그 평가는 하늘과 땅만큼 거리감이 크다.

내가 7년째 단골인 플레이 도시 사우나는 늘 사람들로 북적인다. 온탕과 냉탕 그리고 사우나로 구분되어 널찍한 공간이 회원들의 마음을 상큼하고 풍성하게 추켜세워 준다.

사우나에 들어오는 사람들 모두는 현대에서 한참 피드백하여 원시사회로 회귀한다. 모두가 나체주의자로 돌변하여 여성의 부드러운 아름다움이 아닌 우람하고 돌출된 남성미의 경연장이 된다.

인생살이도 어찌 보면 온탕과 냉탕을 오가면서 재주부리기를 하게 된다. 삶의 과정에서 나의 존재에 대해 평생 동안 나에게 대답하라고 요구해도 정답은 얘기하지 않는다. 인생의 오묘함을 단 몇 마디로 표현할 수 없을 정도로 얽히고설켜 있기 때문이다.

인생사에서 광대처럼 재주를 부려 봐도 성에 차지 않는 것이 늘 불만이다. 그렇다고 하더라도 나를 때리거나 구워 삼키거나 버릴 수는 없다. 성인군자도 답을 찾았다고 얼버무린 것을 나 같은 보통사람이 나서는 것 자체가 우스꽝스런 일이다.

세상에 태어난 이상 우리는 성인군자의 주위를 맴돌면서 그분들의 귀한 말씀에 귀 기울이고 가슴에 불을 켜고 닮아가려는 마음의 자세를 확립해야 한다. 그냥 바람 부는 대로 물결치는 대로 아무런 의미 없이 둥글둥글 굴러가는 것이 장땡이라고 말하지 말아야 한다. 인생은 속고 속이는 과정의 연속이다. 어떻게 할 수도 없는 그냥 순응하여 사는 것이다.

인생은 희로애락의 연속선상에 놓여 있다. 어떤 일이든지 차이가 있기 마련이고 똑같은 일이 반복해서 일어나지는 않는다. 아침에 일어나 허벅지를 꼬집어보면 아픔의 고통을 느낀다. 아프지만 살아 있음에 환희를 느낀다. 아침은 그렇게 시작된다.

고혈압 환자인 나는 새벽운동이 치명적일 수 있다는 주변의 권고를 뿌리치고 10년 동안을 걷기 운동에 공을 들이고 있다. 새벽 공기를 가르며 떼는 발걸음은 늘 똑같지는 않다.

컨디션에 따라 어느 날은 발걸음이 가볍고 경쾌하며 또 다른 날은 무겁고 속도감이 떨어진다. 만보 걷기를 목표로 하지만 목표에 얽매이지는 않는다.

언제부터인가 그냥 걷는 것보다 명상을 곁들여서 걷는 것을 시도해 보았는데 의외로 그 효과가 대단함을 느낀다. 그 명상은 머리를 비우면서 마음을 비워가는 기법을 적용해 나간다. 잘 되지는 않지만 계속하다가 보면 조금씩 나를 비워 가는 것이 보이기 시작한다.

젊은 날에는 셈법이 복잡해서 마음의 정리정돈이 어렵기 마련이지만 나이 들면서 복잡함은 단순함으로 바뀌기 때문에 가능한 일이다.

예전에는 온기가 있는 음식을 찾고 몸에도 좋았는데 이제는 찬 것이 좋은 까닭은 무엇일까? 아내 말은 내 몸이 냉혈에서 온혈로 바뀌었다는 것이다. 인삼과 홍삼을 많이 먹다 보니 몸이 더워져서 이제는 찬 것으로 식히지 않으면 견딜 수 없을 정도로 바뀌었나 보다.

아내는 나와 반대현상이 나타난다. 예전에 아내 손을 잡으면 온기가 느껴졌는데 요즘은 냉기가 느껴져 내 체온으로 덥혀줄 때가 종종 있다.

우리네 인생사도 온탕과 냉탕을 오가는 삶이 평생 계속되고 있다. 따스함에 행복이 있고 차가움의 불행도 거듭되고 있다. 그것은 날씨처럼 변덕을 부리는 것이 아니라 인생사가 고정된 틀에 의해 지속되기보다는 변동의 틀에 의해 제어되는 것이다.

시인 '푸시킨'이 '생활이 그대를 속이더라도 슬퍼하거나 노여워하지 말라'고 말한 것이 삶 자체가 그런 유형 속에 있으니 불평하지 말고 수용하고 받아들이라는 조언이 아니던가 말이다.

걷기 운동과 피트니스 운동의 강행군 사우나에서의 온탕과 냉탕을 오가며 몸짱 만들기와 건강 100세를 추구하는 우리 회원들의 뜨거운 열정에 동참해 본다.

13

종교 뒤집어보기

　종교는 사람이 심리적으로 공황 상태일 때 피난처이다. 무언가 자신을 짓누르고 이러지도 저러지도 못하는 갈등이 계속되면 구원자를 찾게 된다. 간절한 소망이 이루어지길 바랄 때에도 마찬가지이다.

　사람이 살아온 과거는 아픔이 기록되어 있다. 미래는 불확실하고 불안이 엄습한다. 마음은 고정되거나 한곳에 묶어 둘 수가 없다. 불안한 마음은 안정을 찾을 수 없어 흔들리고 사시나무 떨 듯 경련을 일으키기도 한다. 따라서 사람은 종교에 귀의해서 무언가에 의지하고 든든한 버팀목이 있기를 희망한다.

　종교는 마음의 문을 살며시 노크한다. 그리고 가르침에 귀 기울이고 몰입하게 이끈다. 종교가 내 안에 들어와서 잠자는 영혼을 깨운 것은 초등학교 시절이다. 종교에 대한 첫 반응은 미지근하지만 계속해서 문을 두드리다 보면 조금씩 문은 열리게 마련이다. 부천 감리교회에서 성탄절 연극 공연에 우리들을 불러 모은 것은 기독교에 진입하는 계기가 되었다.

　종교는 내 삶의 안식처이다. 속세에서 끝도 없이 시달리는 내 영혼을 포근히 감싸주고 인생에 의문점을 품으면 풀어주고 답답함을 호소하면 위안을 주고 나는 언제부터인가 종교와 이인삼각 놀이를 즐기고 있다. 육신의 쉼터는 집이고 영혼의 쉼터는 종교에 있다.

사람은 종교를 받아들임으로 인해 신에게 매달리고 신과 가까워지기 위한 몸짓을 배우고 신의 경지에까지 도달은 못 해도 접근하기 위해 평생을 수도하며 마음과 몸을 정화시켜 간다. 끊임없는 볼링과정을 통해 신에게 가까이 가려고 업그레이드를 계속한다.

종교는 우리 곁에 아주 가까이 와 있다. 기독교는 큰 건물에는 여지없이 교회가 들어와 있고 불교도 심산구곡에서 도시로 내려와 포교활동에 적극 나서고 있다.

천주교는 동단위로 성당이 생긴다. 군에 입대한 군인들의 종교 활동을 관장하고 유지시키는 군종교구도 그 활동이 대단하다. 사후 장례절차를 두고도 불교식 기독교식 천주교식 유교식 등 저마다 다른 예식으로 경쟁하고 있다.

종교가 확장을 거듭하고 번창하는 것을 곰곰이 생각해 보면 사회악이 증가하고 앞으로 다가올 미래에 대한 불안과 불확실성, 종교 간에 치열한 선교활동, 목회자 양성의 느슨한 운영, 종교의 자유선택권 보장 등 많은 요인이 가세하고 있다.

무신론자들은 신은 죽었기 때문에 종교로의 귀의는 부질없는 행위이고 유한한 생애에서 소모적이고 낭비라고 주장한다. 자신만이 유아독존이라고 생각한다. 또 어떤 이는 종교를 부정하지는 않지만 이런저런 이유로 종교를 받아들이는 것을 보류한다. 그러나 흰머리가 나고 얼굴에 주름이 생기면서 노년기로 진입하면 종교에 대한 생각과 평가는 바뀌기 시작한다.

종교는 인간의 심성을 착하고 평온하게 유지하는 데 효험이 있고 마력도 있다. 또한 현실세계의 잘못을 바르게 잡아주고 미래를 희망으로 인도한다. 찰나에 불과한 현재의 삶보다는 영겁의 미래를 준비해야 한다고 우리에게 숙제를 던진다. 종교가 아니면 우리의 미래는 어떠한 약속이나 보장이 없는 삶이다.

우리는 떠날 때는 말없이 지독한 고독의 고통을 안고 이승을 마감하고 저승으로 가야 한다. 손에 쥘 수 있는 것은 아무것도 없다. 하나도 빠짐없이 전부를 놓고 가야 한다. 그동안 어깨에 지고 온 멍에도 무겁고 힘들었지만 떠날 때는 해방되는 것이다.

종교는 이러한 인간의 죽음의 고통에 대해 위안을 주고 아픈 영혼을 어루만져 준다.

이승에서의 삶은 사람의 인지능력으로 모든 것을 커버해 나갈 수 있지만 저승에서 일어날 일들은 추측일 뿐 전혀 알 수가 없다. 그러기에 종교에 의탁하고 가까이 다가가게 된다.

종교를 밥 먹듯이 바꾸는 친구가 있다. 개종의 이유는 교회에 가서 예수님에게 자기의 처지를 고백하고 성당에 가서 하느님께 혜안을 주실 것을 요청하고 절에 가서 부처님께 자비된 관면을 주십사고 애원해도 들어주지 않으니 이리저리 빙글빙글 돌다가 결국 무신론자가 되고 말았다는 것이다.

천주교 신자들은 주일마다 성당에 가서 신부님이 주관해서 진행하는 미사에 참례한다.

신부님의 강론을 경청하고 성찬과정을 거친 영성체도 받아들여서 자기 정화는 물론 신에게 가까이 갈 것을 묵상한다.

묵상은 사람을 깨끗하게 하고 선(善)하게 살아가길 다짐하며 욕망을 버리고 비우기를 권고한다. 묵상은 반성을 기초로 하며 자신을 살찌우고 성장시키며 신을 향해 달려가는 힘을 강하게 넣어준다. 묵상을 통해 자신을 돌아볼 수 있는 계기를 마련하게 되는 것이다.

14

철마의 진화

　전철은 이동수단의 혁명을 가져온 총아로 우리와 가까운 친구이
다. 철도가 이 땅에 도입될 때만 해도 우리 조상들에게 낯설고 선뜻
받아들이기 어려운 존재였다. 최초의 철길이 놓인 경인선의 경우 경
성에서 인천까지 노선에서 우여곡절이 있었다.

　계양산을 품고 있는 계산동은 예전에는 부평도호부의 중심부로
소위 양반이 많이 살고 있었다. 그 당시 석탄을 때서 얻어지는 증기
에너지의 힘으로 움직이는 증기기관차가 계산동을 통과할 수 없다
고 양반의 반대가 극심했던 것이다. 결국은 경인선이 계산동 통과에
서 부평으로 변경될 수밖에 없는 결정이 내려진 것이다. 지금 생각
하면 도시발전의 찬스를 놓친 양반들의 우매한 생각의 결과라고 판
단된다.

　양반들은 소나 말에 의존한 교통수단을 더 선호하고 문명의 이기
를 거부했던 까닭은 철마가 들어와서 양반의 지위가 흔들릴 수도 있
다는 가능성에 무게를 둔 것이다. 우매한 생각의 대표적인 사례로서
변화를 거부하면 발전할 수 없다는 것을 입증한 것이다.

나는 퇴직 전에는 전철을 이용하는 일은 거의 없었다. 퇴직 후에는 교통카드를 구입해서 전철을 이용하고 지방나들이에는 안전한 기차를 종종 이용한다. 승용차 위주의 생활에서 이동수단이 다양해지면서 생활의 패턴도 많이 바뀐 것을 실감한다.

임진각에 가보면 '철마는 달리고 싶다'는 표어와 함께 폭격으로 상해를 입은 증기기관차를 전시하고 있다. 철마는 달리고 싶다는 슬로건은 우리에게 많은 시사점을 던진다.

기차를 철로 만든 말로 표현한 것도 상징성이 강하지만 갈라진 땅과 민족을 연결하고픈 소망이 술잔 넘치듯 우리 민족의 염원을 대변해 주는 메시지로 생각된다.

전철 안은 달리는 기차의 마찰력에 압도되어 다른 소리는 크게 부가되지는 않는다. 허나 지나는 역마다 안내되는 소리 방송과 전철 안 판매가 금지되어 있는 각종 상품의 선전 소음이 우리들의 귀를 따갑게 한다. 불법인 줄 알면서도 생계를 위해 나서야 하는 저들의 몸부림도 때론 안쓰럽게 느껴지기도 한다. 감시망을 뚫고 치고 빠지기 작전을 통해 소기의 목적을 달성하기 위해 노력하는 그들 삶의 모습이 대단하다는 생각도 든다.

판매상품의 종류는 매우 다양하고 값싼 것이 주류를 이룬다. 생필품에서부터 산과 들에서 뜯은 산나물 입맛을 자극하는 모시떡에 이르기까지 그 종류는 헤아릴 수 없이 많다. 때론 즐거움을 주는 그들이기도 하다.

출퇴근 시간에 전철 안은 늘 만원이다. 콩나물시루처럼 옴짝달싹할 수 없는 모습이 안쓰럽지만 목적지까지 인내할 수밖에 없다. 출퇴근 시간이 지나면 여유가 있고 빈자리도 군데군데 보여 마음이 푸근해진다.

전철은 이동거리를 단축시키는 교통혁명의 맨 앞자리를 차지하며 도시민들의 사랑을 독차지 한다. 타고 온 거리에 비해 가격이 저렴하고 짧은 시간에 많은 이동 인구를 실어 나르는 일등공신이며 효자 역할을 한다.

출퇴근 시간에 빼곡히 들어간 매 칸마다 비집고 들어가기 어려울 정도로 성황을 이루고 피크시간대는 여유라고는 찾을 길이 없고 그저 빨리만 달려줬으면 하는 것이 승객의 바람이다. 그런데 전철 안에서 어린아이나 청년들이나 무엇을 하고 있는지 들여다보면 아이들이나 학생들이나 젊은이들 모두 게임에 몰두한다. 먼 거리를 이동하는 것이 지루하기도 하고 마땅히 눈을 둘 곳이 없기 때문이기도 하다.

무슨 광고가 그리도 많이 붙어 있는지 코레일에도 자제를 당부하고 싶은 마음이 나쁜이겠는가? 그것도 TV 신문에서 단골로 등장하는 연예인이다. 방송인들이 얄궂게도 전철 안까지 등장하니 식상하는 것은 물론 저런 광고 없었으면 얼마나 즐거운 전철타기가 되지 않을까 나름대로 바람을 가져본다.

전철은 다양한 계층이 모였다 흩어졌다를 반복하는 삶의 현장이다. 재래시장이나 백화점이 우리들의 삶의 모습을 엿볼 수 있는 생생한 현장이라면 전철의 모습도 크게 다르지 않다고 생각된다.

교통수단은 승용차가 거의 대부분을 차지하지만 복잡한 서울 시내나 인근 도시를 이동하는 경우에는 전철을 애용한다. 전철 안은 늘 복잡하고 사람들로 북적이지만 때론 진풍경에 미소가 절로 나오고 전철 타는 재미도 예사롭지 않은 즐거움이 상존한다.

철도는 전철에서 한걸음 더 나아가서 KTX라는 초고속열차로 진화해서 시간단축, 공간단축, 여행의 편안함과 쾌적함, 삶의 질의 획기적인 전환을 가져오고 있다.

　미래에는 항공기와의 선두다툼 경쟁이 불붙을 것 같은 느낌이다.

제 **2** 장

선생님의 힘은 민족의 힘

01

갈래길에서 賢者는

어린 시절은 꿈도 많고 샘도 많은 혼란의 시기이다. 변덕도 심하고 홍역을 앓으면서 커가는 시기이기도 하다. 미래에 꿈도 크고 하고 싶은 일도 많고 하고자 하는 욕망도 늘 흘러넘친다. 그렇다고 길지 않은 생애에서 이것저것 모두를 할 수는 없는 노릇이다. 자기가 가장 선호하는 분야를 선택하여 그 분야의 정보를 모으고 모아서 분석과 전망을 거쳐 마음이 결정되면 역량을 집중하여 밀고 나가야 한다.

마음이 결정된 다음에도 흔들림은 계속되지만 구체화 과정을 거치면서 윤곽이 드러나면 불도저처럼 앞을 향해 돌진하게 된다. 그러나 사람이기 때문에 하고자 하는 일이 완벽할 수가 없고 하다보면 허점이 드러나서 방황하거나 망설여지기도 한다. 이럴 때에 갈등이 밀려오고 자신을 반추해오면서 궤도수정에 대한 심각한 고민에 빠져들게 된다.

인생을 살다보면 여러 개의 갈래길이 생기고 벽에 부딪쳐서 앞으로 나가지 못하고 정체될 경우가 많이 생긴다. 여러 갈래길에서 잘못 들어선 길은 어느 길이며 왜 이리로 가게 되었고 이 길로 가면 어떤 결과를 낳을 것인지 예측해야 한다. 문제가 있다면 갈래길에서 목표에 부합되는 길을 다시 선택하고 이전의 실수는 잊어버리는 것도 정신 건강에 유리함은 물론이다.

가던 길을 멈추고 새로운 길로 나아가는 일은 쉬운 결정이 아니다. 이유는 오랜 세월을 두고 정형화된 나름대로의 길이 있고 패턴이 있기 때문에 그것을 바꾸는 것은 어려움과 저항이 따른다. 그러나 지금까지의 족적(足跡)을 바꾸어야 한다고 마음의 결정을 내리면 과감하게 지금까지의 잘못된 관행을 타파하고 새로운 궤도수정을 해야 한다.

세계인은 전 인류가 지향해야 할 길이 있고 한국인은 한국이 지나온 역사인식을 바탕으로 목표가 정해져야 한다. 어떤 사회나 어떤 지역도 그 사회 그 지역의 특성을 바탕으로 지향점이 정해지고 개인은 개인 나름대로 특색 있게 공동선의 구현방안을 실천해 나가야 하는 길이 있다.

공통점은 역사인식을 바탕으로 인류가 나아갈 방향을 설정하고 공동선이 이 지구에서 실현될 날을 향해 꾸준히 발걸음을 내딛는 것이다. 잘못된 방향으로 들어섰을 때는 궤도를 수정해서 바로잡고 올바른 방향으로 발걸음을 디딜 수 있도록 유도하고 진군의 나팔소리가 들릴 수 있도록 이끌어야 한다.

바람직하지 않은 방향으로 계속 나아가는 집단이나 개인에 대하여는 강력한 제재도 필요하다. 그래도 어길 경우에는 사회적 합의에 의해 퇴출시키거나 분리시켜서 부화뇌동하거나 도미노 현상이 일어나지 않도록 특단의 조치가 있어야 한다.

한국 사회에서 지금 일어나고 있는 수많은 요구는 계층 간의 비균형 현상과 심각한 도덕성 해이에 직면하고 있다. 즉 잠복되어 있는 문제를 드러내 놓고 공론화하여 암적 존재를 도려내는 일을 게을리하고 한편으로는 묵인하고 있는 것이다. 여기에도 궤도수정이 필요하다.

인간의 삶의 과정에서 궤도수정은 일정한 시점을 두고 일어나는 것이라고 하기보다는 수시로 필요에 따라 상황을 점검하면서 점진적으로 이루어져야 한다.

누구나 일을 하다가 잘 안 되면 뒤를 돌아보게 된다. 무엇이 잘못되어서 지금 일의 매듭이 안 풀리고 꼬여 가는가에 대해 세밀하게 분석이 이루어져야 한다. 어떤 일을 진행하는 데는 장애요인이 간섭하게 되고 또 일을 그르칠 수도 있다. 장애물이 있다면 정면 돌파할 수도 있고 우회해서 피해 갈 수도 있다. 앞에 장막이 가로막혀 있다고 해서 겁을 먹거나 일 자체를 포기하는 것은 대인이 아닌 소인이 하는 짓거리다. 문제에 대해 유연하게 적응하고 묘책을 구안해내는 것이 성공의 지름길이다.

갈래길에서 새로운 길로 들어서는 것은 독단적인 생각에 의해 행하기보다는 경험 있는 멘토의 도움을 받아서 진행해 나가는 것이 쉽고 빠른 방법이다. 멘토는 경험이 풍부한 현자(賢者)이어야 한다.

우주선이 궤도에 진입하게 되면 정해진 룰에 따라 일탈하지 않고 순항을 하면서 필요한 목적을 수행하게 된다. 조금이라도 궤도를 벗어나게 되면 우주선 자체에 위험이 도래하고 존폐에 문제가 생기게 된다. 즉 수성 지구 화성 목성 토성 천왕성 등 태양계를 형성하고 있는 행성을 위성들은 정해진 궤도를 규칙적으로 반복해서 돌게 된다. 자전과 공전의 주기가 나와 있고 이것은 신비한 우주의 법칙이기도 하다.

인생길도 이러한 자연현상과 신기하게도 흡사하다.

인간의 생명이 유한하지 않다면 우주공간 그 신비에 대해 수수께끼를 풀 수 있을 텐데 신은 그러한 도전을 허용하지 않고 인간을 늙고 병들게 함으로써 원천봉쇄를 하고 있다.

인간의 두뇌는 무한의 상상력을 바탕으로 자연의 신비를 알아내기 위한 노력의 산물이 오늘날 우주개척의 금자탑을 쌓게 된 단초가 된 것이다.

지구와 인접해 있는 달의 탐사를 시작으로 화성을 비롯한 태양계의 행성에 도착해서 탐사활동에 들어가는 것을 보면 과학의 발달이 인간을 흥분시키고 찬란한 성과에 즐거움을 더 즐겁게 하곤 한다.

우주의 신비가 풀리면 인간은 어떻게 진화할 것인가를 추상해보면 떨림 그 자체일 것 같다. 우주선이 지구발사체를 떠나 목표행성을 향해 날아가면서 끊임없는 궤도수정을 하게 되는데 인간 삶의 모습과 닮은꼴임을 우리들 가슴에 와 닿게 된다.

사람은 누구나 세상에 태어나면 부모가 지어준 이름표를 달고 평생을 살아간다.

탄생이 출발점이면 죽음은 도착점이다. 우리는 고속도로에서 주행선과 추월선을 교체하면서 목표지점을 향해 앞만 보고 달리는 인생길이다. 잘못 가고 있으면 갈래길에서 궤도를 수정해야 한다. 삶의 과정에서 펼쳐지는 희로애락의 파노라마는 수천 편의 영화로 찍어서 편집을 해도 그 얘깃거리를 전부 담을 수는 없다.

주행선에서 추월선으로 추월선에서 주행선으로 다람쥐 쳇바퀴 돌듯 돌고 도는 인생길이다. 그러나 숨 고르기를 위해 고속도로 갓길 쉼터에서 차량을 멈추고 살아온 날을 반추해보자. 가까이 있는 나무만 보지 말고 멀리 펼쳐진 숲을 바라보면서 궤도를 수정하고 보완도 하면서 또한 에너지를 충전도 하면서 후회 없는 삶의 인생길을 가다듬어 가야 한다.

02

교실의 리모델링

콩나물시루처럼 아이들이 넘쳐나던 교실이 저출산으로 학교가 비어가고 있다. 입학인원이 턱없이 부족하자 뛰어난 교육의 차별화로 명품교육을 하겠다고 학교마다 큰소리로 외친다. 그러나 아이들이 부족한 지금의 세상은 대답 없는 메아리로 사라지고 만다. 아이를 출산하지 않는 젊은 부부들이 늘어나고 미래의 예비부부인 중·고교 대학생들은 결혼을 필수가 아닌 선택으로 정의하고 있다.

베이비붐 시대는 우리 사회가 확장의 확장을 거듭해도 그 수요를 감당해내지 못할 정도로 규모를 키운 시대이다. 한민족 역사에 그런 달콤한 시기는 다시 오지 않을 조짐이다.

이제는 저출산, 고령화사회로 진입하면서 키워온 것을 원만하게 줄여나갈 해결방안 찾기에 너나 할 것 없이 골머리를 앓고 있다. 줄이면 줄일수록 그 고통을 감당하기 어려울 정도로 받아들여야 하는데 묘안은 없고 걱정이 앞선다.

아이를 낳는 것이 부부에게 너무 큰 짐을 안겨주기 때문에 최소한의 인원만 낳고 출산저지에 온 힘을 기울이는 부부가 늘어나고 있다.

정부에서 출산 장려정책을 권장하지만 들으려 하지도 않을 뿐더러 출산유인책으로는 별로 효력 없는 수준이기 때문이다.

학교에는 아이들이 사라지고 있다. 교사는 많으나 아이들이 없는 것이다. 70년대 출생 110만 명 시대에서 2017년 40만 명 수준으로 출생아가 급감하고 있는 것이다. 어린이집과 유치원은 일시적으로 부족현상이 일어나지만 초·중·고 대학은 올 아이들이 없어 고민에 휩싸여 있다. 학급당 인원수를 줄여보지만 이 또한 정답이 아니다. 예비교사들도 교단에 서는 문이 닫히고 아주 좁은 문 속으로 비집고 들어서야 하는 입장이다.

학교는 배움의 장소이며 소속감을 주는 곳이며 가까운 친구들과 부딪치며 놀 수 있는 공간이며 꿈을 찾아 키워가는 기적의 집이다. 읽고 쓰고 듣고 말하면서 나를 구체화시켜 나가는 곳이다. 학교는 이제 급식소도 있고 강당도 있고 실내체육 수업을 할 체육관도 갖추고 특수 교육활동을 수행하는 특별교실도 있다. 교실에는 영상자료가 들어가고 사물함도 있고 성년이 되고도 잊을 수 없는 추억의 요람이 될 학교의 명소도 등장하고 있다.

교실은 아이들의 문화가 태동하고 태동된 문화가 아이들에게 전이되고 교류하면서 보다 발전되고 성숙한 모습으로 아이들의 정신세계를 살찌우는 창조의 공간이다. 어른들은 성장속도가 멈추고 현상유지에 머무르지만 아이들의 성장은 증폭되고 폭발적으로 성장하면서 그들의 영역확대가 무섭게 일어나고 있다.

어른의 입장에서 억누르고 제약하고 무시하는 것은 교육이 없는 것이나 마찬가지다. 교실에서의 교육이 살아나고 싹 틔우고 격려하고 유도하면서 그들이 무한대로 정신적, 육체적으로 확산을 거듭나도록 진작시켜야 한다.

교실은 아이들이 꿈을 펼치기에는 비좁고 협소하다. 교실은 학교생활의 시작 장소이고 끝나는 장소이다. 여기에서 아이들은 교수 학습이 이루어지고 인격 교류가 이루어지고 행동의 모방이 이루어지고 인생관이 형성되며 미래를 향한 꿈을 키워가는 역동적인 장소이다.

지금까지 우리는 제한된 좁은 교실에서 근시안적인 아이들을 길러낸 것이다. 이제 멀리 보고 다시 시작하는 마음으로 종합적인 교실이 만들어져야 한다. 아이들에게 책상 하나, 의자 하나, 사물함 하나가 전부다.

교실의 구조를 종합적으로 사고하고 시야를 넓힐 수 있는 공간으로 재구성해야 한다는 것이다. 우선 엄청난 예산이 투입되겠지만 개인 컴퓨터를 한 대씩 배정하고 그 속에서 아이들이 새로운 사실을 검색하고 섭렵하고 학습하면서 가정에 있는 컴퓨터와 연결되어 학습을 극대화하는 방안을 강구하여야 한다.

교육활동에 돈을 아까워하면 교육은 없다고 보아야 한다. 구태의연한 예전의 교육방법을 답습하고 편하게 안이하게 교육한다면 미래는 상실되고 기회는 주어지지 않는다. 투자가 빈약하면 성과도 기대할 것이 없다는 것은 진실이다. 투자가 100% 성공한다는 보장이 없지만 어린아이들에게 투자하는 것은 미래에 수십 배, 수백 배의 이익을 국가에 안겨줄 수 있다고 긍정적으로 생각하고 과감한 투자를 쏟아 부어야 한다.

교육의 경쟁력이 국가의 경쟁력과 비례하고 부가가치를 극대화할 수 있는 것이다. 교육에 인색하면 국가의 미래는 망가진다고 봐야 한다.

오늘날처럼 국가와 기업은 경쟁력을 가지고 훨씬 앞서 가고 있는데 교육이 뒤따라가는 후진교육을 천연덕스럽게 시행하고 있다. 기업과 국가가 앞서 가는데 교육이 어떻게 뒷받침할 것이며 아이들에게 길러주어야 할 아이템이 어떤 것이지를 찾아서 이끌고 밀고 갈 수 있는 방법이 시급히 마련되어야 한다. 각각 따로따로 논다면 죽도 밥도 아닌 것이 돈만 잡아먹는 결과를 만들어낼 것이다.

기업은 학교에서는 정성을 다해 교육시켰으니 쓸 만하다고 받아들이지만 채용하고 보면 하자 투성이 인재들이라고 불평불만을 늘어놓는다. 결국 기업은 재교육 신설과정을 만들어 다시 교육시켜야 하는 부담을 갖게 된다. 교육의 낭비현상이 드러난 것이다.

학교와 기업이 따로 놀게 되면 국가경쟁력은 파괴된다는 것을 정책당국에서는 빨리 인지하고 대응방안을 강구해야 한다.

교육은 백년지대계이다.

03

그림자 교육이론

그림자는 사람을 평생 따라다니는 동반자이고 또 다른 나의 분신이다. 낮이나 밤이나 빛이 있는 곳에서는 물체에 그림자가 생긴다. 그림자는 꼭두각시처럼 사람이 하는 행동을 그대로 따라하는 우리의 친구이다. 내 몸은 하나지만 빛의 각도에 따라 여러 개의 그림자가 나와 함께 일생을 같이한다.

나의 그림자 교육이론은 사람이 성장하는 과정에서 교육이 담당해야 할 부분을 빠짐없이 체크해서 교육이 놓치는 부분이 있어서는 안 된다는 생각에 근거한다.

사람은 교육에 의해서 바람직하게 변화하며 변화시킬 수 있다. 따라서 교육은 위대한 것이다. 밀알이 땅에 떨어져 발아를 하면 여러 가지 조건이 충족해야 건강하고 튼튼하게 자라서 좋은 열매를 맺을 수 있는데 그 조건은 햇빛, 물, 영양, 가꾸는 마음이 혼연일체가 되어야 한다. 교육은 사람을 대상으로 육영을 하는 것이므로 식물을 키우는 것에 비교가 되지 않을 정도로 복잡하고 과학적인 기법이 가미되어야 한다.

사람은 태어나서 죽음에 이를 때까지 생애교육을 받는다. 원하든 원하지 않든 생에 전 과정이 교육활동이라고 할 수 있다. 특히 어린이집, 유치원, 초등학교, 중학교, 고등학교까지의 시기는 그림자 교육이론이 집중되어야 한다. 교육자가 피교육자를 그림자처럼 쫓아다니면서 부족하거나 모자라는 부분을 알려주고 채워주면서 적절하게 도움을 주어야 한다. 교육자와 피교육자의 열정이 합해져서 하나의 위대한 작품을 만들어서 글로벌 시장에 우뚝 서게 해야 한다.

교육의 시작은 어려운 것이다. 첫 숟가락에 배부를 수는 없다. 교육력의 투입 실행 산출과정을 인내를 가지고 지켜보면서 교육의 혼을 쏟아 붓고 보살피고 가다듬어 나가야 한다.

그림자 교육은 사람이 살아 있는 한 교육이 따라 붙어야 한다는 작은 교육이론이다. 주변의 모든 사람이 교육의 멘토 역할을 하자는 것이다. 배움은 시작은 있지만 끝은 없는 것이다. 죽을 때까지 배움을 계속해도 아주 작은 부분만 배워 알 뿐 지식은 무한대이기 때문이다. 그림자 교육이론에서 교사와 멘토의 역할은 교육의 중심에서 활동해야 한다.

평생교육의 개념이 바로 그림자 교육과 일맥상통한다(life long education).

교육에는 이것이 정답이라고 선언할 수 없는 묘함이 숨어 있다. 이렇게 교육했을 경우와 저렇게 교육했을 경우는 저마다 장단점이 있고 성과도 다르게 나타난다.

목적지까지 도달하기 위한 길에는 여러 갈래의 길이 있고 가는 길마다에는 보이는 것, 느끼는 것, 생각하는 것 등이 전부 다르기 때문이다.

예컨대 교육이 목적지까지 가는 데 가장 짧고 단축된 길만을 가르쳤다면 그것은 절름발이 교육을 한 것이나 마찬가지이다. 오늘날의 교육은 다양성을 지도해서 좀 멀리 돌아서 가더라도 효율성과 성과를 얻을 수 있는 길을 인도해줄 필요가 있다.

옛날의 서당교육을 비효율적이고 폐쇄된 교육방법이라고 매도할 수는 없다. 시청각 매체가 교육방법으로 도입되지 않는 시기에 스승 한 분이 소수의 제자들과 얼굴을 맞대고 학문을 배우고 익히는 것이 효과성 면에서 탁월했다는 것을 인정해야 한다.

70년대 내가 선생을 할 때, 한 학급에 70명의 학생을 교육시키며 얼마나 집단교육의 모순을 드러냈을까 생각하며 아찔한 현기증을 느낀다. 배려가 없는 도매금식 교육이 겉핥기식으로 행해진 것이다. 사람을 교육하는 일은 단순하지 않고 복잡하고 난해하다.

농사짓는 땅이 넓으면 작물이 자라 나가는 과정을 일일이 체크하거나 돌보기가 어렵다. 한꺼번에 거름을 주고 한꺼번에 소독을 하고 잡초를 제거하고 한꺼번에 김매기를 한다. 농작물의 재배는 맞춤식 농사법을 적용하지 않아도 때가 되면 농민에게 수확의 기쁨을 안겨준다. 농작물 재배와 달리 교육은 사람 하나하나의 성장과정을 과학적으로 캐치해서 더하고 빼고 곱하고 나누는 맞춤식 교육을 해야 한다.

다인수 학급에서는 학생을 세밀하게 관찰해서 우수분야와 열등분야를 교사가 감지하는 것은 힘든 일이다. 우리는 겉핥기식 교육을 경계해야 한다. 그리고 교사의 편견이 교육을 망칠 수 있다는 것도 늘 인지하고 교육활동에 임해야 한다.

사람은 평생을 그림자와 같이 살아간다. 또 다른 내 모습이 그림자이다. 교육활동에서 교사가 학생을 그림자처럼 따라 붙어서 잘하는 부분은 키워주고 부족한 부분은 채워주고 고쳐야 할 부분은 행동 수정에 착수해야 한다. 가정교육도 그림자 교육이론에 백퍼센트 적합하다고 볼 수 있다. 부모가 귀여운 자녀와 공동생활을 하는 가정이 우선 교육이 바로 자리를 잡으려면 밥상머리 교육부터 시작해야 한다.

가정교육은 교육혁명의 발원지이다. 가정교육의 재건이 한국의 교육을 바꿀 수 있는 교육의 힘이 된다.

모든 사람이 피교육자의 멘토가 되어 피교육자를 그림자처럼 따라다닐 때 교육은 르네상스를 맞이할 수 있다.

04

글로벌 인재

단군이 건국한 고조선을 시작으로 한 민족은 찬란한 오천년 역사를 이어오고 이어가고 있다. 숱한 외침의 격랑 속에서도 나라를 지키고 이만큼 발전시킨 것은 단일민족의 힘이 원천이다. 무한 경쟁이라는 세계 질서 속에서 지금까지 우리는 잘 해오고 앞으로 잘 해가야만 하는 과제를 안고 있다.

지금 세계는 글로벌화 시대로 진입한 지도 오랜 시간이 흘러 지구촌 정보의 홍수 속에 세계인이 하나가 된 느낌이다. 또한 제4의 산업혁명도 빠르게 진행 과정에 있다. 이러한 급박한 상황에 적응하기 위해서는 교육의 글로벌 인재양성이 키포인트이다.

지금까지의 교육이 우화 '우물 안 개구리'처럼 높이와 깊이와 넓이가 협소하지 않았는지 되돌아볼 필요가 있으며 과감히 고칠 것은 고치고 바꿀 것은 바꿔서 생동하는 교육의 시스템을 재정비해 나가야 한다.

우리가 교육의 힘으로 한강의 기적을 이뤄낸 것은 누구도 부인할수 없다. 국민의 힘을 결집시킨 새마을 운동의 열정도 배웠고 세계인 모두가 한국을 부러운 눈으로 주시하고 있다. 그러나 정상으로 향하는 길은 순탄하지 않고 위험은 도처에 널려 있다. 우리는 한눈을 팔고 편안한 휴식을 즐길 겨를이 없다. 세계 여러 나라에서는 우리를 뛰어넘기 위해 새로운 방법을 모색하고 밤잠을 설치면서 연구를 거듭하고 있음을 잊지 말아야 한다.

블룸버그 TV에 들어가면 세계 경제가 시시각각으로 현란하게 변화하고 있음을 실감하게 된다. 한치 앞을 내다볼 수 없는 경제기류의 변화는 낙관도 비관도 할 수 없으며 예측불허 상태이다.

세계 주식시장의 움직임, 환율의 변동, 금리의 오르내림, 석유류 가격, 농산물 가격, 비철금속 가격 등의 변동 상황을 들여다보라. 세계 경제를 쥐락펴락하는 현장의 생동감을 맛볼 수 있고 나라의 명운이 달려 있음을 직감할 수 있다.

나는 그 변화들을 체크해 보면서 우리가 길러낸 인재들이 저 상황 속에서 뛰어들어 나라의 부를 지키고 확장시키는 일을 하도록 글로벌 인재를 교육해야 함을 절실히 느끼면서 글로벌 인재 양성을 가슴 저리게 느낀다.

예전에는 1%의 리더가 99%의 조직원을 이끌고 가는 사회구조가 통용되었다. 주종의 관계가 뚜렷하고 리더에 대해 왈가왈부한다는 것은 금기사항이었다. 그러나 오늘날에는 주종관계에서 모두가 평등관계로 급속한 변화가 이루어지고 있다. 국가, 사회, 기업 모든 조직이 이끌고 가는 것이 아니라 같이 가는 방향으로 나아가는 것이 일반화되고 있다.

지적능력이 평준화되고 부자와 가난한 자의 차이가 축소되고 학력도 거의 모든 사람들이 대학에 진학하여 자기의 전공 능력을 취득하기 때문에 누가 특별히 월등하다고 보지 않는 경향도 뚜렷하다.

특정 계층이나 일부 세력만의 독식의 시대는 가고 나눔의 시대로 세상이 바뀌고 있다. 나누지 않고 혼자 어물쩍 넘어가서 먹다가는 체하게 되고 부를 유지하기도 어려워지고 곧바로 클레임이 발생한다.

이제 우리는 한반도라는 좁고 제한된 카테고리 안에서 분연히 일어나 세계를 향해 박차고 나가야 한다. 세계가 손짓을 하고 있고 성공의 가능성도 충분하다고 생각된다.

한국의 학생교육의 방향도 한국을 위해 무엇을 어떻게 할 것인지를 고민하는 것이 아니라 세계를 위해 나의 역할을 찾는 교육이 초등학교 시절부터 적극적으로 실행하고 중·고등학교에 가서 할 일을 구상하고 한 발짝 더 나아가 구체화시킬 수 있도록 교육의 방향을 틀어야 한다. 대학에 가서 글로벌화를 생각하는 것은 이미 때를 놓친 것이라고 봐야 한다.

이제 세계는 국경이 무너지고 어느 나라든지 마음대로 넘나들 수 있는 구조로 바뀌고 있다. 세계를 향한 대탈출이 어떤 제한이나 거리낌 없이 개인의 의지에 따라 문을 열어젖히고 들어가서 생존의 길을 찾아야 한다.

우리나라에 들어와서 활동하는 외국인이 수백만 명에 달하고 앞으로 가면 갈수록 증가 속도는 빨라질 수 있을 것이다. 그들을 견제하거나 차별화할 수 없는 내국인과 동등한 입장에서 경쟁하고 있는 것이다.

냇가에는 작고 제한된 종류의 어류들만 생존하지만 강을 벗어나서 바다로 진입하면 어류의 종류도 다양하고 크기도 거대하며 맛도 제각각인 그야말로 상상을 초월하는 어류들이 우리의 입맛을 돋우며 기다리고 있다.

한국의 미래를 책임지고 이끌어 갈 소중하고 귀한 우리의 아이들에게 글로벌 인재로 커 갈 수 있도록 교육의 볼륨을 키워 가야 우리의 미래는 화려하고 풍요로워질 수 있다.

우물 안 제한된 카테고리에서 자기가 최고라고 우쭐대는 개구리의 실수를 교육하는 모든 사람들은 가슴에 새기며 명심해야 한다.

세계는 넓고 할 일은 많다고 말한 사람의 절절한 호소가 가슴에 와 닿는다.

이제는 우리 아이들도 글로벌 인재로 우뚝 설 수 있도록 교육하자.

05

단일민족의 붕괴

지구촌 곳곳에서 세계화가 빠르게 진행되고 있다. 이제 세계화는 인위적으로 막을 수 없고 거스를 수 없는 흐름이다. 멀게만 느껴졌던 세계인이 지구촌 가족이기에 친밀감이 느껴진다. 아주 가까이서 같이 호흡하고 그들의 문제가 우리의 문제가 되고 우리의 문제가 그들의 관심사로 클로즈업 되고 있다. 이제 강자와 약자의 구분은 큰 의미가 없고 절대 권력이나 절대적 힘은 군주시대에서나 통용되는 고전이 되었다. 모두가 소중하고 모두가 평등한 국가와 사회를 만들어 나가는 것이 세계적 흐름이다. 세계 언어로 편중되었던 영어 불어 독일어 스페인어가 주춤하면서 중국어 일본어 한국어 등이 급속하게 세계 언어로 부상하고 있다.

언론을 통해 세계 곳곳에서 일어나는 일들이 실시간 우리들에게 여과 없이 전달되고 인류의 문제로 부각되고 있다. 사건 사고 등과 이슈화하는 관심사도 시차를 완전히 추월하고 있다.

우리 민족은 오천년을 한민족이라는 단일민족의 혈통을 지켜왔으나 이제 그 전통은 무너지고 가까이는 아시아에서 멀리는 아프리카에 이르기까지 우리 형제자매들과 피를 섞어가는 과정에 있다. 우리가 원하든 원치 않든 이런 일은 지금보다 더 빈번하게 일어나고 이런 현상이 길조인지 망조인지는 역사가 판단할 것으로 보아야 한다. 분명한 것은 순수혈통의 보존은 희망사항일 뿐이고 지킬 수도 지켜지지도 않는 꿈일 뿐이다.

부부가 가정을 이루고 살다보면 같은 한민족끼리도 갈등이 부지기수로 일어나는데 이민족 간의 결합은 더 많은 문제를 발생시킨다. 언어의 다름을 극복해야 하고 살아가는 생활습관이 많이 달라서 그렇지 않아도 많은 문제를 가지고 출발하는 사람들에게 더 큰 짐을 안게 되는 것이다. 또한 나이 차이를 극복하는 과제가 숨어 있다. 남자는 만혼에 아내는 이른 결혼으로 세대 간의 문제가 있고 성적인 문제가 머지않아 이들을 코너에 몰아넣을 수도 있는 것이다. 태어나는 2세에 대한 교육문제는 더더욱 이들이 고민하고 해결해야 할 과제이다.

오천년 단일민족이라고 불리어온 한민족의 혈통이 전설 속의 얘기로 바뀌게 된 것은 이민족과의 혼인관계에 기인한다. 가까이는 중국 북방의 조선인과 일본인 동남아인 멀리는 미국인 아프리카 흑인들까지 전 세계를 망라하는 인종들이 한국인과 혼인하여 한국 생활을 하면서 한국인화 되어가고 있다.

농촌의 노총각들이 혼기를 놓치면서 국제결혼 중매회사에 중매로 현지 아가씨들을 배필로 삼기 시작하면서 외국인들이 기하급수적으로 불어나고 있다. 아시아인종, 유럽인종, 아프리카인종, 아메리카인종, 오세아니아인종 등 세계 5대륙 선남선녀들이 한국인과의 백년가약을 맺고 들어오고 한국인들도 이 대륙 사람들과 자연스럽게 혼인하여 한국을 떠나 낯선 대륙에서 새 삶을 개척하고 있다.

세계는 이제 철통같았던 장벽이 무너지고 국가 간의 무역을 통해 상품이 이동하듯 국경도 인종도 개방의 큰 물결 앞에 문을 열고 있는 것이다. 세계를 향해 몸과 마음을 뻗어나가야 한다. 우리와 얼굴색도 다르고 언어도 다르고 문화도 다른 그들과 만나고 대화하고 스킨십하고 부딪치고 하면서 우리의 친구로 만들어야 한다. 조선시대처럼 국경을 폐쇄하고 그들과의 교류를 거부하고 그들의 문화를 차단하는 독단주의는 과감히 버려야 한다.

개방적 사고로 밖으로 달려 나가서 세계를 우리의 손 안에 넣고 끌려가는 것이 아니라 앞에서 끌어나가는 기마민족의 전통을 살려야 한다. 우리끼리 아옹다옹하면서 사는 것은 우물 안 개구리의 유치한 발상이다.

우리 민족은 우수한 유전자를 보유하고 있으며 그것을 잠재우지 말고 일깨워서 세계의 다른 민족과 어깨를 나란히 하면서 세계를 쥐락펴락할 수 있어야 한다. 예전에는 외국인과 사귀거나 결혼을 하는 것은 흉측스런 일이라고 생각하고 놀림감의 대상이 되었던 것을 기억한다. 더군다나 그들의 2세들은 우리와 피부색 머릿결 생긴 모양이 다른 것과 우리말과 글을 익히는 데 어려움이 있는 것을 놀림감으로 여겼던 어리석음을 반성해야 한다. 오히려 그들에게 따뜻한 눈길을 주고 따뜻한 체온으로 손을 잡아주고 그들의 부족한 부분을 도와주고 감싸주는 배려가 필요하다. 글로벌 세상에서는 모두가 가슴을 열고 상대를 받아들이고 따뜻한 우정을 나눌 수 있어야 한다. 단일민족의 붕괴는 필연이다.

06

민족의 미래

한국인들은 오늘날 너무 이완되어 있음이 피부에 와 닿는다. 사물을 직시하지 못하고 낙관하는 경향이 뚜렷하다. 사회 각 분야가 긴장의 끈을 풀어놓고 별일 있겠는가 하고 미래를 긍정적으로 보고 태평성대가 이어갈 것으로 믿고 있다.

우리나라는 1960년 가난을 씻어내기 위한 경제개발이 시작되고 새마을운동이 전국적으로 확산되면서 사회가 활기에 넘쳐서 모두가 희망을 가질 수 있었다. 또한 몇 차례의 위기가 있긴 했어도 별 탈 없이 극복해온 연유로 국가가 위기에 봉착해도 나락으로 떨어지리라는 예상은 하지 않는다. 그러나 세계는 지금 긴박하게 돌아가고 있고 언제 어떻게 국가의 위기가 닥쳐서 우리 민족을 괴롭힐 줄 모른다는 절박한 긴장감이 상존하고 대비책도 필요한 시점이다.

우리는 좁은 땅에 이렇다 할 자원도 없고 과잉인구를 껴안고 가야 하는 좋지 않은 지정학적 여건을 가지고 있다.

남북이 갈라져 있고 북에서는 핵위협이 순식간에 우리를 몰살시킬 수 있고 일본이나 중국이라는 초강대국이 우리를 얕잡아보고 계속 압박하고 있는 상황이다. 미국은 우방으로서 우리를 끝까지 지켜 줄 것이라는 보장도 없고 언제든지 변질될 수 있고 우리나라를 포기할 수도 있는 가변성이 존재하고 있는 것이 현실이다. 어느 것 하나 마음 편하게 안도감을 가질 수 없는데도 불구하고 한국 특유의 모래알 민족의 특성을 여기저기서 보이고 있다.

우리 민족이 멸망할 수도 있다는 가정 아래서 긴장의 끈을 풀지 말고 국력을 키워야 함을 기억해야 한다. 쉽게 뜨거워지고 쉽게 식어 내리는 우리 민족의 종잡을 수 없는 상황을 반복하는 것은 국력낭비이다. 언론도 방송을 인기 위주로 꾸리며 국민을 선동하지 말고 진지하게 미래를 생각하며 방향을 설정하는 데 도움을 주는 이로운 선도자가 되어야 한다.

이제 한국도 후진국 행태에서 탈피하여 국민성이 선진국의 정형화된 모습으로 이행해야 한다. 삶이 넉넉지 못하고 가난할 때에는 이전투구하면서 살아남기 위해 몸부림을 쳤지만 이제 어느 정도의 부를 축적하고 재정적으로 선진국에 진입했다고 보기 때문에 우리들의 생각도 후진성을 과감히 떨쳐버리고 수준 높은 선진국민의 모습을 보여주어야 한다.

우리나라 도시의 청결 모습 한 가지만 보더라도 한숨이 나오는 것은 나만의 기우일까 생각해본다.

아무런 양심의 가책 없이 버려지는 쓰레기를 바라보면서 쓰레기 더미에서 살아가는 우리의 모습을 외국 관광객이 보게 되면 어떤 생각을 할까 두려움과 부끄러움이 앞선다.

집 앞을 하루 세 차례 청소를 해도 도로아미타불인 것은 무엇을 의미하는가?

지금 한국은 미래를 직시하고 바르게 정석으로 흘러가고 있는가? 반문해보면 그렇다고 답하기가 어려운 상황이 된다. 지도자들은 눈치 보기에 바쁘고 그 지위를 이용하여 남모르게 부를 축적할 수 있을까 하고 엉뚱한 궁리를 하고 말로는 국민을 위한다고 부르짖으면서 뒤로는 호박씨를 까고 있는 이율배반적 상황이 연출되고 있다. 그럴듯하게 위장하지만 번뜩이는 국민의 눈을 속일 수는 없다. 오염의 정도가 기준치를 크게 상회하여 구린내가 나는 데도 위장하여 국민을 속이고 있는 것이다.

부정부패가 드러나도 고개를 숙이지 않고 둘러대서 위기를 모면하려는 지도자가 셀 수도 없이 많이 득실거린다. 합법을 가장한 위법이 여기저기 도처에서 썩는 냄새를 피우고 있다. 국가를 지키는 방위산업조차도 떡값이 들어가고 떡값은 몇 배로 무기체계에 부실을 그대로 안기고 있는 기막힌 상황이 연출되고 있다. 낚시에 걸려들어 패가망신하는 것은 바보라는 말이 난무한다.

경제학자들은 한국의 1차 산업과 2차 산업 즉 굴뚝산업은 국제경쟁력이 없어서 적당히 포기하면서 버무리려고 3차 산업을 집중적으로 육성해가야 한다고 목에 핏대를 세우면서 주장한 바 있다. 이는 산업 간의 균형발전을 상실한 절름발이 경제정책을 유도한 착오라고 주장하고 싶다.

우리가 주춤할 때 중국은 그 틈을 비집고 들어와 무서운 속도로 우리를 위협하고 있다.

우리가 어렸을 때에는 불판다리미를 사용하는 가정이 많았다. 옷에 주름을 펴기 위해서 불판에 숯덩이를 넣어 뜨겁게 달구어 사용했다. 여성들의 고충은 이루 말할 수 없었다. 그 당시의 옷은 면을 소재로 했던 까닭에 주름을 펴지 않으면 보기 흉해서 입고 다닐 수가 없었다.

전기가 가정에 보급되면서 불판다리미는 자취를 감추고 전기다리미가 대세를 장악하고 지금은 스팀다리미가 나와서 성능이 절정에 다다르고 여성들의 고통도 많이 사라졌다. 옷감도 다리미질을 필요로 하지 않는 소재가 광범위하게 보급되어 다리미질을 많이 줄일 수 있게 생활이 향상되고 있다.

한국인의 구겨진 모습이 있다면 어떤 대가를 치르고라도 다리미질을 하여 구김을 펴야 한다. 다리미질은 구겨져서 보기 싫은 부분을 곧게 펴고 옷의 각을 잘 잡아주어 옷의 맵시를 살려주고 품위를 높여준다. 다리미가 생활의 소도구에 불과하지만 작은 고추가 맵다고 하는 역할은 대단한 것이다.

겉으로 보이는 단정한 모습 하나가 국가의 행복한 미래를 약속하고 우리 스스로를 잘 제어하고 있다는 이미지를 줄 수 있다. 작은 것 하나에도 정성을 기울이고 다듬는 자세가 필요하다.

말로만 인정받는 선진국은 얼마든지 가능한 일이다. 진정으로 선진국으로서의 위상과 국력을 갖추려면 미래를 바라보는 눈이 필요하며 그 능력을 갖기 위해서는 교육과 병행하여 꾸준한 연구가 필요하다. 재정적 뒷받침과 인재 발굴에도 힘을 기울여야 함은 당연한 일일 것이다.

미래를 바라볼 수 있는 눈이 있다는 것은 강력한 힘을 비축하고 있다는 의미이기도 하기에 이는 큰 축복이다. 땀 흘려 노력하는 자에게 발전은 당연한 결과가 아니던가.

07

민족의 神 세종

　영동고속도로를 달리다가 여주 IC를 빠져나오면 우측에 명성왕후 민비의 생가가 있고 앞쪽으로는 영릉으로 향하는 대로가 눈에 들어온다.

　여주시 중심가를 지나 능서면 쪽으로 향하면 조선 4대 임금으로 한글을 창제하신 민족의 신 세종이 소헌왕후와 함께 영면하고 계신 곳 즉 영릉이다. 성역화되어 있는 이곳은 입구에 세종의 발자취를 축약하여 전시한 작은 박물관이 있고 고풍스런 옛집들과 함께 주변 환경의 아늑함에 흠뻑 빠져든다.

> "나라 말씀이 중국과 달라 문자가 서로 통하지 아니 할세 이런 이유로 어린 백성이 이르고져 할 바 있어도 마침내 제 뜻을 능히 펴지 못할 사람이 많으니라. 내 이를 불쌍히 여겨 새로 스물여덟 글자를 만드노니 사람마다 쉽게 여겨 날고 편하게 할 따름 이니라."

　훈민정음 서문을 읽으면 세종이 국민의 애환을 꿰뚫어보고 있고 그 고충을 해소시켜야 하겠다는 애민정신이 듬뿍 담겨 있음을 느끼게 된다.

그 당시의 교육은 가정에서 부모가 밥상머리 교육을 하고 일부 양반자재들이 서당에서 훈장의 지도가 교육의 전부로 생각된다. 따라서 난해한 한자를 배우고 익힌다는 것은 선택된 집안의 자녀가 아니면 교육의 기회는 박탈당해서 지적개발은 요원했을 것이다.

절대군주시대에서 세종은 성군임과 동시에 민족의 미래를 아주 멀리 내다보고 한글을 창제하신 위대한 민족의 신이다.

조선 건국 역사를 들춰보면 역사는 우연히 만들어진 것이라기보다는 필연인 경우가 월등하게 우세하다는 것을 느끼게 된다.

나라가 평온할지라도 어떤 문제로 인해 갈등에 빠져들게 되면 극한 대립의 상태로 몰아가고 결국에는 무인들이 나서서 힘으로 해결하는 경우가 적지 않았다. 아니 태반이 무인의 등장으로 피비린내 나는 살육이 이뤄진 다음에야 평온을 되찾고 새로운 세력이 전면에 나서게 된다.

세종의 부친인 태종도 조선 건국과정에서 하나의 축을 형성하고 급기야는 적자승계가 아닌 사람이 임금에 오르게 된 것은 주지의 사실이다. 그래도 태종은 왕권을 수립하고 나라의 기틀을 마련하는 데 혼신의 힘을 다하고 세종이라는 위대한 아들을 이 땅에 오게 한 장본인이다. 태종이 아니었다면 세종이 태어나지 않았다고 가정을 해보면 우리는 누구나 심적인 전율을 느끼게 된다.

물론 세종 혼자 한 일은 아니고 그 수하에 뛰어난 집현전 학자들의 뒷받침이 있었지만 한글 창제는 세계역사의 하나의 이정표를 만든 쾌거임에는 틀림없다.

조선 역사를 뒤적이다 보면 세종은 그의 인생의 절반을 병고 속에서 병마와 싸우면서 살았다는 기록이 있다. 부친 태종에 의해 세자로 책봉된 것도 우연이었지만 그 총명함이 아무도 따를 자가 없었다고 한다.

사람은 몸과 마음이 편해야 힘도 나고 미래도 있고 즐겁고 활기차게 살아갈 수 있음에도 세종은 늘 병고 속에서도 민족의 성군으로 그의 책임감을 잊은 적이 없는 듯하다.

조선 건국이 오래지 않아 나라의 기틀이 요동치는 상황이었기 때문에 태조와 태종이 잔뜩 긴장하고 있었겠지만 그 뒤를 잇는 세종은 그런 악조건을 극복하고 수백 년 앞을 내다보고 국정을 수행했다는 것은 오늘날이 아니어도 감탄할 일이다.

우리 민족의 우수한 잠재력을 찾아 나서서 그야말로 창조의 달인이었던 분이시다. 그가 그런 일을 하지 않았다면 오늘 우리의 모습은 어떠한 형태를 띠고 있었을까? 아니면 중국의 변방 속국으로 전락하여 어둡게 살아가고 있지는 않았을까 반문해본다.

우리나라에서 통용되고 있는 지폐의 흉상을 보면 순서가 뒤죽박죽이어서 이를 바로 잡을 필요가 검증되고 있다. 일만 원 권 지폐에 세종대왕의 흉상이 있고 오만 원 권 지폐에 신사임당의 흉상이 있는 것은 시급히 바로잡아야 할 한국은행의 과제이다.

우리 역사에서 가장 빛나는 업적을 낸 분이 누구신가를 평가해서 순서도를 만들어서 대비했다면 오늘과 같은 난센스 현상을 방지했을 수 있었을 것이다. 머언 미래를 바라보는 안목이 부족한 것은 누구를 탓하기 전에 복안을 가지고 있었어야 한다. 미시적인 것만이 아닌 거시적인 관점에서 어떤 일이든지 계획하고 집행할 수 있는 대비책을 지금이라도 만들어 놓아야 한다.

세종대왕 같이 탁월한 분은 천년에 한번 나올까 말까 한 위대한 임금이시며 세계적으로도 그 어떤 위대한 사람과 비교해도 손색이 없는 자랑스러운 분일 것이다. 언어와 문화가 남의 것이 아니고 우리 것이 있다는 것은 얼마나 자랑스러운 일이며 우리 민족의 문화융성에도 주도적으로 기여하고 발전해 나갈 수 있는 일이다.

우리가 사용하고 있는 한글이 노벨상을 수상할 수 있는 시대에 만들어졌다면 아마도 노벨상을 타는 데 충분조건이 되었을 것이다. 한글의 편리성과 위대함을 새삼 느끼며 민족의 신 세종은 하느님께서 한민족을 얼마나 사랑하고 있는지를 증명할 수 있는 쾌거이다.

광화문에 있는 민족의 신 세종 동상이 수난을 겪고 있다. 하루가 멀다 하고 좌우가 편을 갈라서 목청을 높이고 난장판을 벌인다. 세종로 네거리와 서울시청 주변은 모임장소로 불허해야 하는 규정이 시급히 만들어져야 한다.

민족의 신이신 세종이 우리를 바라보고 계시다는 것을 잊지 말아야 한다.

또한 세계 각국에 산재해 있는 한국 문화원의 한글 강좌가 외국인들로 넘쳐나는데 우리는 한글을 선호하기보다는 외래어를 떡 먹듯 아무런 거리낌 없이 도입해서 사용하고 있음은 애석한 일이 아닌가 묻고 싶다.

08

밖에서 본 학교교육

　내 인생의 전부가 담겨 있던 학교를 정년퇴직한 지도 눈 깜짝할 사이에 많은 시간이 지나갔다. 1세기는 100년이고 반세기는 50년이다. 40년을 약간 넘게 학교에서 2세 교육을 담당한 것을 생각하면 스스로 놀라게 된다. 학교 근무시절을 돌아보면 아쉬움과 회한 반성과 후회가 교차한다. 그렇다고 입 꽉 다물고 조용히 지내기보다 내가 생각하는 것, 겪은 것을 여기에 기록해서 더 훌륭한 교육을 당부하고 싶다.

　나는 공립 중·고등학교 교장으로 12년을 학교 경영 책임자로 근무했다. 국민의 정부가 들어서서 65세 정년이 62세로 갑자기 낮춰지면서 많은 교장들이 눈물을 머금고 현직에서 물러나게 되었다. 운이 좋아서인지 관복이 있어서인지 가늠하기 어렵지만 교감 부임 4년 만에 교장 강습에 차출되어 교장의 길로 들어선 것이다.

　예전에는 교장되는 것이 우스갯소리로 하늘의 별따기 정도로 힘들다는 말이 있었다.

　중등학교 교장 자격증을 받던 날 나는 곧바로 나의 고향 포동에

학미산을 찾아 영면하고 계시는 조부모 묘소를 찾아서 교장 자격증을 놓고 큰 절을 드렸다.

'제가 학교교육의 중책을 맡을 교장이 되었습니다. 부디 조부모님께서 저에게 지혜를 주시고 민족과 국가가 부흥하고 아이들이 자랑스럽게 성장해서 이 나라의 큰 기둥 역할을 할 수 있도록 지혜를 주십시오' 하고 요청하고 다짐도 했다. 부모님으로부터 관리자의 자세와 역할도 경청하고 학교로 향한 것이 엊그제 같다.

우리 교육은 미국교육을 모방하고 일본교육을 흉내 내는 데서부터 출발했음을 부인할 수는 없다. 소수의 서당식 교육에서 다수의 학교교육으로 전환하는 과정에서는 교육방법의 모방은 어쩔 수 없는 일이다.

사범학교 교수진이 미국식 교육을 이수하는 사람들로 채워지고 일제식민교육을 해방과 함께 이어받을 수밖에 없는 대량교육 방식을 우리의 힘으로는 감수할 능력이 부족했던 것이다.

모방은 창조를 위한 첫 단계이기 때문에 모방을 비난해서는 안 된다. 다만 모방한 것을 발전시키고 새롭게 창안해야 하나 그대로 모방을 이어가는 것은 비난받아서 마땅하다.

교육 여건이 열악한 상황에서도 선생님들의 열정은 일취월장하는 민족교육을 실시하여 민중을 이끌 리더교육에 매달린 것이 오늘날 세계에 내놓아도 손색이 없는 한국인을 교육시키는 학교를 만든 것이다. 그러나 한국교육의 장족의 발전은 지금 크게 흔들리고 있다. 일부 선생님들이 거꾸로 가는 교육을 합리적으로 포장하여 아이들을 속이고 국민을 우롱하는 나쁜 교육을 하고 있는 것이다.

극히 일부 교사들이 민주주의를 걷어내고 공산주의를 밀어 넣고 자본주의를 부정하고 사회주의를 월등한 체제라고 주장하고 단결보다는 분열을 긍정보다는 부정을 대한민국보다는 조선민주주의 인민공화국을 찬양하는 못된 교육을 공공연히 실시한다는 것이다.

일부 선생님들은 아이들을 가르칠 권리는 교사에게 있다고 강변한다. 교사가 좌편향 교육을 하는 것은 나쁠 것이 없고 교사의 양심과 소신에 따라 교육하는 것이니 참견하지 말라는 것이다. 학교장이 수업 참관을 하려 해도 교실에서 나가달라고 요청한다. 무서운 세상을 나는 겪은 것이다.

교육은 좌우 어느 쪽으로도 치우쳐서는 균형을 갖춘 인간을 기를 수 없다. 좌편향이든 우편향이든 절름발이 교육은 평생을 장애인으로 살아가게 만드는 범법행위이다. 한국의 빛나는 미래 조국건설을 위해서는 일부 좌편향의 또는 우편향의 오도된 교육을 겁 없이 실시하는 선생님을 내치는 인사정책이 수립되어야 한다. 구경해서도 안 되고 더 이상 방치해서도 안 된다. 엄청난 아픔을 감수하고서라도 이들을 조직에서 잘라내어 새살이 돋게 해야 한다.

교사는 과거를 세밀하게 분석하고 미래를 내다보는 혜안이 필요하다.

안에서 자기를 들여다보고 성찰한다는 것은 한계가 있다. 좁고 협소하기 때문에 넓게 확대할 수가 없다. 그러기에 정확하게 자기 자신을 직시할 수 없다. 보이는 것도 제한적이다.

퇴직하기 전에는 학교 밖 생활이 아니라 학교 안에서 다람쥐 쳇바퀴 돌 듯 같은 일을 반복하고 워낙 시간에 쫓기다 보니 내 모습을 주시하고 평가하고 개선할 여유가 좀처럼 주어지지 않았다. 물론 활발한 연구 활동을 통해 교육의 문제점을 파헤치고 그 문제를 해결하기 위한 방안을 끊임없이 추적해 왔다. 지금 와서 생각해 보니 그 연구 활동이라는 것도 미시적이었기에 절로 웃음이 나오곤 한다.

학교는 새 생명들이 숨 쉬고 미래의 어마어마한 가치를 창조하기 위해 배우고 익히며 자신을 키워가는 성스런 장소이다. 거듭되는 자극과 반응을 지켜보면서 빛나는 아이들의 눈망울을 바라보고 체크하고 조력한다. 학교는 아이들의 꿈을 쑥쑥 자라나게 해야 한다.

엄마가 태몽을 꾸듯 아이들도 학교교육을 통해 내가 커서 어떤 인물이 되고 싶고 그 인물로 나아가기 위해서는 내가 어떤 일을 해야 한다는 것을 일깨우고 하나하나 숙제를 해 나가듯 문제를 풀어나가야 한다.

내가 아이들에게 해 온 교육이 부끄럽기 짝이 없었다는 생각을 하면 가슴이 미어진다. 그 아이들에게 면목이 없고 더 잘할 수 있었다는 회환의 눈물, 반성의 눈물을 흘리게 된다. 지금 나에게 그 역할이 주어진다면 얼마든지 자신 있게 잘할 수 있었는데 왜 그것밖에 할 수 없었을까 가슴에 손을 얹고 자책을 한다.

학급 담임으로서 교과 담임으로서 미흡하기 짝이 없었다. 학교 안에서의 역할 또한 회환이 남는 것은 어쩔 수 없는 것 같다. 지금 후회해 봐도 아무 소용없는 것 아무것도 얻을 것이 없다. 다만 나의 예전 교육현장의 미숙한 모습들을 후배들에게 남겨 후배들이 교육현장을 떠났을 때 회환이 남지 않도록 민족의 앞날을 짊어질 아이들에게 최선을 다해야 한다는 절절한 마음을 전하고 싶은 것이다.

2000년도가 넘어서면서 우리 교육도 커다란 변곡점을 맞이하고 있다.

굳이 구분해서 얘기하는 것은 무리일 수 있지만 2000년도 이전에는 우리가 교육시킨 아이들을 국내시장에 내 놓아도 손색이 없었다면 2000년도 이후에는 세계시장에 내 놓아서 그들이 세계 각국으로 달려 나가 그들의 꿈을 펼칠 수 있는 인재를 길러야 한다는 것이다. 국경이 무너지고 이데올로기가 섞이고 이질적인 세계 문화가 통합되어 가는 상황에서는 글로벌 인재의 양성이야말로 우리가 세심한 관심을 갖고 접근해 갈 때만이 가능한 일이다.

젊은 교사들은 원로 교육자들이 조언하는 것을 구시대의 발상이라고 거부해서는 안 된다. 오랜 교육현장에서 갈고 닦아서 보석처럼 빛나는 체험담을 귀담아 듣고 교육의 문을 활짝 열어야 한다.

우리는 '호학수기(好學修己: 학문을 즐겨하고 인격을 닦는다)'라는 말을 오늘날의 교육현장에서도 적용해야 한다. 오랜 옛날 공자의 하찮은 말이라고 단정해서는 안 된다. 그 말은 교육이 나아가야 할 방향을 우리에게 일러주고 있다.

오늘의 학교교육은 교육의 내용이나 방법이 이전에 비해 일취월장하고 있음을 부인할 수 없다. 세계적 수준에까지 접근하고 그들과 대등하며 어떤 부분에서는 더 뛰어나다는 것에 크게 칭찬을 하고 싶다. 다만 좌우 어느 쪽으로도 편향되는 교육은 문제를 만들 수 있음에 유의해야 한다.

09

선생님은 작은 神

선생님!

부르기만 해도 말하기만 해도 듣기만 해도 생각하기만 해도 설레는 말이다.

초등학교 저학년 시절 누구에게나 선생님은 신적 존재이다. 닫혔던 정신세계를 활짝 열어주고 우리들이 훨훨 날아다니며 시야를 넓힐 수 있게 이끌어주시는 선생님은 존경하는 인물의 1순위를 차지한다. 선생님의 호칭에는 지덕체를 갖춘 선각자의 의미가 담겨 있고 미래를 내다보는 혜안이 숨어 있으며 천하를 쥐락펴락할 수 있는 영웅도 길러내고 천치바보도 만들 수 있는 마력도 가지고 있다.

그러나 오늘날의 선생님은 환란이 끊이지 않고 있다. 선생님들의 근심과 재앙은 최고조에 달한 느낌이다. 학생이 동영상을 찍어 선생님의 작은 실수를 고소하고 학부모가 선생님을 구타까지 하는 일이 다반사로 일어나고 있다. 혀를 찰 노릇이고 정신적 리더인 선생님의 위기이다.

옛날 서당에서 학습능력이 뒤지는 제자들을 종아리 때려서 정신

차리게 하는 방법을 지금 사용했다가는 법정구속을 각오해야 한다. 교수 학습과정에서 일어나는 교사의 일거수일투족도 시비를 걸고 달려들면 앉은자리에서 당해야 한다. 학교교육이 메말라 가고 병들어 가고 있는 것이다.

사람 됨됨이 교육을 할 수 없는 분위기로 몰아가고 교사는 지식의 단순한 전달자로서만 존재할 따름이다. 우리 사회에서도 최고의 호칭으로 통용되어온 선생님은 자취를 감추고 사장님으로 대체되어 불리다가 지금은 회장님으로 격상되어 아무나 회장님으로 불리곤 한다.

선생님이라는 말 속에는 지덕체를 갖춘 선각자의 의미와 구수한 인정이 숨어 있고 미래를 내다보는 혜안이 살아 숨 쉬며 존경의 뜻이 잠재되어 있다.

우리 사회에서 선생님의 위상을 격하시키는 것은 안타깝고 가슴 아픈 일이다. 학교에서 마저도 아이들이 선생님의 위상을 갈기갈기 찢는 현상들이 도처에서 들려오고 있다.

선생님이 지식의 전달자로서 그 위상이 축소되는 것은 물질 위주의 사회가 만든 교육의 위기라고 할 수 있다.

어린이집 선생님부터 대학원의 교수님까지 모두가 사회적 도전을 이겨내기가 힘겹고 고통 속에서 그 직을 유지하고 있다. 선생님이 힘을 발휘하지 못하고 의기소침해서 봉급만 따먹는 직업인으로 전락하는 것은 나라의 미래를 어둡게 하는 일이다.

선생님은 지식인으로서 아이들의 미래를 책임지고 이끌어 가야 할 위대한 교육자로 자리매김되어야 하는데 딱하고 슬픔이 밀물처럼 밀려온다.

예전에 선생님은 최고의 호칭으로 누구나 듣고 싶어 하는 호칭이었지만 지금은 학교에 다니는 학생들에게만 선망의 대상이 되는 호칭으로 전락하였다. 우리 어린 시절의 선생님은 신에 버금가는 대단한 분으로 그림자도 밟지 않았는데 말이다.

일전에 선생님이라는 말을 다른 말로 변경시켜 달라는 요청에 깜짝 놀랐다. 예전에는 사람의 병을 고치는 의사를 의사선생님이라고 흔히들 불렀다. 지금은 선생님이라고 하면 찡그리고 교수님이라고 불러야만 한다. 처음 만나는 사람도 적당한 호칭이 없으면 선생님이라고 불렀는데 지금은 큰 실례로 여기어 큰 탈이 난다.

사장님을 회장님이라고 호칭해야 하고 박사님이라는 극존칭을 사용해야 좋아하고 인정도 받는 세상이다. 선생님은 보잘것없는 존재로 추락해 버린 현실이 슬퍼진다. 선생님이 더 이상 정신세계를 리드하는 지도자로서의 환상이 사라져 버린 증거일까?

대학교를 졸업하고 처음 교단에 섰을 때 아이들과 학부모님들이 선생님이라고 부르는데 어찌나 가슴이 뭉클했던지 그때 시절을 지금도 지울 수가 없다. 내가 초롱초롱한 이 아이들을 이 나라의 주춧돌이 될 인재로 키워야 한다고 굳은 다짐이 나를 더욱 흥분케 한 것이다.

선생님에게 비아냥대고 도전하고 마구 대하면 선생님은 의기소침해서 교육열을 발휘할 수가 없다. 선생님이라는 직업이 어느 직업과 비교해도 책임의 막중함이 으뜸이라고 자신한다. 선생님이 신이 나서 열정적으로 우리 아이들을 이끌 수 있도록 정책적 배려와 사회분위기 조성이 절대 필요하다. 선생님에게 돌을 던지면 어찌하는가?

이러한 현상에 대해 간과해서는 안 되는 것은 선생님 스스로도 자신을 거울에 비추어 보고 혹독한 자아비판도 필요하다는 것을 인식해야 한다.

사회가 정도를 벗어났을 때는 눈을 감거나 부화뇌동하거나 불난집에 부채질한 일은 없었는지도 반성할 필요가 있다. 우리가 남을 가르치면서 우리 스스로 배움에 게을리하지 않았는지도 짚어보아야 한다.

세상은 무서울 정도로 변화를 거듭하면서 전문성의 심화를 무한대로 요구하고 있다.

사범학교 고졸자가 선생님으로 다시 교육대 졸업자나 사범대학 졸업자가 선생님으로 오랜 기간 자리를 지켜왔다. 이제는 대학원에서 석사학위를 받은 교사가 대세를 이루고 다시 박사학위를 받은 선생님들이 급증하는 상황이다. 고학력자가 꼭 좋은 것만은 아니지만 바람직한 현상임은 틀림없다. 아이들을 가르치는 전문성은 높아야 하고 대단한 능력도 갖춰가야 한다.

선생님은 이 나라의 미래이고 민족의 명운을 좌우할 마력을 가진 전문가이다.

초등학교 시절 나를 따뜻한 사랑으로 돌봐주시고 기다림에도 지치지 않고 조언과 격려주시며 올바른 가치관 형성으로 미래에 대한 기대와 희망을 심어주신 나의 선생님은 작은 神이다.

10

선악(善惡) 논쟁

　사람은 누구나 선과 악의 양면성을 가지고 있다. 영·유아기에는 선과 악을 구분하기가 힘들지만 소년기를 거치면서 선과 악의 구분 능력이 일취월장하게 된다.

　무의식 속에 숨어 있는 선과 악은 내면의 세계에서 끊임없이 충돌하면서 외적인 돌출행동을 나타낸다. 또한 선과 악은 상호 간에 타협하면서 휴전상태에 머물기도 한다. 이때 제어능력이 발휘되어 어느 쪽으로도 치우치지 않고 갈등을 일으키게 된다.

　사람이 어디까지 선하고 어디까지 악한가에 관해서는 흥미 있는 일이라 그 논쟁은 뜨거운 주제가 된다. 단적인 예를 들면 우리의 상상을 뛰어넘는 아연실색할 살인 범죄를 보면 인간은 본래 악하다는 성악설을 인정하는 손을 들게 된다.

　반면에 아프리카 남 수단 톤즈 마을에서 말라리아와 콜레라 나병 환자들과 생사를 같이하며 교회를 지어 신의 말씀을 전하고 병원을 지어 진료를 하고 아이들을 위해 학교를 세우고 브라스밴드를 가르치며 계몽 자원봉사 활동을 하는 이태석 신부님을 보면 인간은 본래 선하다는 성선설을 인정하는 손을 들게 한다.

누구나 학교를 다닐 때 선생님들로부터 성선설과 성악설에 대해 극한 논쟁을 펼치는 것을 들었을 것이다. 들어도 또 들어도 성선설과 성악설은 이렇게 생각하면 이렇고 저렇게 생각하면 저런 것으로 결론을 내리지 못하고 평생 동안 이 문제에 대해 생각을 하고 정답을 구하려 해도 아직도 오리무중일 뿐이다.

조선시대 소설에서도 권선징악을 주제로 한 소설이 대중에게 어필했던 것도 옛날이나 지금이나 혼탁한 사회현상을 정화하기 위해서는 언젠가는 악함은 징벌이 따르고 선함은 상을 받게 된다는 것을 우리에게 강한 메시지로 전달하고 있는 것이다.

선함을 권장함에도 사회가 일정 부분 악으로 드러나고 그 끔찍스러움에 소름이 끼칠 때가 종종 발생한다. 사회구성원은 다양한 계층으로 구성되어 있기 때문에 늘 평화가 유지되고 행복을 만끽하면서 살아갈 수 없고 돌연변이 인생이 출현해서 사회적 충격을 주는 것은 백이면 백 모두가 선할 수만은 없기 때문에 어쩔 수 없는 사회의 어두운 면을 보여 주는 것이리라.

고대소설은 그 바탕에 깔고 있는 기본사상이 권선징악이다. 내가 초등학교에 다닐 때에는 6·25로 인한 폐허가 먹거리마저도 위협할 정도였다. 따라서 교과서 이외에는 동화책은 구전에 의해 전달될 수준이었다.

이 시절 선생님께서 들려주는 동화이야기는 바로 권선징악으로 그 달디단 줄거리가 어린 우리들의 혼을 앗아가기에 충분했다. 사람은 악을 버리고 선하게 살아야 한다는 다짐을 선생님의 동화이야기는 증명해 주었다. 뒤늦게 깨달은 것은 그런 교육이 어린 시절 인격 형성에 어마어마한 영향을 끼친다는 것을 인지한 것이다.

요즘 자라나는 어린아이들은 행복하다. 동화책도 넘쳐나서 취향에 따라 이야기의 주제를 선택할 수도 있고 장난감도 그 종류가 헤아릴 수 없을 정도로 다양하다. 지적 능력과 조작적 능력을 함께 노리고 만든 제품들이 혀를 내두를 정도이다.

우리 아이들의 미래는 밝고 무한대를 향해 뻗어나가고 있다. 어쩌면 선과 악이라는 양면성을 무 자르듯 딱 잘라 놓고 구분할 수 없이 수시로 선과 악을 넘나드는 중립지대를 숨겨 놓고 있다고도 볼 수 있다. 소위 말하면 헷갈리는 부분이 존재하기 때문이다. 선으로 갈 수도 있고 악으로 갈 수도 있는 갈등의 부분이 존재한다는 것이다.

양쪽을 오가면서 저울질을 하게도 되고 그 저울질에 따라 선악이 오락가락하는 묘한 상황이 누구에게나 발생한다는 것이다. 또한 선을 추구하고 악을 추구하다가도 돌변현상이 일어나서 정반대의 길을 갈 수도 있는 것이 인간의 심리작용이다.

인간의 뇌에서 일어나는 이러한 현상은 어떠한 자극에 의해 종합적 판단이 유보되고 복잡다단한 계산식에 의해 혼란을 가중시키게 된다.

신은 전지전능하고 완벽한 존재이기 때문에 최선의 답을 가지고 움직일 수 있지만 인간은 신을 본떠서 유사하게 만든 존재이기 때문에 미약하고 미성숙하며 부족함이 드러나기 때문일 것이다.

인간이 신에게 매달리는 것은 솟아올라오는 악의 욕망을 제거 내지 억누르고 선의 세계로 줄달음질치고 싶은 그래서 신의 모습을 닮고 싶기 때문이리라.

저자를 기준으로 선과 악을 서술하면 이상하게도 선이 앞서기보다 악이 앞서는 것을 숨길 수 없다. 나를 길러주신 부모님 선생님 주변의 많은 분들 나와 같은 위치에 선 여러 분들의 영향 때문일까 아니면 인간이 성선설보다는 성악설이 앞서기 때문일까? 많은 시간을 할애해 생각해도 도무지 알 수 없는 노릇이다.

우리는 선이 악을 반드시 물리치기 때문에 선하게 살아야 한다고 배웠는데 요즘은 악이 선을 이기는 경우가 비일비재하다. 참과 거짓의 싸움에서도 거짓이 종종 아니 자주 승리한다.

상황에 따라 수시로 변하는 사람 마음의 이기심 때문이 아닌가도 생각해 보며 선이 흥해야 사람 사는 세상이 편안해질 텐데 성선설에 힘을 보태본다.

아프리카의 눈물

'알렉스 헤일리'가 쓴 『뿌리』가 우리나라에서 드라마로 상영되어 심금을 울린 지도 어언 40년이 되었다. 1767년 아프리카의 잠비아에서 주인공 쿤타킨테는 노예로 팔려 미국으로 건너온다. 온갖 박해와 차별과 고통 속에서 자유를 쟁취하기 위한 가문의 노력이 눈물과 감동으로 우리의 가슴을 마구 흔들며 압도했던 작품이다.

인류역사에서 아프리카 노예들은 눈물의 역사이다. 깜둥이라는 별칭이 이들을 꽁꽁 묶어서 백인들의 노리개 감으로 전락하고 그들 자신들도 이것이 운명이려니 하고 순응하며 최소한의 의식주 해결에 만족하려 했다. 저항하면 모진 고문과 죽음이 그들의 앞길을 가로막았던 것을 생각하면 눈물이 앞선다. 그렇지만 오랜 역사의 흐름에서 그들은 인간답게 살기 위해 발버둥치고 저항하면서 평등을 쟁취하기 위해 많은 것을 이룩했지만 지금도 눈에 보이지 않는 차별에 마음 아파하고 완전한 평등이 실현되는 날을 손꼽아 기다리고 있다.

지금 세계 역사는 백인의 손에서 황인의 손으로 넘어가는 과정에 있고 흑인의 저력도 만만치 않게 꿈틀거리고 있다. 백인 우월의 세상은 영원할 수도 없고 영원하지도 않다는 것을 입증하듯이 아시아가 전 세계의 중심으로 부상하고 있다. 이것은 잠꼬대가 아닌 진리이다.

인류평등에서 물질은 중요한 역할을 한다. 그 물질을 백인이 장악하고 있지만 아시아인으로의 손 바뀜 현상은 가속도가 붙은 느낌이다. 아직 흑인은 물질과 정신세계에서 소외되어 있지만 언젠가는 역전될 날이 있는 것만은 분명하다 쥐구멍에도 햇빛들 날이 있기 때문이다.

우리는 아프리카의 눈물을 기억해야 한다. 백인의 백인에 의한 백인을 위한 노예사냥이 아무런 구속도 받지 않았던 비정상적이었던 옛날을 기억하고 사죄해야 한다.

노예사냥으로 그들의 자연적 삶을 유린하고 노예선을 타고 백인의 노동 대체수단으로 이용하고 망가져 간 것을 잊어서는 안 된다. 저항은 죽음을 의미하기 때문에 대꾸 한마디도 못한 채 일상을 그들의 꼭두각시놀음에 희생물이 되었던 흑인들이다.

백인들은 일하지 않고 그들의 땀의 대가를 착취하고 배 두드리고 있었으니 이보다 더한 비극이 또 있을까 반문해본다.

오늘날의 아프리카는 백인에게 강탈당한 과거를 잊고 새 출발을 하고 있다. 그러나 너무나 빼앗긴 것이 많아서 일어서기에는 버겁고 여건이 갖추어지지 않고 힘겹게 일어서기 위해 혼신을 다하고 있다.

흑인도 교육을 통해 그들의 영혼을 일깨우고 새로운 분야에 전략을 세우고 한 걸음 두 걸음 전진해 나가야 한다. 얼굴이 검다는 이유로 인간 대접을 받지 못하고 백인의 노리개 감으로 전락한 불쌍한 그들에게 신의 가호가 있어야 하고 그들에게 지혜의 충전이 가득히 채워져야 한다. 그들의 힘이 강성해지면 그들을 옛 조상이 당했던 것을 되갚을 수 있는 기회가 찾아오리라 믿는다.

아프리카 흑인들의 비극이 계속되어서는 안 되고 멈춰야 한다. 그들은 얼굴이 검고 교육을 받지 못한 이유만으로 사람대접을 받지 못하고 가난하게 살아야 하고 질병을 감수하면서 살아서는 안 된다.

백인들은 역사적으로 아프리카에서 착취와 인권유린을 통해 그들의 부를 축적하고 편하게 살아왔다. 이제는 백인의 부를 일정부분 떼어내서 아프리카를 위해서 되돌려 주어야 한다. 얼굴이 검은 것이 이상하다면 얼굴이 하얀 것도 이상한 것이다. 검거나 흰 것은 비정상이 아니고 정상인 것이고 신이 흑인, 백인, 황인 등 인종을 다양하게 창조한 결과물이지 이상할 것이 없는 것이다.

지금은 백인의 시대에 황혼이 물들어가고 황인의 시대로 진입하고 있는 것은 확실하다. 흑인이 주류를 이루는 아프리카는 언제쯤이 지구상의 주인 노릇을 하며 살게 될 것인지 아득한 느낌이다. 흑인의 시야를 넓히기 위해 그들에게 교육 부흥이 일어나야 한다.

인간의 역사를 살펴보면 주종관계로 인해 다툼이 일어나고 전쟁을 통해 이를 관철하려는 노력이 계속되어 왔다. 백인의 입장에서는 만만한 것이 흑인이 사는 아프리카였다. 얼굴이 검고 배우지 못했다는 이유로 자기들의 생활의 편리를 위해 흑인을 이용한 것이다. 가정의 허드렛일이나 힘든 농사일을 하는 하인이나 노예로 부려먹었다. 흑인에게 인권이란 애초에 주지 않았다 단지 일을 부려 먹기 위해 배우지 못한 이들을 맘껏 써먹고 합당한 임금을 주지 않고 착취하는 비열한 행위를 일삼았다.

서구인들은 지금까지 아프리카를 가지고 놀기만 했다. 그들은 노리개 감이 아니다.

세계를 지배하는 축은 소유권이 영원하지 않은 것이 진리임을 알아야 한다. 언젠가는 흩어지고 무너지고 사라진다. 아프리카가 끝없이 당하고만 살도록 신은 내버려 두지 않는다. 그들의 시대가 도래할 날이 까마득히 먼 후일이겠지만 천리 길도 한 걸음씩 발을 떼면서 나아가야 한다. 인간 평등의 세상을 기대해 본다.

아프리카의 눈물은 이제 멈추고 아프리카의 웃음으로 전환되어야한다. 아프리카인들이 그들의 음악에 맞추어 노래하고 춤추는 모습을 보면 그들의 미래는 밝고 화려하게 전개되리라는 것을 확신하게된다.

12 여성의 힘

얼마 전 TV 가정해학 프로그램이 시청자의 눈길을 사로잡고 인기리에 방영한 적이 있다. 한국의 전통적 가부장 제도를 일시에 무너뜨리는 충격에 내 눈을 의심해야 했다. 출연진의 가슴에 단 명찰은 다음과 같다.

서열 1위 엄마, 서열 2위 장녀, 서열 3위 장남, 서열 4위 막내딸, 서열 5위 남편. 지금까지 서열 1위였던 남편이 서열 5위인 꼴찌가 되고 큰소리 한번 내지 못하는 있으나마나한 존재로 추락한 것이다.

옛말에 세상을 지배하는 것은 남성이고 남성을 지배하는 것은 여성이라는 말이 새삼스럽게 실감 난다. 이제는 남성우위의 부계사회는 대단원의 막을 내리고 여성위주 여성우위의 모계사회가 도래하고 있음을 직감하게 된다.

우리는 흔히 남성은 외적 경향성을 띠고 여성은 내적 경향성을 나타낸다고 한다. 원래 남성과 여성은 독립 존재 같지만 그렇지 못하고 완벽하지도 않다. 남녀는 서로 보완적 관계에서 남는 것은 주고 모자라는 것은 취하도록 창조된 존재이다.

남성이 모든 것을 힘으로 제압하고 자기 세계를 확장하고 지배하면 여성은 지혜로 남성을 굴복시키고 따라오게 만든다. 남성이 진취적이고 활발하게 자기의 꿈을 열어 가면 여성은 보수적이고 신중하며 꼼꼼하게 자기의 영역을 넓혀 나간다. 여성은 남성에 비해 환경에 적응하는 능력이 뛰어나다. 그러기에 자기 변신도 빠르고 조화를 도모한다.

여성은 고대로부터 자식을 낳아 육영하기 위해서는 다양한 선택지를 가지고 접근해야 살아남을 수 있다는 것을 깨닫고 위기가 도래했을 경우에 대응방안을 준비하고 있다.

우리는 흔히 자기 아내를 남에게 소개하거나 호칭할 때 집사람 또는 안사람이라는 말을 사용한다. 가사를 담당하는 사람, 아이를 키우는 사람, 집을 지키는 사람이라는 의미가 담겨져 있다. 그러나 여기에도 변화가 일어나고 있다. 여성이 그러한 용어를 거부하고 호칭의 개선을 요구한다.

현대사회에 들어 여성 경제활동 인구가 기하급수적으로 증가하고 있다. 여성은 가정에서 허드렛일이나 맡아서 처리하거나 남성의 보조자의 역할에서 탈피해서 자주 자조 자력의 세계로 힘차게 나아가고 있다.

남성에게 기대어서 사는 소극적 방법으로는 그들의 미래가 보장될 수 없다는 것은 인지하고 있는 것이다. 이제는 여성들 스스로 깨어나고 진화하면서 그들의 영역을 끊임없이 넓혀가면서 남성들의 점유물이었던 텃밭까지 위협하고 있다.

교육계는 남교사보다는 여교사의 비중이 절반을 넘어선 지도 오래이다. 사회 모든 분야에서 성차별 선입견으로 움츠러들고 채용해

주지 않았을 뿐 못할 것이 없다는 기세이다. 그러나 아직도 여성은 임금차별, 승진차별, 능력차별의 와중에서 고통받고 있다.

물론 여성은 육아라는 부담이 존재하기 때문에 자유로울 수는 없다. 전문적인 육아 시스템이 국가에 의해 완벽하게 시행된다면 여성들은 육아 부담에서 해방되어 직업세계에서 지금보다 훨씬 더 훨훨 날아 갈 수 있을 것이다.

남자의 경제기여도에 여성의 경제기여도를 합할 경우 그 볼륨의 크기는 상상하기 어려울 정도로 파이가 커진다.

예전에는 여성의 경제활동은 상상할 수 없는 고정관념이다. 오죽하면 암탉이 울면 집안이 망한다는 속설도 있다. 여성비하의 극단적인 표현인 것이 자명하다.

즉 여성은 바깥출입을 삼가고 집안에서 남자를 내조하고 밥 짓고 빨래하고 자녀를 낳아 기르는 것이 전부였던 것이다. 따라서 여자의 활동범주는 제한적이고 폐쇄적이었다. 도무지 가르칠 생각도 하지 않았고 배울 생각도 하지 않았으며 그것이 여자의 길이라고 생각했다.

잘못된 가치관이 우리 사회를 지배하고 그 속에서 우매한 백성들만 희생양이 된 것이다.

허긴 옛날은 물론 최근까지도 소수의 엘리트들이 지배계층을 이루고 사회를 떡 주무르듯 해온 것이 이렇게 된 것이리라. 부모나 사회에 항거 한번 해보지 못하고 선천적으로 결정된 성 역할에 그 누구도 이의를 제기하거나 분노하거나 개선을 요구하지 못했던 것이다.

그러나 오늘날에는 남성과 여성의 역할분담이 우리 사회를 풍요롭게 하고 행복을 가져다준다는 것을 인정하고 있다. 바로 풍선효과인 것이다. 풍선에 바람을 적게 넣을 때나 많이 넣을 때는 날아가는 높이와 거리가 상상할 수 없을 만큼 다르다는 것이다.

예전부터 내려오는 관습 즉 주어진 틀에 얽매여서 앞으로 한 발짝도 뛰지 못한다면 우리는 그저 옛날을 답습하는 우매함에서 벗어날 수 없다.

과거는 오늘의 근본 즉 바탕인 것만은 확실하다. 조상들이 해온 그 역사와 경험을 되돌아보고 분석해보고 개선점을 찾아 메스를 댈 것은 대고 바로잡을 것은 새로운 생명을 불어넣어서 우리를 변화시켜야 한다.

남성위주의 사회는 한계가 있다. 그러나 여성의 지혜와 힘을 보태게 하면 시너지 효과가 무섭게 나타날 수 있다는 것을 빨리 깨달아야 한다. 여성들은 누구나 소형승용차를 선호하고 실제로 대형차를 타고 자기 과시를 하는 여성은 보기 드문 편이다. 여성의 알뜰살뜰 전략은 타고난 본성에 가깝다고 할 수 있다.

여성의 힘이 돋보이는 나라가 진정한 선진국이다. 한국의 미래는 여성이 만들 것이다.

13

우열(優劣) 논쟁

우리의 고교 시절에는 교육과정이 인문과 자연으로 크게 나뉘고, 과학은 물리·화학·지구과학·생물 중에서 한 과목을 선택하여 집중 이수하도록 구성되어 있었다.

과목의 선택은 대학진학과 연관 지어야 하므로 한동안 고심 끝에 생물 선택으로 마음을 굳혔다. 그 까닭은 미래의 직업이 의료분야로 진출하면 생물이 많은 도움을 줄 것이라는 주변의 권유가 크게 작용하고 생물의 구조와 기능을 배우고 싶은 소망이 컸기 때문이다.

생물에서 다윈의 진화론이나 멘델의 유전학에 대해서는 알고 싶은 것이 많고 재미도 있었다. 진화나 유전은 갑론을박이 계속되고 오늘날에도 뜨거운 논쟁의 주제로 치고 박는다.

지난번 친구들과의 모임에서도 '유전' 문제가 화제가 되어 뜨거운 논쟁이 벌어졌다. 논쟁의 주제는 남성과 여성 중에서 누가 우성이고 열성인가에 대한 문제이다.

친구들이 두 쪽으로 나뉘어져 토론은 진지했다. 그런데 여기서 우리가 간과해서는 안 되는 것이 있는데 유전은 부모로부터 물려받은 것으로 임의로 바꿀 수 없고 바꾸어지지도 않는다는 것이다. 그리고 유전학에서 말하는 우성과 열성의 개념은 뛰어남이나 부족함의 개념과는 다르다는 점을 유의해야 한다. 그러한 설명이 있음에도 남녀 간의 우성과 열성을 가리려는 상호 간의 논쟁은 끊임없이 맞불을 놓는다.

이날 뜨거웠던 논쟁의 줄거리를 요약하면 다음과 같다.

여성이 우성인 논리적 근거를 다음과 같이 주장한다.

여성은 태아를 창조하는 능력을 가진다. 씨는 남성으로부터 전수받지만 그것은 짧은 시간에 일어난 사건에 불과하다. 여성의 몸 안에서 생명창조의 과정이 단계적으로 신비롭게 진행되지 않는가 반문한다. 어머니의 몸 안에서 탯줄을 통해 공급받는 영양분으로 성장하는 태아의 신비로움 태교를 통한 메시지의 교환 그 놀라운 일은 누가 하는가 강조한다.

어머니의 몸 밖으로 나와서 젖을 물리고 성장하고 변화를 유도하고 육영하는 일의 모든 것은 누구의 몫이며 누구의 영향력을 받는가 주장한다. 또한 여성은 남성에 비해 힘을 필요로 하는 일에만 뒤처질 뿐 나머지 부문에서는 앞선다는 것이다. 말을 배우는 것도 빠르고 행동을 흉내 내는 것도 빠르고 공부하는 것도 더 잘하고 재능도 많이 갖고 있다는 것이다.

농경시대에는 남성의 힘은 가문의 자산이었지만 4차 산업혁명의 시대로 접어든 오늘날에는 힘은 의미가 없다는 것을 예로 든다. 동물의 세계에서도 암컷은 보존하지만 수컷은 도태시킨다는 것도 우열의 증거라는 것이다.

그리고 놀라운 일은 남성이 여성보다 자궁 내에서 낙태율이 높다는 것이다. 여성은 생명의 끈을 놓지 않으려고 최선을 다하는 데 비해 남성은 한계에 부딪치면 생명줄을 놓아서 사망에 이른다는 보고를 예로 든다.

남성은 여성에 비해 질병에 취약하다는 것도 지적한다. 여성은 남성보다 평균수명이 약 6년 정도 더 사는 것으로 통계에서 알 수 있다는 것이다. 실제로 동네에서 장수하는 할머니는 많지만 장수하는 할아버지는 매우 희귀하다.

학교에서 아이들을 가르쳐보면 남자아이들보다 여자아이들이 학습능력이 훨씬 탁월하다는 것을 실감할 수 있다. 다만 사춘기를 겪으면서 여자아이들이 심리적 변화가 다양하게 일어나는 것이 정체성의 원인으로 일시적 후퇴에 해당하는 것으로 설명한다.

남성이 우성이라는 논리적 근거는 다음과 같다.

여성 혼자의 힘으로는 태아를 창조할 수 없고 남자의 씨로 인해 발생학은 성립하므로 받는 쪽보다 주는 쪽이 우성이라는 것이다. 그 씨는 남성이 제공해야만 가능하다. 여성의 몸 안에서 태아가 성장하는 것은 신체적 구조에 의한 신의 뜻일 뿐 여성이 우성이기 때문이 아니라고 주장한다. 태교나 메시지 전달은 남자도 공동으로 참여할 수 있으며 남자가 참여하면 더 큰 효과를 주입시킬 수 있다. 육아를 여성이 담당하는 것은 일반적인 현상이지만 미래에는 남성이 육아 휴직을 하고 아이를 기르는 경우가 늘어나고 그것은 단점보다는 장점이 더 많다는 보고를 예로 든다.

지금까지의 인류역사를 보면 남성에 의해서 지배되어 온 것은 무엇을 의미하는가 생각해 보자는 것이다. 여성은 높게 깊게 넓게 보는 능력이 부족하다는 주장이다.

학교에서 학습능력도 초기에는 남자아이들이 뒤떨어지지만 나중에는 역전되어 성공률은 남성이 여성을 압도한다는 주장이다.

양측의 주장은 진지하고도 팽팽하게 진행되었다. 우열을 가릴 수 없는 우성과 열성논쟁은 무승부로 판정을 보류하고 모임은 마감되었다. 여기서 중요한 것은 여성을 깔보고 한수 아래로 보는 사람들의 생각이 바뀌고 있다. 여성의 존재에 대한 사회적 재평가 작업이 이제는 올바른 방향으로 가고 있음을 직감하는 세상이 되고 있다.

여성이 우성이냐 열성이냐에 관한 논쟁은 마치 닭이 먼저냐 달걀이 먼저냐 같은 맥락이다.

밤이 새도록 입에 거품을 물고 토론을 해도 이 문제는 정답을 도출해낼 수 없다. 남성과 여성은 공평하고 동등하며 우열을 가릴 수 없는 신의 작품이다. 신의 작품은 우열을 가릴 수 없고 가격산정을 할 수 없고 능력의 차이를 잴 수도 없는 것이다.

여성이 남성과 여성의 역할을 바꾸자고 요구하면 남성들의 반응은 어떻게 나타날까 반문해 본다.

아마도 설문조사를 해 보지 않아도 남성들은 머리를 절레절레 흔들고 아니라고 답변할 것이다. 그것은 여성이 남성보다 힘들게 살아간다는 것을 인정하고 역할 교환 불가를 주장하는 것이다. 그런데도 남성은 여성을 구박하고 성 노리개 감으로 우습게보고 가볍게 생각하는 오류를 지금도 일부에서 범한다는 것이다.

14

젊음의 맵시

청년시절은 인생의 황금기이다. 젊음보다 더 큰 자산은 존재하지 않는다. 젊음은 몸을 가꾸거나 꾸미지 않아도 자연미 그대로 생기가 넘친다. 각선미도 멋이 있어 부러움이 묻어나는 시기이다. 특이하고 화려하게 치장해서 남의 이목을 집중시키려고 노력하지 않아도 좋은 시절이다. 청바지도 젊은 남녀가 입으면 멋지게 어울린다. 반대로 노인들이 입으면 고가의 청바지라도 도무지 빛이 안 나고 어색하기 짝이 없다.

젊음은 웃음 많고 눈물 많고 꿈도 많은 미래가 살아 있는 시기이다.

누가 무어라 해도 자신감이 넘치는 황금을 구가하는 시기이다. 그런 까닭에 젊음의 맵시를 맘껏 자랑하고 자기만의 개성 있는 맵시를 보여주어야 한다.

패션도 독특한 자기를 표현하는 멋을 나타내야 한다. 젊음의 맵시는 기성세대를 흉내 내는 것은 의미가 없다. 젊음의 발랄함을 표시하고 돋보이게 해야 한다. 어른 흉내를 내는 것은 애늙은이를 만들

뿐이다.

젊음의 맵시는 창조적인 개성이 돋보여야 한다. 기성세대를 답습하거나 무조건 저항 또는 배척해서는 곤란하고 젊음 그 나름대로 새로움과 패기 넘침을 보여주어야 한다. 찢어진 청바지를 입어서 그것이 새로운 패션이고 우리의 영역이며 기존 가치에 적대적 자세로 치부하는 것은 별다른 호응을 얻을 수 없다.

젊음의 새로운 영역은 저항이나 배척이 아닌 싱그럽고 산뜻하며 푸릇푸릇한 생기가 넘쳐나야 한다. '애늙은이'라는 소리를 듣지 말고 '젊은이답다'는 말이 지배하는 누구나 공감하는 방향으로 맵시를 가꾸고 창조해 나갈 때 박수를 받게 된다. 엉뚱한 차림, 괴상망측한 차림, 과감한 노출 차림, 신체에 딱 달라붙는 차림으로 눈길을 끌려한다면 기존세대와의 차단벽만 생길 뿐 호응을 받을 수가 없게 된다.

인생에 단 한 번뿐인 젊은 시절 다시 즐길 수 없는 귀중한 생애 최고의 기쁨이 넘치는 시절에 젊음의 맵시를 어떻게 표현할 것인가를 고민해야 한다. 젊음의 맵시는 그들만이 아닌 모든 세대와 소통하는 지혜가 돋보여야 한다.

인간은 언제부터 아름다움에 관심을 갖는 것일까?

사춘기가 시작되면서부터 끊임없이 아름다움을 추구하는가? 아니면 구체적 조작기 또는 형식적 조작기 단계를 지나면서부터일까? 학자에 따라 의견을 달리하지만 아름다움의 추구는 인간의 욕망에 하나임에는 틀림없다.

미적 추구가 유행을 창출하고 유행은 시간이 지나면서 변모하고 변형되어 새로움을 갈망하면서 인간을 자극한다. 그러나 미적 감각은 어린이는 어린이답고 청소년은 청소년답고 장년기에는 중후한

멋이 배어나야 하고 노년기에는 노년기다운 멋이 배어 있어야 한다.

어린아이는 어린아이의 냄새가 물씬 풍겨야 하고 젊은이는 청년의 패기와 열정이 옷차림에도 있어야 한다. 청년이 장년 또는 노년의 흉내를 낸다면 그것이 세대를 잃는 망자가 된다는 것을 인식해야 한다. 어느 세대도 흉내 낼 수 없는 발랄함과 젊음의 싱그러움이 표출되어야 한다.

요즈음 청년기에 입문하기 시작하는 학생들의 교복을 입는 모습은 안타까움을 넘어 걱정이 앞선다. 교복을 변형시켜서 기성세대에 반항하는 옷차림이 너도나도 대세로 굳혀지고 있다. 교복 고유의 아름다움은 실종되고 이상야릇한 교복의 변형을 바라보면서 교복제도를 폐지하고 자유복을 도입하는 것이 훨씬 바람직하다고 생각된다. 빈부격차 해소와 청소년 보호 목적의 교복은 수명이 다했다고 본다.

우리의 패션 감각은 얼굴과 체형에 딱이면서 나를 빛내고 부족한 부분을 보완해 주면서 타인에게 어필할 수 있어야 한다. 내 옷 내가 골라서 내 몸에 걸치는데 무슨 말이 많으냐고 반문할지 모르지만 남에게 혐오감이나 예의에 벗어나는 옷차림은 경계해야 한다.

특히 젊은 여성들이 개성을 돋보이고 유행을 수용하면서 톡톡 튀고 싶은 마음 기성세대의 고리타분한 문화를 타파하고 거부하려는 것을 감내라 배내라 할 수는 없다. 그러나 세상은 보는 눈이 세련되고 높은 위치에 있는 사람이 볼 때는 처연한 생각마저 들게 하는 옷차림으로 거리를 활보하는 것을 종종 목격하게 된다.

디자이너와 모델이 중심이 되어 패션쇼 하는 것을 보면 대중성이 아주 희박하고 패션쇼를 위한 그야말로 '놀고 있네'라는 말을 해 주고 싶은 때가 많다. 물론 전문적 식견이 부족한 탓도 있겠지만 그래도 미적 감각은 갖출 만큼 갖추었다고 자부하는 데도 패션쇼는 낯설고 대중적이지 않으며 보편성이 없다는 생각이 든다.

우리는 옥석을 가릴 줄 알아야 하고 패션 속에 숨어 있는 품위와 나의 개성을 돋보이게 하는 미적 감각을 키워 나가야 한다.

15

청령포의 슬픔

　강원도 영월은 산수가 수려하고 인심이 감칠 맛 나는 충효의 땅이
다. 조선의 '단종애사'의 슬픈 역사를 간직하고 있는 '청령포'에서는
숙연함이 절로 솟아난다. 어린 나이에 아내 정혜왕후를 한양에 두고
홀로 청령포에 유배되어 그리움에 떨다가 비참한 최후를 맞은 단종
이다. 나라의 최고 권력을 놓고 숙부 세조와의 파워게임에서 몰락한
'단종'은 슬픈 역사의 단면이다.

　청령포를 휘감고 흐르는 강물은 말없이 지금도 흐르고 있다. 동강
나루터에서 통통배를 타고 청령포에 도착하면 어린 단종이 기거했
던 사적들이 눈에 들어온다. 현장을 하나하나 살펴볼 때마다 가슴이
미어오고 흐르는 눈물을 어찌할 수가 없다.

　청령포의 소나무들은 남다른 특이함이 느껴진다. 슬픈 역사의 현
장을 의연하게 지키면서 꿋꿋하게 군자처럼 의젓하고 품위 있게 그
곳 환경에 적응하면서 푸르름을 자랑하고 있다. 하늘을 향해 곧게
뻗은 가지들은 비바람 모진 풍파도 결연히 이겨내는 강인함이 돋보
인다. 단종의 애환을 지켜보며 그의 벗이 되었던 청령포의 소나무들

그들은 진정한 역사의 산 증인이며 의로운 자연의 본보기인 것이다.

청령포에서 고개를 넘으면 단종이 잠들어 있는 장릉이 자리 잡고 있고 장릉과 머지않은 곳에 단종의 시신을 거두어서 홀몸으로 장례를 지낸 '엄익조' 어른의 충절이 빛나고 있다. 팔족을 멸한다는 준엄한 어명에도 불구하고 가엽게 살다 숨을 거둔 어린 단종의 시신을 거둔 충절의 의인 그 용맹함에 고개를 숙이고 참배하며 오랫동안 그의 충절에 경의를 표한다.

엄할 嚴자의 嚴씨와 매울 辛자의 辛씨는 본이 영월이다. 그런 까닭에 예전에는 엄씨와 신씨는 혼인을 하지 않았다는 이야기가 전해온다.

영월 엄씨의 시조 엄임의 어른의 자손인 나는 영월의 역사를 자랑스럽게 생각한다.

청령포와 장릉에서 싱그러움을 뽐내는 소나무들을 바라보면서 군자의 모습도 떠올려 보고 청령포를 휘감고 있는 동강도 감상하면서 역사의 현장에서 힘의 원리에 의해 비참한 최후를 맞이한 단종의 슬픔에 깊은 애도를 표하며 청령포를 떠나왔다.

역사의 현장은 수많은 이야기를 내포하고 있어 흥미진진하지만 악순환이 아닌 선순환으로 돌아가는 역사로 자리매김해 나가면 좋을 것 같다는 생각을 새삼 하게 된다.

역사는 흐르는 강물처럼 시끄럽게 소리 내지 않고 긴 여정을 이어가는 것이다. 그러므로 역사는 거짓이 끼어들어서는 안 된다. 위장이나 장난질이 숨어들어도 거부할 줄 알아야 하며 진실과 순박함이 묻어나야 한다.

후세에 오는 사람들은 역사의 사실에 대해 똑같은 시행착오를 일으키지 않도록 메시지를 담아야 한다. 있는 그대로에 가감하거나 덧칠해서는 역사의 기록으로 가치를 상실하게 된다. 역사적 사건에 대해 유리하거나 불리하게 기술해서는 빛을 잃게 된다. 역사는 주관성을 배제하고 객관성에 근거해서 써야 한다.

청령포에서 고대나 근세나 현대나 비슷하게 전개되는 역사의 현장에서 지켜보면서 느끼는 감회는 어느 때보다도 착잡하다.

우리 역사의 기록을 살펴보면 늘 풍운아가 나타나서 혁명을 일으키고 성공하면 나라를 이끄는 성군으로 우뚝 서며 반대로 혁명의 의도가 실패하면 역모의 죄를 적용해서 형장의 이슬로 사라진다.

이제 한국 역사에서 이러한 아픔은 반복되어서는 안 된다. 정상적이고 누구나 이해하고 납득하는 역사의 수레바퀴가 돌아가야만 세계인이 인정하는 일등국가가 될 수 있다.

제 **3** 장

경제 강국은 학교교육의 출발점

01

광고의 예술적 가치

기업은 제품 연구개발을 통해 생산된 신제품을 소비자에게 널리 알려서 부가가치를 창출하는 것이 중요한 과제이다. 따라서 상품광고에 사운을 걸고 조심스럽게 접근하게 된다.

기존에 구축되어 있는 다양한 광고매체 중에서 광고효과와 광고비용을 감안하여 신중한 선택을 하게 된다. 이때 상품의 인지도를 높이기 위해 광고내용을 구안하고 광고모델을 선정해서 상품의 이미지를 소비자에게 각인시켜야 한다.

광고는 광고매체를 타고 소비자에게 가까이 다가가는데 광고가 히트할 경우 파급효과는 하늘을 찌를 정도이다. 소비자의 눈길을 사로잡아서 구매 행동을 즉시 일으키고 그 광고에 매료되어 소비자는 충동구매도 서슴지 않게 된다.

국내외를 막론하고 항상 광고 시장은 용광로처럼 뜨겁게 움직인다. 소비자의 마음을 사로잡고 제품의 특징을 유효 적절하게 전달해서 상품의 가치를 올리는 것이 매우 중요한 과제이다. 짧은 시간에 소비자의 마음을 움직이게 하는 것은 결코 쉬운 일이 아니다.

광고 행위에 쉽게 동화되는 소비자층이 있는가 하면 까탈스러운 소비자는 광고 행위에 진위를 가려보고 판단하기까지 수많은 검증 과정을 거치기도 한다.

남자는 여자보다 소비행위에 뒷짐을 지고 있다. 여자는 남자에 비해 먹고 싶은 것, 갖고 싶은 것, 입고 싶은 것, 치장하고 싶은 것이 많다.

상품광고에서 가장 핵심적인 과제는 광고모델의 선정이다. 상품의 이미지를 소비자의 가슴에 파고들게 해서 심금을 울리게 하는 일은 쉽지만은 않다. 소비자들은 수많은 광고에 접근해 보았기 때문에 광고에 대해 일가견이 있고 쉽게 동화되지 않는다. 그들은 예리한 비판시각을 가지고 광고에 대한 평점까지도 매길 수 있는 능력을 보유하고 있다.

광고 문안도 기존의 진부한 방식을 과감히 탈피하여 색다르고 신선한 느낌이 소비자들의 마음에 파도가 거침없이 밀려올 수 있도록 구안해야 한다.

광고모델도 식상하기 쉬운 유명연예인이나 방송인에게 올인하는 방식을 버려야 한다.

기업인들은 유명연예인이나 방송인들을 섭외해서 광고에 출연하면 그 상품이 대박을 낼 것이라는 착각 속에 거금을 들여 모셔오기에 혈안이 된 느낌이다.

그러나 상품광고에 유명인을 등장시키면 그 상품도 유명해진다는 등식은 성립하지 않으며 오히려 광고시장을 독점하는 그들에게 들어가는 거액의 돈이 상품가격을 올리게 되고 결국은 소비자의 주머니 속에서 거출된다는 사실에 분노를 느끼게 된다.

유명하다고 이곳저곳을 기웃거리며 광고비용을 터무니없이 많이 받는 것을 광고주와 소비자가 저지해야 하며 절대로 용납해서는 안 된다.

방송인, 연예인, 체육인 등 유명 인사들의 광고모델 독점을 마땅히 규제해야 한다. 자율 규제가 아니라 방임에 대한 채찍을 들어서 소비자에게 전과되는 불필요한 경비를 제거하여야만 소비자의 이익도 실현되고 기업의 광고비 지출도 줄일 수 있다. 또한 새로운 일자리도 창출되고 연예인에 식상한 국민들의 욕구도 충족시켜주고 광고에 신선한 바람을 일으키는 일석삼조의 효과를 거둘 수 있을 것으로 생각된다.

지금 우리의 상품광고 시장은 부익부 빈익빈 현상이 몰아치는 비정상적인 광고시장이다. 광고모델에 대한 시급한 개선책이 마련되어 시행되어야 하며 대학의 광고모델 학과를 활성화하여 풋풋한 신인을 발굴하고 적정한 광고 출연료가 책정되어 시행되어야 한다.

기업은 소비자의 눈을 현혹시키는 광고모델로 상품광고를 기획하기보다는 참신한 모델을 선정하고 상품의 질 향상에 노력을 경주하는 것이 소비자의 마음을 더 많이 움직이게 한다는 사실을 인지해야 한다. 광고모델은 단순히 상품의 정보만을 전달하는 역할에서 벗어나 광고의 예술적 가치를 창조해야 한다.

유명연예인, 방송인, 운동선수 등에게 지급하는 광고모델료는 광고주가 아닌 소비자의 주머니에서 나오는 것이므로 반드시 공개되어야 한다. 그리고 상한선과 하한선을 설정하고 거액의 광고모델료는 세금으로 절반 이상을 환수하는 제도를 시행해 나가야 한다는 것이 필자의 지론이다.

02

나라 곳간

   은행은 나라의 곳간이다. 은행을 들여다보면 나라경제의 견실함 정
도를 짐작할 수 있다. 은행에서는 어디선가 돈이 모여들었다가 어디론
가 흩어진다. 수신과 여신이 반복적으로 일어나는 돈의 고향인 것이다.

   돈의 흐름이 빠를수록 유동성이 높고 유동성이 높은 것은 경제의
좋은 징후로 받아들여진다. 고여 있는 물은 썩기 마련이고 흐르는
물은 반대로 물빛이 맑고 깨끗하여 신선함이 느껴진다. 경제에서도
고정성이 높은 것을 경계하는 이유를 이를 통해 알 수 있다.

   나라가 경제적으로 건강하다는 것은 대출을 받은 개인이나 기업
이 원금에 대한 이자를 체납하지 않고 변제를 잘 하며 부가가치를
창출하는 데 가속도가 붙어야 한다. 그런데 최근 우리 경제에 대한
우려의 목소리가 커지고 있다. 구조조정의 칼날을 대야 할 분야가
늘어나고 대외경제 여건도 악화일로를 걷고 있으며 내수경기도 여
기저기서 빨간 불이 들어오고 아우성도 커지고 있다.

   시장의 경기는 상승, 정체, 하강의 과정을 순환하는데도 경기가
조금만 위축되고 나빠지면 못 살겠다고 큰소리를 낸다.

한 예를 들면 현대 경제 연구원에 의하면 2017 국내 가계부채 총액 추정치가 1,460조 원으로 예상된다고 한다. 이것은 우리 경제가 언제 어떤 방식으로 데미지를 입을지 모르는 시한폭탄과 같은 것임을 경고하는 것이다.

개인과 기업, 사회와 국가가 합심하여 경제위기를 타파하는 자구 노력에 발 벗고 나서야 한다. 이를 게을리하면 언젠가 부채가 활화산처럼 순식간에 솟아올라 모두를 파산시키고 나라 전체를 마비시킬 가능성이 농후하다.

나라의 곳간을 방어하는 것은 국민에게 1차적 책임이 있다. 국가에 책임을 전가시키는 것은 무책임하고 어불성설이다. 국가는 개인의 일거수일투족의 경제행위를 감시 또는 관리할 수가 없다.

우리는 흔히 경제행위에 대해 자기 탓은 묻지 않고 남의 탓으로 돌리려고만 한다. 내 탓이라고 가슴을 치면서 해결 방안도 내가 찾아야 한다.

물론 국가도 경제 정책이나 나라 살림살이를 알뜰하게 꾸리고 국민이 만든 부를 늘리고 부풀려 주어야 한다. 모든 국민이 부자가 될 수 있도록 분위기를 조성하는 것은 국가의 책임이다.

군주는 예로부터 백성의 배를 곯게 해서는 안 되고 배부르게 먹을 수 있도록 하는 것이 선정이라고들 한다. 식생활은 생존의 기본으로 다른 어떤 것보다도 우선순위 앞에 놓고 해결방안을 찾아야 한다.

우리가 사는 오늘의 세계는 무력으로 남의 나라를 빼앗고 빼앗김을 당하는 일은 거의 일어날 수가 없다. 무력은 자신을 파괴시키는 지름길이 되고 국제적 비난을 감수해야 하고 비난을 피해갈 수가 없다. 무력에 의한 다툼은 살상무기가 예전과는 비교가 되지 않을 정도로 엄청난 사람을 순식간에 살상하기 때문에 함부로 휘두를 수 없음은 너무나 잘들 알고 있다. 그렇기 때문에 무력 이외의 방법 즉 경제 전쟁이 확대되고 또한 확전을 거듭하고 있다.

무역에 의한 흑자실현으로 나라의 곳간을 가득 채워서 먹고사는 데 지장이 없도록 끊임없이 대비해 나가야 한다. 곳간이 비게 되면 민란이 일어날 수 있다. 오늘날 나라의 곳간은 자국이 보유하고 있는 외환보유고로 표현할 수 있다. 국가의 채무총액과 채권총액을 비교하면 그 나라의 경제능력을 평가할 수 있다.

옛날에는 부모들이 생전의 채무를 자식에게 상속하는 우를 범한 경우를 종종 본다.

자식은 채무를 상속받으면 평생 동안 그것을 갚기 위해 노예와 같은 삶을 살아갈 수밖에 없다. 국가의 금전출납부는 가정의 금전출납부와 상통한다. 국가가 흥청망청 정신 못 차리고 지출에 열을 올리면 나라 곳간은 쭉정이로 변하고 백성은 도탄에 빠지게 되는 것은 역사가 증명하고 있다. 이로 인해 민란이 일어나고 국가는 혼돈에 빠지게 된다.

우리는 국가 경제의 위기인 IMF를 겪으며 뼈저린 고통을 맛보지 않았던가.

우리는 우리만이 배부르고 등 따습다고 만족할 수 없다. 이 땅에 뿌리를 내리고 살아야 할 우리 뒤에 오는 후손들을 생각해야 한다.

국가의 채무를 후손들에게 남기면 후손들은 미래가 막막해지는 것은 당연사이다. 이제 커가는 우리 아이들의 해맑은 눈빛을 보라. 우리의 뒤를 이을 우리 후손들에게 고통의 미래를 물려줄 수는 없는 것 아닌가. 국가 재정의 건전성을 잘 살려서 풍성한 곳간을 물려줄 책임이 우리에게 있음을 인지하고 방안을 강구해야 할 것이다.

03

나눔의 지혜

인간의 돈에 대한 욕망은 끝이 없다. 하나를 가지면 둘을 갖고 싶고 둘을 가지면 넷을 갖고 싶어 한다. 욕망의 끝은 무한대를 향해 질주하고 중간에서 멈추려 하지 않는다.

대부분의 사람들은 생애기간 내내 돈을 모으는 데 몰두한다. 돈을 모으고 모아 천하를 내 손에 넣고 싶어 한다. 먹고 싶은 것, 입고 싶은 것, 쓰고 싶은 것, 마음대로 쓰면서 행복한 미래를 꿈꾸는 것이다. 그러나 돈을 벌려고 이리 뛰고 저리 뛰어 봐도 쉽게 그 소망이 이루어지는 것은 아니다. 돈을 번다는 것은 하늘의 별따기처럼 어려운 일이다.

물자부족 시대였던 예전에는 돈을 버는 일이 지금처럼 어렵지는 않았다. 자본과 시간을 투자해서 미련스럽게 앞만 보고 열심히 일하면 돈을 버는 것이 눈에 들어왔다.

오늘날은 물자 홍수시대이다. 가만히 앉아서 장사하던 시대는 지나가고 고객을 찾아 나서서 마케팅 활동을 벌여도 상품을 구매해 줄지는 미지수이다. 예전처럼 열심히 땀 흘려 일한다고 돈이 모이고 보상의 대가가 생기지도 않는다. 지성이면 감천이려니 하고 사업에 뛰어들었다가는 쉽게 몰락의 길에 들어설지도 모른다. 시장은 유동성도 크고 쉽게 부를 축적할 기회를 제공하지 않는다.

오늘날은 시장상황을 정확히 내다보고 미래를 예측하는 혜안이 필요하다. 시장에서 정보를 수집하여 분석하고 분석한 자료를 바탕으로 전략을 세워야 한다. 그리고 타인과의 정보를 공유하고 전문가의 조언을 받는 등 과학적인 접근이 선행되어야 한다. 덧붙여서 투자의 위험성이나 미래 성장전망 등도 짚어보아야 한다. 또한 성공과 실패를 이미 경험하여 노하우를 가지고 있는 사람들과의 미팅도 귀담아 들어야 한다.

돈은 인간생활을 풍요롭게 하는 활력소 역할을 한다. 불가능한 것도 가능하게 하는 마력이 있고 자아실현의 통로 역할도 한다. 부의 대상은 현금, 부동산, 주식, 채권, 금, 외환 등 종류가 다양해서 전부 나열할 수는 없다. 부의 대상을 매도했을 경우 손에 쥐게 되는 현금이 어느 정도인가에 따라 부의 수준이 결정된다.

옛날에는 토지의 크기와 그 토지에서 생산되는 쌀의 수량에 따라 천석꾼 만석꾼 등 부(富)의 수준이 결정되었으나 오늘날은 부의 대상이 다양화, 전문화, 세분화되어 있다. 심지어는 희귀 재능의 보유도 대단한 부를 축적할 수 있는 세상이 되어가고 있다.

부유함은 누구에게나 선망의 대상이다. 인간의 궁극적 목표 가치는 건강, 명예, 부유함 등 사람마다 설정하는 것이 확연히 다르게 나타난다.

부유함은 누구나 그렇게 되기를 바라는 소망이다. 부유함은 생활의 여유를 누릴 수 있어 좋다. 경제적으로 부유함은 하고 싶은 것과 갖고 싶은 것과 누리고 싶은 욕망을 충족시켜준다. 부자는 재산을 지키려고 노력하는 것은 당연지사지만 있는 것을 나누고 베풀 줄 아는 여유도 가져야 한다. 스크루지처럼 쌓을 줄만 알고 사회를 위해 공헌하지 않는다면 부를 쌓는 까닭이 없는 것이다.

개처럼 벌어 정승처럼 쓸 줄 아는 지혜를 가져야 한다. 많이 가지고 있다고 하여 하루에 다섯 끼를 먹는 것은 아니다. 가진 자나 못 가진 자 모두 세 끼를 먹을 따름이다. 다만 식사의 질은 차이가 있으나 배부르면 숟가락을 놓는 것은 똑같다.

부자라는 것은 인간의 욕망을 채워 줄 수 있는 가치를 보유한다고 정의할 수 있다.

부자로 떵떵거리며 사는 것은 하늘의 도움과 개인의 지혜 그리고 용기가 결합한 하나의 결과물이다. 자신이 기고 날아도 하늘의 계시나 도움이 없다면 부를 축적할 수도 없고 지킬 수도 없다. 하늘이 준 기회를 계획하고 실행해 나가는 일은 쉽지 않다. 번득이는 지혜와 치밀한 준비, 과감한 도전정신도 함께 어우러져야 한다.

부자는 하늘에 감사하는 마음을 가짐은 물론 나눔의 지혜도 실천해 나가야 한다. 모든 재물을 창고에 쌓아두고 천백 년 나와 우리 가족만 살라고 재물을 준 것이 아니다. 호혜와 나눔의 정신으로 없는 사람에게 분배도 하고 인심도 쓰면서 존경도 받을 줄 알아야 한다. 곳간에 쌓아두기만 하면 재물은 손상될 수 있고 도적의 표적이 되어 어느 순간에 분탕질을 당할 수도 있다. 부자는 쌓아두지만 말고 과감하게 베풀 줄도 알아야 한다.

번다는 것은 쓴다는 것을 전제조건으로 해야 값진 것이다. 젊은 시절에는 누구나 가진 것 없이 빈손으로 시작하지만 티끌모아 태산이라고 하나 둘 모으기 시작하면 돈이 돈을 벌게 되어 순식간에 재산이 불어난다. 또한 재산이 늘어나는 재미는 어느 게임에서도 느낄 수 없을 정도로 묘미가 있는 것이다.

04

농산물 민족주의

우리는 산수가 빼어난 이 땅에서 태어나서 자란 사람들이다. 우리 민족은 인심도 풍성하고 마음씨 고운 것은 산수가 수려함을 닮아서이다. 먹거리도 이 땅에서 오랜 기간 자생해 온 것을 선택하여 식재료로 사용했다. 우리 입맛을 만족케 하고 건강에도 도움을 주는 것들이다. 따라서 신토불이는 우리 조상들의 지혜가 가득 담긴 말이다.

우리가 주식으로 먹는 쌀의 경우 한국산과 중국산, 동남아산, 미국산은 맛과 품질에서 많은 차이가 난다. 동남아산 알랑미를 개량한 통일벼의 경우 70년대에 인구 급증 시 식량부족으로 식용을 권장한 적이 있었다.

지금 통일벼를 재배하는 농가는 거의 자취를 감추었다. 아끼바리나 추청 벼와의 맛과 품질경쟁에서 패배한 결과이다. 그 당시에 통일벼는 일반 벼에 비해 수확량이 월등하여 우리의 식량자급에 크게 보탬을 주었지만 지금은 양보다는 질에 승부를 걸어야 함을 입증한 셈이다.

신토불이의 또 하나의 위력은 쇠고기에서 찾을 수 있다. 소비자가 한우를 좋아하기 때문에 호주산이나 미국산 쇠고기는 가격에서 많은 차이가 난다. 한우만을 고집하는 소비자의 심리를 교묘하게 이용하는 판매기법이 외국산 쇠고기의 한우 둔갑현상이다. 원산지 표시나 한우이력제 등이 시행되고 있지만 오늘도 시장에서는 한우 둔갑현상이 비일비재하다.

우리는 신토불이에 젖어 먹거리 민족주의를 끝까지 밀고 갈 수는 없다. 세계시장은 이미 상품의 자유경쟁을 선언한 상태이며 경쟁에서 이기는 자만이 생존할 수 있는 냉엄한 현실에 직면하고 있다.

쌀시장의 경우 한국인의 입맛을 사로잡기 위해 미국 캘리포니아산 칼로스가 수입되고 중국인이 우리의 아끼바리 종자를 대량으로 구입하여 한 단계 업그레이드 시키는 연구를 거듭하고 있다. 그들은 한반도에 인접하고 기후가 비슷한 지역에 대량재배를 통해 한국 쌀시장을 점령할 날을 손꼽아 기다리고 있는 것이다.

나는 인근의 신토불이 농산물 시장을 자주 간다.

우리 농산물과 우리 과일의 가짓수도 다양하고 가격도 저렴하며 상품의 질도 우수하여 가격대의 선택폭도 넓다. 일반 재래시장이 소매 위주라면 여기는 도소매가 동시에 이루어진다. 이곳 상인들이 속성과 판매기법을 터득하면 신토불이의 쇼핑은 만점을 받는다.

이곳은 채소시장, 과일시장이 모두 원산지 표시를 의무화하지만 단속반이 출동하면 표지판 바꿔치기가 여전하다. 단속반도 사법권이 주어지지 않아서 계도위주의 단속을 펴며 전시행정의 일면을 보는 것 같아 마음이 씁쓸해진다.

세계 여러 나라와 FTA협정이 체결되면서 신토불이 구호가 뿌리째 흔들리고 있다. 무역을 통한 상품의 국가 간 자유이동은 품질과 가격에서 앞서지 않는 한 어필할 수 없게 된 것이다. 소비자들은 지금 구매하려는 상품이 어느 나라 제품인가를 중시하지 않는다.

이전에는 원산지를 1순위에 놓고 상품의 품질을 예단했지만 지금은 군이 그것을 따질 필요가 없다. 일예로 오렌지의 경우 제주산 감귤, 한라봉, 레드향 등과 미국 캘리포니아산 오렌지, 남아공의 오렌지가 시장에서 맞붙고 경쟁하고 있다. 소비자의 선택은 맛과 가격을 우선으로 선택하게 된다.

예전의 국민들은 신토불이라는 말만 나와도 언어에 동의하고 너도나도 박수를 보내고 'made in korea'를 무한 수용했다. 그러나 무한적 수용은 물 건너가고 우리 것이 아니라도 우리 것과 까다롭게 비교분석을 해서 좋다고 평가가 내려져야만 우리 것을 사준다는 것이다. 모든 것이 확 바뀌었다는 것은 인정하고 우리 것이 소비자들로부터 외면을 받을 경우에 그 원인과 이유를 꼼꼼하게 따져서 대처해야지만 무한 경쟁의 국제사회에서 살아남을 수 있는 것이다.

가격 정책도 마찬가지로 우리 것이 외국산에 비해 조금 우수하다고 해서 터무니없는 가격정책을 사용하다가는 언제든지 소비자로부터 외면 내지는 퇴출된다는 것을 염두에 두어야 한다.

외국인들도 우리의 입맛과 기호를 끊임없이 연구한다. 신세대들에게 나라를 사랑하고 나라의 미래를 걱정하고 부강국가 건설을 위해 우리의 제 모습을 찾아야 한다고 말하면 쉽게 거부당하기 일쑤다. 이들에게도 수입산보다 신토불이가 월등하다는 것을 입증해 주고 신토불이를 사랑할 수 있도록 품질유지 개선에 힘써야 한다.

한국이 나아갈 길은 주먹구구식 적당주의가 아닌 연구하고 대응하고 개발하는 자세로 살벌한 국제사회의 경쟁에서 이겨내도록 전력 질주하는 것이다.

05

대마불사(大馬不死)의 허구

바둑은 재미도 있고 묘미도 있는 놀이이다. 상대를 공격하고 방어하며 또는 견제하면서 집 차지로 승부가 결정된다. 우리 인생사와 닮은꼴이다. 흑백 간의 생과 사를 늘 염두에 두면서 생각하는 힘 즉 머리싸움이 처음부터 끝가지 치열하게 전개된다. 잠시도 잡념에 빠지거나 실수를 하면 걷잡을 수 없이 코너에 몰리고 수습책 또한 만만하지 않게 되어 가슴앓이를 하게 된다.

나는 바둑 애호인이다. 퇴직 후에는 한때 바둑에 흠뻑 빠져서 헤어나질 못했는데 무료함을 달래기에는 딱 맞는 놀이가 바로 바둑이다.

옛날에 선인들이 바둑 두는 것을 구경하던 나무꾼이 도끼자루가 썩는 것도 모르게 무아지경에 빠져 세월을 흘려보냈다는 얘기도 허튼 전설은 아니다.

요즘의 바둑은 하늘을 찌를 듯 상승하고 있다. 사람들이 바둑에 몰입하는 것은 바둑놀이가 우리 인생살이와 비교될 정도로 흡사하다는 점을 든다. 상대방이 대궐을 지으려고 포석을 하면 무력화시키기 위해 어디에서부터 훼방을 놓아야 하는지를 골똘히 생각해야 한다.

아생타살(我生他殺)이기 때문에 두뇌싸움이 치열하다. 포석을 적재적소에 아군배치를 잘 하더라도 전투에서 밀릴 것이라고 판단이 서면 신속한 원군을 지원해서 활로를 열어주어야 한다.

바둑을 두다보면 대마불사라는 말이 있다. 바둑알이 집을 짓기 시작하면 내 집을 넓게 짓고 상대의 집짓기를 견제하다 보면 항상 전투가 일어나게 된다. 대마가 죽지 않는다고 하지만 실제 바둑을 두는 상황에서는 대마는 죽는 경우가 많이 생긴다. 원인은 무리수를 둘 경우라고 할 수 있다. 집짓기에 알맞은 전략이 주어질 때 상대를 이길 수 있는 것이지 욕심을 부려 무리한 집을 짓게 되면 살 수 없다는 교훈을 주고 있다.

살다보면 이리 갈까 저리 갈까 망설여질 때가 한두 번이 아닌데 그런 고민이 바둑 속에서도 나타난다.

대마불사는 이론에 불과하고 정답이라고 할 수는 없다.

우리 가문은 본가 쪽이나 외가 쪽 모두 대마불사 이론이 정확하다면 기울 수 없는 집안이다. 어마어마한 부동산을 가지고 있었지만 양가가 모두 지금은 하나도 남아 있지 않고 전부 남의 손에 넘어가는 비운을 겪었다. 흔히 하는 말로 집안이 망해버린 것이다.

기업에도 대마불사란 말이 적용되는 것 같지만 꼭 그렇지만은 않은 것이 현실이다.

세계적으로 뿌리를 내린 기업들이 어느 날 무너지기 시작해서 우리들 곁에서 자취를 감추는 것을 우리는 자주 목격한다.

이 세상에 영원불멸이라는 것은 존재하지 않는다. 돌고 도는 것이 자연의 법칙이고 이는 아무도 어길 수 없다. 빨리 없어지든가 길게 끌고 가든가의 차이만 있을 뿐이다.

대마불사라는 말을 절대적이라고 단정 짓는 것은 위험한 발상이다.

'용비어천가'에 "뿌리 기픈 나무는 바람에 아니 뮐새"라고 그 견고함을 표현했지만 어느 한 부분에 허점이 생기면 수백 년 수천 년 수령을 견고하게 유지해 온 나무라도 일순간에 수명을 다할 수 있다는 것을 역사는 증명하고 있다. 즉 이 세상에 절대 진리는 존재하지 않는다고 봐도 무리는 아니다.

인류역사를 훑어보아도 시작의 역사가 있으면 끝의 역사도 어느 시점이 오면 무엇인가에 의해 멸망하게 된다. 그리하여 역사의 뒤안길로 사라져 버리는 것이 통설로 되어 있다.

조직이 작을 경우에는 중앙의 힘이 미치는 곳이 없이 구석구석까지 작용해서 제 구실을 다한다. 그러나 조직이 크고 규모가 상당하게 되면 조직의 힘이 가다가 멈출 수 있으며 그러한 현상으로 일사불란한 힘을 발휘할 수 없는 것이 문제가 되어 파열음을 내기 시작한다. 따라서 문제가 생긴 부분이 다른 부분으로 전이가 되어 나중에는 여기저기서 제 역할을 하지 못하는 결과가 오게 된다.

우리는 대마불사가 통용되지 않는 거칠고 험악하며 도전적인 세상에서 살아가고 있다. 어느 한순간 판단이 잘못되었을 경우에는 그동안 쌓아온 공든 탑이 일순간에 와르르 무너지고 마는 것이다.

대마불사(大馬不死)는 요즘 세상에는 정설이 아니다. 오늘날처럼 변화가 폭증하고 가닥을 잡을 수 없는 혼란의 시대에는 절대적 존재는 존재할 수가 없다. 그때그때 상황에 따라 변화에 적응하면서 궤도를 수정하고 대응방안을 확보하지 않으면 살아갈 수 없는 세상이다.

어마어마한 변화를 빠르게 감지하고 대응하는 것은 쉬운 일이 아니다. 더군다나 거대한 조직을 이끌어 나갈 때는 그때그때마다 순간적인 변신은 식은 죽 먹듯이 단순하지가 않다.

미래를 예측하고 상황에 따라 적절한 대비책을 강구하기 위한 노력이 병행되는 일은 아주 중요한 일이다. 큰 흐름은 유지하면서 부분을 보지 말고 전체를 보는 높은 식견을 갖출 때 광풍이 덮칠지라도 흔들리지 않고 힘차게 뻗어나갈 수 있는 것이다.

내 주변에는 큰 재산을 가지고 떵떵거리고 살던 사람들이 3대를 버티지 못하고 재산을 거덜 내고 빈털터리가 된 사람들이 한둘이 아니다.

우리 마을 기픈구지에서 과수원을 했던 큰 부자는 동네사람으로는 일손이 부족해서 원거리에서 일꾼을 조달할 정도였는데 품삯도 박하고 새때도 제공하는 부식도 일식이찬을 제공할 정도로 구두쇠였다. 그러나 자식에게 상속된 재산은 독야청청 뻗어나갈 것으로 믿었지만 계속되는 신사업의 실패로 재산은 순식간에 탕진하고 만다.

우리 2년 선배님은 부천 부자로 소문났지만 빚보증에 재산을 모두 말아먹었고, 친구네는 보이는 데까지가 그 녀석 땅이었는데 농사짓기 싫다고 경험이 부족한 신사업에 투자했다가 속임수에 넘어가 하루아침에 거지 신세가 되어버렸다.

부모가 준 재산을 늘려나가는 것도 어렵지만 지키는 것은 더욱 어렵다는 것을 주변 사람들의 사례에서 뼈저리게 느낀다.

국가도 대마불사(大馬不死)는 통하지 않는다. 몽골제국이 그렇고 대영제국이 그렇고 소비에트연방이 분할되고 잉카제국이 그렇다. 히틀러의 독일제국이 나폴레옹의 프랑스제국이 모두 쓰러진 것을 우리는 역사를 통해 똑똑히 알고 있다.

한민족의 미래설계도 멀리 내다보는 혜안과 높은 식견, 깊이 있는 토론과정을 거쳐 후손들이 잘사는 나라로 만들어 가야 한다.

06
라면왕국

　내가 고등학교 시절 라면 선구자이신 담임선생님을 생각한다. 훤칠한 키에 짙은 눈썹과 갸름한 얼굴, 하얀 피부의 선생님 모습이 떠오른다. 해박한 지식에 종횡무진 막힘이 없는 수업의 달인이다.

　어느 날 선생님은 봉지라면을 보여주며 신상품을 설명하는데 우리들 눈엔 낯설기만 하고 국수를 연상케 했다. 밀가루를 반죽해서 파마한 것을 기름에 튀긴 면에 스프가 들어 있었다. 모양도 기이하고 맛에 대한 궁금증은 우리들의 미각을 자극했음은 물론이다.

　라면은 본래 중국음식으로 면발이 가는 납면에서 유래한다고 식품대사전은 기록하고 있다. 메이지유신 직후에 일본에 거주하던 중국인들이 노점에서 납면을 판매하다가 일본의 만도모모후쿠 회장이 라면으로 개조한 것이다. 그는 기름에 튀겨 1958년 최초의 치킨라면을 가공 식품화하는 데 성공한다. 우리 담임선생님이 소개한 라면은 후에 스프에 고춧가루를 첨가하여 한국 소비자의 입맛을 사로잡게 된다.

　라면은 우리의 주된 식사라고 할 수 없지만 간식의 수준은 넘어서

한 끼 때움 식으로 애용되고 있다. 10분 이내에 조리가 완성되어 허기를 달래는 데는 그만이다.

지인이 산악국가인 스위스의 롱프랑을 여행 중에 산악열차를 타고 종점에 도착하여 배고픔에 먹을 것을 찾는데 한국산 라면을 판매해서 맛있게 먹었다고 한다. 이렇게 먼 곳까지 한국산 라면이 진출해 있는 것은 놀라운 일이다.

하긴 1988년 서울올림픽이 열렸는데 미국의 NBC방송은 한국 사람들이 즐겨먹는 라면을 미국사람이 먹는 햄버거에 비유한 것이 기억난다.

세계적 식품으로 자리를 굳혀 가는 라면은 2016년에 100여 개 국가에 약 3,300억 원을 수출하고 그 범위를 넓혀가고 있으며 계속 품질과 판매의 진화를 거듭하고 있다.

원조 S라면에서 시작해서 소비자의 입맛을 사로잡기 위해 끊임없는 스프 개발이 오늘날의 라면 전성기를 만들게 된 것이다. 일반 라면에서 매운 라면으로 다시 맵지 않은 백색스프 라면으로 또 다시 스프의 종류를 다양화시킨 라면이 등장해서 소비자의 입맛실험을 거듭하고 소비자의 마음을 사로잡기도 하고 소비자의 입맛이 거부하면 외면당하는 등 그 실험이 거듭되고 있다.

요즘은 비빔라면, 짬뽕라면, 짜장라면, 부대찌개라면 등 라면의 맛을 다양화하기 위해 고급화가 시도되고 있고 소비자들도 까다로운 입맛을 뒷받침하기 위한 혈투가 거듭되고 있다.

라면이 처음에 시장에 선보였을 때는 소비자의 호기심 대상이었다. 이전까지는 국수를 삶아서 갖가지 양념장을 만들어 넣고 다른 반찬과 함께 맛있게 먹어는 보았지만 밀가루를 기름에 튀겨서 스프와 함께 끓여먹는 것은 낯설기도 하지만 생소한 식품이었기 때문이다.

라면은 먹고 나면 어딘가 부족하고 허전하며 채워지지 않는 그 무엇이 있다. 따라서 주식으로 대신하기에는 택도 없고 간식으로 아니면 주식에 접근할 수 없을 경우 대용식으로 사랑을 받게 된 것이다.

우리나라의 라면 생산량은 대단한 규모이고 세계시장에 공급하는 양도 어마어마하다. 중국에서 라면 생산이 다양하게 이루어지지만 한국산 라면에 비해 맛이 떨어지는 것으로 생각된다. 어쨌든 라면은 간편식으로 우리 생활에 굳건히 자리 잡고 있다. 맛과 영양성분을 향상시키기 위해 가미하는 재료 연구가 전쟁을 방불케 하는 상황이다.

앞으로의 식생활은 가정에서 하는 오붓한 식사는 역사 속으로 사라질 전망이다. 하루 세 끼 모두가 매식으로 갈 공산이 매우 크다. 주부들이 가정식을 만들 만큼 시간적 여유가 없고 직장생활에 시간을 빼앗기기 때문에 가정식을 기대하기도 어렵게 되어 간다.

한국인의 주식인 쌀밥은 반찬이 몇 개 따라 붙어야만 식사를 즐겁게 할 수 있다. 김치와 국은 기본이고 나물류, 고기류, 생선류, 건어물 정도는 상에 올라오는 것이 일반적 식탁의 음식들이다. 이것을 준비하기 위한 주부들의 조리과정과 손놀림 또한 만만치 않는 것이 주부들의 하소연이기도 하다. 그런 면에서 라면은 반찬이 없어도 조리과정이 짧기 때문에 오늘날같이 시간 싸움을 하는 현대인에게 어필할 수 있는 것이다.

물론 라면을 계속해서 주식으로 먹으면 심각한 영양실조를 초래할 수 있는 것은 감안해야 한다. 라면이 소비자의 마음을 지속적으로 사로잡기 위해서는 가격의 메리트도 중요하지만 영양의 노른자 연구와 맛의 진화를 거듭해야 한다.

예전부터 우리 조상들은 식사에서 간장과 고추장, 된장만 놓고 식사를 할 수는 없었다. 씹히는 것이 있어야만 했던 것을 곰곰이 되씹어 보아야 한다.

라면의 맹점은 씹히는 것이 없다는 것이다. 스프의 국물 맛이 아무리 진화해도 후르륵 마시는 것으로는 소비자의 마음을 사로잡을 수는 없는 노릇이다. 값이 싸면서도 라면과 부식이 따라붙는 연구가 거듭되어야만 세계적 식품으로 우뚝 설 수 있다.

07

무(無)소유와 소유

얼마 전 귀천한 법정스님의 히트작『무소유』가 대중에게 크게 어필하고 그 책은 법정스님의 위치를 크게 높여주고 큰 박수를 받은 바 있다. 무소유는 욕심을 버리는 데서 시작된다.

소유하지 않는다는 것은 종교적 행위를 실천하는 으뜸 가치이다. 소유하고 싶은 욕망이 죄악을 낳고 근심 걱정의 원천이 되기 때문에 빈손으로 와서 빈손으로 가는 것이 우리 내 삶이기 때문에 가지려고 애쓰지 말라는 얘기이다. 그런데 '無'가 들어가는 말은 우리 삶에서 그리 좋은 것만은 아니다. 무관심, 무능력, 무법, 무표정, 무대응, 무심, 무언, 무생물, 무정 등은 너무 차갑고 의미 없는 표현을 일컬을 때 쓰인다.

민중의 삶은 무소유를 실행하기가 어렵고 난해하다. 무소유는 평범함을 뛰어넘은 비범함의 범주에 속하는 개념으로 해석된다. 凡人은 감히 흉내 낼 수 없는 세계라 할 수 있다. 사람은 욕망에 대해 자유롭지 않으며 쉽게 노예가 될 수밖에 없지 않은가.

어릴 때에는 대부분의 사람들이 소유에 대한 개념이 희박하다. 부모의 그늘에서 먹는 것, 입는 것, 잠자는 것에 대한 걱정 없이 학문 연마에만 몰두하게 된다. 그러나 자기의 영역을 넓혀가면서 욕망이 생기고 소유의 영역도 확장을 거듭하게 된다. 자기가 지배할 수 있는 영역이 넓어지다 보면 이처럼 재미있고 성취감을 맛보는 것이 드물다는 것을 알게 되고 재물에 눈을 뜨게 된다.

평생 동안 무소유를 가슴에 안고 수행하며 실행에 옮긴 법정스님은 우리 모두의 귀감이다. 왜냐하면 소유를 거부하는 사람은 우리 주변에서 쉽게 찾아보기 어렵고 물질만능이 우리를 지배하고 사회 분위기를 타기 때문이다.

많이 소유하고 가진다는 것은 물질적인 욕망의 충족이다. 또한 많이 거느리고 많이 참견하고 많이 내 눈 안에 관리할 수 있다는 뜻이다. 그러나 욕망의 충족이 물질적 만족을 가져오긴 해도 정신적 만족까지 채워주지는 못한다는 것은 자명하다.

자연은 열매를 맺기 위해서 한군데로 집중하게 된다. 모여서 만들어지는 것이 열매이다. 열매는 다시 제각각 흩어져서 새로운 역할을 담당한다. 새 땅을 찾아서 물을 빨아들이고 햇볕을 쬐고 탄소동화작용을 거듭하여 새로운 생명을 일으켜 세운다.

그리고 신록을 맘껏 펼치다간 열매를 맺기 위해 집중하게 된다. 자연은 순환의 반복, 거듭 작용을 계속하는 것이다. 집중과 흩어짐이 그것이다.

삶의 과정에서 많은 것을 가질 필요는 없다. 많은 것을 가지면 관리가 힘들고 보살펴야 하고 지켜야 하고 신경 쓸 일이 한두 가지가 아니다. 그렇다고 무소유는 마지막 단계에서 일어나는 일이지만 없다는 것은 슬픈 일이다. 우선 궁핍하고 싱거운 삶을 영위할 수밖에 없게 되기에 바람직하다고 볼 수 없는 지경에 다다른다. 우리는 여기에서 갈등을 느낀다.

젊은 시절에는 재물을 가지고 있는 것이 빈약하기 때문에 소유한다는 것은 신기루처럼 느껴졌다. 아끼고 모아도 늘 빈털터리라는 생각 때문에 재물에 대한 분노만 쌓여갔던 시절이다. 조금 모아가지고 주식에 대한 대박기대로 투자하면 대박은커녕 원금까지 사라져버리는 비운이 한두 번이 아니었다. 내게는 재물 운이 없다는 비통함에 절망한 적이 그럴 때 나를 아프게 한다.

나이가 들면서 돈은 조금씩 모이기 시작하고 불어나는 속도에 가속도가 붙으면 재미도 있고 욕망도 점점 커지는 기이한 현상이 나를 춤추게 하기도 한다.

금에도 투자하고 주식시장에도 기웃거리고 큰돈을 필요로 하는 토지시장에도 이리저리 뛰어다니고 주택시장에도 연구의 연구를 몰두하게 된다.

잃기도 하고 얻기도 하는 생활이 직장생활과 어우러져 나날이 재미가 나고 재산도 조금씩 불어나기 시작한다.

재물은 욕망의 원천이다. 욕망이 있어야 부(富)는 축적할 수 있다. 보기만 해서는 안 된다. 움켜잡아야 잡히는 것이다.

가난하다는 것은 물질적으로 없음을 의미한다. 물질적 풍요는 인간의 가장 큰 염원의 하나이다. 가진 것이 없다는 것은 우울하고 불행한 일이다. 가난하면 꼭 불행할 것 같지만 정신적으로 부유하면 굳이 왜소함을 느끼지 않는다.

부유함은 무엇이든지 소유하고 가질 수 있다. 돈이 많다는 것은 넉넉하고 여유 있다는 것을 의미한다. 경제적으로 풍요를 누리지만 문화적으로도 행복을 향유할 수 있다. 외국의 부호들이 살아가는 모습을 보면 상상을 초월할 정도로 화려하고 눈부시다. 보통사람으로서는 꿈에서나 볼 수 있는 장면들이 연출된다.

태초에 인간은 욕망의 굴레 속에 생존하지 않고 탐욕도 가지지 않았다. 자연에 먹을 것이 지천으로 있고 머리를 쓰거나 힘들이지 않아도 원하는 것을 쉽게 수중에 넣을 수 있었다. 다른 동물과의 싸움에서 이겨야 하는 부담은 있었겠지만 명석한 두뇌를 지니고 있고 도구를 다룰 수 있기 때문에 제압하는 것도 큰 문제를 파생시키지는 않았던 것이다.

그러나 인구가 증가하면서 물물교환이 시작되고 매개수단으로 화폐가 만들어져 유통되면서 많이 소유하는 것이 삶의 질을 윤택하게 할 수 있음을 인식하면서부터 인간은 끊임없는 욕망을 불태우게 된다. 언쟁이 생기고 소유에 대한 다툼이 일어나고 뺏고 뺏기는 분쟁이 광범위하게 퍼져나갔다.

많은 돈을 가져야겠다는 욕망은 누구에게나 존재한다. 돈은 엄청난 위력과 마력을 인간에게 안겨주기 때문이다. 돈이 없으면 힘이 빠지고 용기가 나지 않으며 풀이 없어 보인다고 흔히들 말한다. 매사에 쭈빗거리게 되고 적극적으로 도전하고픈 마음이 사라진다.

돈은 아무 쓸모없는 종이쪽지에 불과하지만 가치를 부여함으로써 사람들에게 흠모의 대상이 되고 사랑을 듬뿍 부여받게 된다.

한 가정에서 가장은 돈을 벌어야 가족들의 의식주를 해결할 수 있다.

돈은 우리 몸에서 혈액과 같은 역할을 담당한다. 가정을 윤택하게 만드는 것도 웃음을 선사하는 것도 절망을 안겨주는 것도 원만함을 창조하는 것도 모두 돈의 힘에서 비롯된다.

돈은 인간의 욕망을 충족시킬 수 있는 최적의 수단이다. 돈으로 해결할 수 없는 것은 단 한 가지 죽음만을 해결할 수 없고 나머지는 돈의 힘에 의해 안 되는 것이 없다. 그러나 돈에 대한 지나친 집착은 화를 불러올 수 있다. 한평생 사는 동안 쓰기 나름이지만 적당량만 가지고 있으면 불편하지 않고 살아갈 수 있다.

건강을 유지하면서 가끔 여행길에 나서고 먹고 싶은 것 먹으면서 사는 것이다. 나이가 드니 입을 옷이 그렇게 많이 필요하지도 않고 용돈도 많이 들지 않고 주변에 자식이나 손주들에게 베풀 돈만 있으면 궁색 떨지 않고 편안하게 살아갈 수 있다.

무소유는 편하고 홀가분한 것이다.

08

반기업(反企業)은 안 된다

세계는 지금 극한 대립의 시대로 빠르게 진입하고 있다.

그 예로 국가 간의 대립, 이데올로기의 대립, 종교 간의 대립, 노사 간의 대립, 노소(老小)의 대립, 생산자와 소비자의 대립, 무역의 대립, 인종 간의 대립 등 수많은 대립에 직면하고 있다.

우리에게는 남과 북의 대립이 한민족의 미래를 안개 속으로 몰아넣고 있다. 또한 반기업 정서가 나를 놀래게 하고 우리를 슬프게 한다.

기업은 우리의 생명줄이다. 기업이 부를 창출해야 우리의 삶은 풍요로워지고 국가가 부흥할 수 있다.

조선시대에 우리가 왜 배고픔에 굶주리고 피폐한 삶에서 벗어나지 못했는가? 영국의 산업혁명이 전 세계를 강타했을 때 우리는 잠에서 깨어나지 못하고 폐쇄된 사회를 유지하고 이익과는 거리가 먼 농업 우선 사회를 고집했기 때문이다.

기업인이 이익을 얻기 위한 피나는 노력에 대해 일부에서 악의적인 행동을 해서는 안 된다. 박수를 치면서 응원하고 도와 줄 거리를 찾아야 한다. 그들은 최전방에서 세계적 선발기업들과 맞서서 후발

기업으로의 불리함과 고통을 감수하면서 전쟁 아닌 전쟁을 치르고 있는 것이다. 기업인을 돈에 미친 사람들이라고 일방적으로 매도하고 돌팔매질을 하고 재벌을 해체해서 똑같이 부(富)를 배분해야 한다는 극단적 논리를 펴는 사람들을 보게 된다.

우리는 이들에게 강력한 경고를 보내야 한다. 기업의 어두운 면을 들춰내서 비난하기보다는 밝은 면을 부각시켜서 칭찬하고 격려하고 힘을 보태어 줄 때 기업인은 어깨춤이 절로 나고 책임감도 통감하며 본 궤도에 오르려는 의욕도 솟구치는 법이다.

기업은 국가 부흥의 주체이고 인간생활을 풍요롭게 하는 발전의 동력이다. 국가는 개인이나 기업 등 단체를 좌지우지할 수 있는 힘이 있지만 세세한 부분까지 파고들어서 물자를 생산하거나 중계하거나 이동시킬 수는 없다. 그러한 것은 기업의 몫인 것이다.

국가가 기업을 손아귀에 넣고 좌지우지해서는 기업은 압사당하게 되고 그만큼 생산 활동이 중지되어 부의 창출이나 인간생활에 도움을 줄 수 없다.

물론 기업인의 마인드도 중요하다. 돈벌이에 급급하지 말고 멀리 오래 동안 미래를 내다보는 안목이 있어야 한다. 그리고 급하지 않게 서서히 뛰지 말고 걸으면서 평상심을 유지하면서 기업 활동이 이루어져야 한다.

국가와 기업과 소비자는 상호 공생관계에 있다. 밀착되거나 경원시하지 말고 적당한 거리를 유지하면서 상생의 길을 찾을 때 모두가 만족스런 결과를 도출해 낼 수 있는 것이다. 날카로운 칼날을 들이대거나 욕심이 지나쳐서도 뜻을 이룰 수 없다. 상호 존중하면서 밀어주고 당겨주고 격려하면서 미래의 활짝 열린 뻥 뚫린 길을 향해 걸어가야 한다.

기업은 경영활동을 통해 자신의 이익을 쫓아 움직이게 된다. 자본주의를 꽃피우기 위해 생성된 것이 기업이라고 해도 과언은 아니다. 자유로운 경쟁에 의해 그들의 이익을 극대화하고 새로운 사업 분야를 찾아 경쟁하는 것이 당연하고 기업을 통해 얻어진 이익은 기업 내의 사람들에게 분배되어 생활의 종자돈 노릇을 하게 된다.

그러나 언제부터인가 반기업 정서가 생성되더니 확산되는 것을 감지할 수 있게 된다. 국가적으로 기업 활동은 조장되고 권장되어 활발하게 활동하도록 분위기를 만들어야 한다. 물론 부당한 방법에 의해 이익을 창출했다면 그것은 비난의 대상이 된다. 그렇지 않는 이상은 기업의 판단에 맡겨야 하는 것이지 땀의 부산물에 대해 터치할 권한이 없는 것이다.

기업을 공격하는 것은 자해행위나 마찬가지이다. 기업을 경영하는 주체인 경영자나 자본가는 살아남기 위해 끊임없는 지혜와 판단으로 잠도 못 자고 제때 식사도 거르며 숨 막히는 경쟁의 전선에서 사투할 것을 생각해 보라. 평범한 사람으로서는 수용하기 힘든 행보를 그들은 도전하고 그 대가로 부를 차지하는 영광을 얻는 것에 대해 배 아파할 필요가 없는 것이다. 기업에 대한 애착과 노력이 가해진다 해도 꼭 이익이 주어지는 것이 아니라 타이밍이 맞아야 하고 운도 뒤따라 주어야 가능하다.

기업의 이익추구는 그만큼 위험이 따르며 그들이 얻는 이익은 주주와 종업원 국민과 함께 나누게 되고 그것은 우리 삶의 질을 윤택하게 하는 기반이 된다.

우리는 기업에 돌을 던지는 어리석음에서 해방되어야 한다. 반대로 그들이 힘을 내서 잘 할 수 있도록 격려하고 힘을 보태주어야 한다. 그럼으로 인해 그들도 공동의식을 갖고 가진 자의 사회적 책임을 다할 수 있는 여유가 생기게 되는 것이다.

일부 기업의 탈선을 감시하는 것도 우리의 중요한 몫임에는 틀림이 없지만 기업의 전천후활동에 대해 기립박수를 보내는 것도 중요한 팩트(Fact)이다.

09

반값의 함정

사람들은 상품가격에 대해 누구나 민감한 반응을 보인다. 내용의 구성이나 품질보다는 우선 머릿속에 띄우는 것이 가격이다. 가격이 합당한가 아닌가를 갸름한 후에 질적인 면을 꼼꼼히 살피고 효율성이나 내구성 등이 차례대로 고려대상이 된다.

대학등록금 반값 논쟁에 대해 예를 들어보자.

대학등록금은 대학이름의 유명도, 대학의 위치, 대학교수의 전문성, 대학의 편의시설, 전공분야의 차이, 취업비율, 재학생들의 학구열, 졸업생들의 활동 정도 등 수많은 요소가 가미되어 숫자로 나타나게 된다. 그럼에도 매년 대학등록금의 반값 논쟁은 상아탑의 단골 메뉴이고 뜨겁기만 하다.

예전에는 생산자 위주의 가격이 형성되어 소비자들은 울며 겨자 먹기 식으로 받아들일 수밖에 없었다. 주머니가 풍요로워지면서 이런 세상은 역전되고 생산자들이 생산 원가를 지키기에도 혼란스러울 정도로 소비자 위주의 세상이 되고 있다. 예전처럼 호가를 높여서 깎고 깎아도 남는 장사는 이제는 전설 같은 얘기라고 봐야 한다.

여기저기서 반값 타령에 생산자의 마음은 사시나무 떨 듯 흔들린다. 시장에서 반값이 횡행하는 것은 가격구조 자체를 파괴시키는 엄청난 무리수이기 때문이다. 사실상 반값은 정상가의 절반만 주고 갖고 싶은 것을 가질 수 있는 심리 상태를 교묘하게 흔들고 우리는 또한 쉽게 빠져들 수 있다.

반값의 함정은 품질의 하향이나 용량의 변경, 디자인의 변형이 함께 숨어 있음을 우리는 잘 알면서도 '반값' 하면 왠지 마음이 動하고 쉽게 매입하고픈 상황으로 빨려 들어간다.

오래전에 대통령 후보로 나섰던 모 후보가 반값아파트를 정치공약으로 내걸어 집 없는 서민들이 물표를 던진 것을 우리는 기억하고 있다.

반값을 캐치프레이즈로 내세운 것에 대한 진위여부를 꼼꼼히 살펴보고 구매행동이 이루어져야만 후회를 면할 수 있다. 왜냐하면 싼 것이 비지떡이 될 수 있어서이다.

반값 주장은 올바른 경제논리와 배치되는 필요악이다. 정당한 가격을 지불하고 정당한 서비스를 향유하는 시장경제 논리가 펼쳐져야만 하는 것이다.

반값 세일이 여기저기서 판촉에 이용되고 있다. 품질을 바꾸고 용량을 줄이고 디자인을 바꾸고 소비자가 속아 넘어가기 쉽게 위장전술로 소비자를 우롱하는 것을 감지할 필요가 있다.

해외여행에서도 가격을 낮추어서 모객을 한 다음 실제 여행지를 가면 추가 지출이 눈덩이처럼 불어난다. 옵션이라는 것을 붙여서 옴짝달싹 못하게 만든다거나 상품구매를 강요하여 부족분을 채워 넣는 방법을 쓴다. 먹을 것이나 잠자리에서 싸구려 단축코스를 채택하는 것이다.

가이드 팁에 이르기까지 낯선 땅 외국에서의 여행객의 주머니를 터는 방법은 다양하며 눈뜨고 당할 수밖에 없는 현실을 당국은 모르는 척하는 이유를 알 수가 없다. 눈감아주고 무슨 대가를 노리는 것이 아닌가 의심의 눈초리를 보낸다.

상품 판매에서 손해를 감수하고 판매하는 것은 있을 수 없는 일이다. 유행이 지난다거나 유통기한을 넘겼다든가 상품의 변질이 우려되거나 신상품과의 경쟁력이 현저히 떨어지거나 자금난으로 유동성을 긴급히 확보해야 할 시점이 아니면 싸게 판다는 것은 불가능하다고 본다.

반값이라고 해서 무턱대고 좋아해서는 큰 코를 다치게 된다. 반값 속에는 우리가 인식하지 못하는 함정이 숨어 있을 수 있다. 양과 질과 효율성을 모두 갖추고 반값일 경우에만 반값은 빛을 발휘할 수 있는 것이다.

상품 50% 세일일 경우 터무니없이 가격을 올려놓고 반값으로 판매한다면 평소 구입할 경우 제값을 다주고 사게 되는 것이니 아무런 의미가 없다. 또한 양을 줄여서 반값으로 한다든지 포장을 화려하게 해서 본말을 전도해 놔야 소용없는 노릇이다. 아파트를 반값으로 주겠다고 광고 해놓고 자재를 허접한 것으로 시공한다면 그러한 불량자재가 나중에 더 커다란 부실시공에 울어야 할 상황이 닥칠 수 있다.

싼 게 비지떡이라는 말이 있듯이 상품은 제값을 주고 사야 한다. 판매기법에서 1+1이라는 것이 유행이다. 정품을 1+1로 판매하지는 않는다. 품질을 떨어뜨리던지 정통이 아닌 대체 용품사용 분량을 늘인다든지 약간의 흠결이 있을 경우 그 방법을 쓴다. 반값이 꼭 유리한 것만은 아니라는 인식 아래 꼼꼼히 따져보는 소비자의 현명한 행동이 긴요하다.

10

보물찾기

　우리 주변에는 우리가 인지하지 못하는 보물이 널려 있지만 알지 못하고 알 수도 없다. 우리 머릿속에 숨어 있는 아이디어를 고안해 내려면 찾을 수 없다가도 어느 시점에서 우연히 떠오르는 그 무엇을 발견하게 된다. 우리는 발견이라는 그 불씨를 되살리고 끊임없이 추적해서 집중력을 발휘해야 한다. 신은 소중하고 값이 나가는 것을 깊이 꼭꼭 숨겨놓았기 때문에 쉽게 눈에 띄지도 않고 오리무중 상태로 우리를 혼란스럽게 만든다.

　배낭에 도시락을 싸서 넣고 어깨에 둘러매고 보물찾기의 행군을 시작해 본다. 발품을 팔면서 여기저기 기웃거리며 상황을 파악하고 그동안 축적된 아이디어를 섞어서 뭔가 대박을 칠 보물을 발견해 보고자 노력한다. 그 보물의 세계는 범위가 너무 넓어서 예시할 수는 없지만 전부 내 손안에서 잡을 수 있는 것들이다.

　지혜로운 사람 하나가 아홉을 먹여 살릴 수 있다는 말은 거짓도 아니고 과장도 아니고 환상도 아니다. 곳곳에 숨겨져 있는 보물을 찾아내서 그것을 상업화하고 자원화해서 우리가 사회적 특허를 내서 선점을 한다면 민족의 도약 젖과 꿀이 흐르는 땅은 약속된 것이다.

소수의 유태인이 세계적 권위를 자랑하는 노벨상을 휩쓸고 있는 것은 우리에게 시사하는 바가 크다. 작은 땅에서 작은 인구를 가지고 아랍민족이 감히 덤비지 못하고 숨 죽이며 살아야 하는 것도 모두 유태인의 민족교육이 뒷받침하고 있는 것이다. 우리들은 유태인 랍비들의 역할에 주목할 필요가 있다. 유태인들이 축적해 놓은 지혜를 배우고 익혀서 오천만을 새로 먹여 살릴 수 있는 보물과 지혜를 빨리 찾아내야 한다.

생애 과정에서 인고의 시간이 흐르면 언젠가는 황홀하고 꿀 맛 같은 당첨의 환희를 맛볼 수 있다. 사람들은 그날을 학수고대하고 복권시장에 문전성시를 이룬다.

증권 거래소에서 보물주를 찾고 경매물건에 대한 손익계산을 부지런히 하며 경매장에도 나가 경주마에 대해 경우의 수를 계산하고 돈이 될 만한 것은 모두 다 보물찾기의 대상으로 떠오르고 있다. 그러나 재테크는 난공불락의 요새와도 같아서 투자자에게 쉽게 철 대문을 열어주지는 않는다.

보물찾기는 만만치 않은 대상이다. 아니 발을 잘못 들여놓았다가는 집안이 쫄딱 망한다.

패가망신은 고사하고 먹는 것마저 잃게 된다. 그만큼 위험이 크고 확률도 낮은 것이 현실이다. 재테크는 순환하는 것이지만 성공보다는 실패가 더 크다고 할 수 있다.

주식투자를 예로 들면 개미집단은 자금력의 열세, 정보획득 능력의 순위 이탈, 중개수수료 문제, 판단능력의 객관성, 전문성 결여 등 경쟁력이 뒤처지는 것을 부인하기 어렵다. 따라서 뒷북을 치게 되면 손실만 커지고 속 빈 감정만 남게 된다.

보물의 진가는 늘 숨어 있기 때문에 평소에는 실체를 보여주지 않는다. 보물 찾아 천리 길 만리 길을 헤매도 헛걸음치기가 일수이다. 금맥을 찾아서 로또복권을 사서 주식대박을 내기 위해서 사람들의 눈빛은 날카롭게 빛나며 보물찾기에 올인하고 있다. 그 보물찾기에 끊임없는 도전이 인류의 미래를 빛나게 하는 원동력이 되고 바탕 역할을 하는 것은 사실이다.

우리들 삶의 전체가 보물찾기의 연속이다. 숨겨진 보물을 어떻게든 찾아서 대박을 꿈꾸고 그야말로 팔자 고칠 일을 사람들은 오늘도 기다리고 내일도 그 환상 속에 기대를 걸면서 삶을 이어가고 있다. 복권을 구입하는 것도 대박에 대한 심리적 작용으로 인한 행동 형태이다. 떨어지더라도 계속해서 언젠가는 이루고야 말겠지 하는 막연한 기대감에 보물찾기는 계속된다.

부동산 투자도 같은 맥락이다. 예금을 해보니까 물가 상승률을 감안하면 원금에서 무 자르듯이 막 잘려 나가도 항상 예비자금이 은행에 넘치는 것이다. 부동산 광풍에 눈을 감고 있는 무능한 정부는 정신 차려야 한다.

경기가 일어나지 않고 잠을 자니 악성 부동산투기를 통해서라도 경기를 부양시키고 복지비를 마련하고 부동산세를 거두어들이면 된다는 안이한 생각에 이 정부는 투기세계에 눈감고 대응조차도 하지 않는다. 부동산 투기는 국가의 부를 증대시키기는커녕 불만들만 양산해서 빈부 간의 격차를 늘리는 백해무익한 것을 알면서도 말이다.

사람들은 누구나 삶의 과정에서 보물을 찾기 위해 고심하고 연구하면서 추종한다. 그러나 그것은 신의 게시가 있어야만 가능한 분야가 아닐까 생각한다.

삶을 풍요롭게 창조할 수 있는 '기발한 아이템'이 바로 보물찾기의 스포트라이트가 된다. 보물찾기는 열정과 땀을 필요로 한다. 제약회사들이 인간의 수명연장이나 고통을 일부 해소시키기 위해 신약을 연구하는 것도 보물을 찾기만 하면 대박을 터뜨릴 수 있는 가능성이 있기 때문이다.

불굴의 도전정신과 극복하려는 무서운 의지, 지칠 줄 모르는 열정과 재정적 뒷받침, 세계적 인증을 받기 위한 절차와 과정 등 만만한 것은 하나도 없고 가로막고 있는 벽을 통과하기란 우리의 상황을 뛰어넘을 만큼 예사로운 일이 아니다.

인간의 보물찾기는 많은 사람들이 참여하고 권장되어야 한다. 그 힘이 오늘날 우리의 생명시간들을 늘리고 삶의 질을 높이는 데 기여한 것이다.

어린 시절 소풍장소에서 아이들의 마음을 설레게 했던 보물찾기는 선생님들이 머언 미래를 내다보고 너희들이 보물을 끊임없이 찾아나서야 한다는 메시지를 아이들에게 전달하기 위한 묘책의 메시지를 심어준 성스런 기획이었던 것이다.

보물을 찾기 위해 매진하는 것이 장수의 비결이라고 생각한다. 이유는 머리를 휴면상태에서 끊임없이 동력상태로 교차시켜 주기 때문이다.

11

보이지 않는 손

경제학의 태두 아담 스미스는 "세계 경제는 보이지 않는 손에 의해 조정된다"는 이론을 전개한 학자이다. 보이지 않는 손이란 처음부터 의도하거나 중재한 것도 아닌데 서로에게 유익한 교환을 가져온다고 보는 것이다. 즉 자연 배분의 효율성을 이루는 시장기능을 보이지 않는 손이라고 그는 설명한다.

실제로 부동산시장, 주식시장, 외환시장, 선물시장 등의 움직임을 살펴보면 보이지 않는 손에 의해 작전이 수행되고 있음을 감지하게 된다. 작전은 군사용어로 많이 사용하지만 경제용어로도 못지않게 사용한다. 작전은 전략이 우선이고 정곡을 찌를 수 있어야 한다. 빈틈을 보이거나 꼼꼼하지 못하면 부작용과 예상치 않은 커다란 손실이 발생한다.

나는 사람의 운명도 보이지 않는 손에 의해 컨트롤 된다는 사실을 종종 느끼게 된다. 그것은 신의 계시라고 해도 무방할 듯하다. 어떤 목적을 달성하기 위해서 최선의 선택과 노력을 더해도 결과는 실망을 낳는 경우가 있고 별 기대를 하지 않았는데도 성과가 큰 경우가 있다. 이것이 의미하는 것은 무엇일까?

우리는 흔히 운명의 장난이라는 말을 지껄여서 자기 위안을 찾게 된다. 그러나 그것은 운명의 장난이 아닌 보이지 않는 손에 의해 만들어진 것이라고 판단하는 것이 더 타당하다.

나는 미식축구와 메이저리그 일본 스모 경기를 광적으로 좋아한다. 중계방송이 있는 날이면 밤잠을 설치면서까지 일희일비하며 시청한다.

세계적으로 Top 클래스에 있는 이런 경기도 현장에서 뛰는 선수들의 전력도 크게 작용하지만 결국은 그 결과는 신의 계시에 의해 숫자화한 것이 나중에 나타나지 않는가 하는 느낌이 들 때가 한두 번이 아니고 다반사로 그 메시지를 감지하게 된다.

전쟁 상황에서 작전은 병사들의 생명을 담보로 하기 때문에 그 중요성을 말로 다할 수 없을 만큼 중요한 과제이다. 월남전에서 미군이 월맹군에 항복을 한 것도 따지고 보면 작전의 실패에 연유한 것이다. 군인과 군사무기 전쟁물자와 군사비용 면에서 월등한 능력을 보유하고 있으면서도 보잘것없는 월맹군에게 놀아나게 된 것도 초기단계에서 전쟁이 끝나갈 시점까지 작전의 허점이 그들을 물리칠 수 없게 된 것이다.

작전은 전략과 동의어로 사용된다. 국가의 전략은 국가의 부흥과 직결되는 바로미터가 된다. 국가 전략은 소수 인원이 참가하면 편협한 결과를 낳을 수 있으므로 다수의 의견을 참고하고 연구자들의 실적을 꼼꼼히 검토하여 도입될 수 있다고 생각되면 과감하게 인용하고 타국의 상황을 면밀히 검토하여 거시적인 안목에서 실현 가능한 부분부터 전개해 나가도록 심혈을 기울여야 한다.

국가 전략은 노출되어서는 안 된다. 노출된다는 것은 내가 가지고 있는 카드를 상대방이 앎으로 인해 패착을 부채질하는 것이다.

우리가 세계 최빈국에서 세계 10위권 이내로 경제 볼륨을 키운 것은 경제정책을 입안한 사람들의 미시정책과 거시정책의 성공의 덕이라고 생각한다. 국민에게 '부의 폭 넓은 호혜'가 스며들게 하기 위해서 밤잠을 설치면서 일한 그들이다. 더구나 경제는 생물과 같아서 작은 부분까지도 세심하게 시장에 파고 들어가도록 배려를 해야 한다.

경제 정책을 꼼꼼하고 빈틈없이 수립한다고 해도 짜인 원안은 상황에 따라서 변수가 많이 생긴다. 경기는 물의 흐름과 같아서 순환하면서 시장의 목소리는 커지거나 작아지고 시끄럽거나 조용하기를 반복한다. 따라서 상황이 발생할 때마다 정책을 수정하고 보완하면서 예측되는 문제에 대한 해결책도 하나하나 메꾸어 나가야 한다.

주식시장의 경우 보이지 않는 손이 꼭꼭 숨어서 특정한 주식에 대해 작전을 수행한다. 악재는 철저히 숨기고 호재에 대해서 풍선처럼 부풀리게 해서 투자자들의 귀를 쫑긋 세우게 한다.

투자는 투기로 변질되어 시장에서 무섭게 타오르며 상종가를 친다. 보이지 않는 손은 어느 정도 시장이 정상에 이르렀다고 판단되면 보유 물량을 풀어서 주식을 처분하여 막대한 이익을 챙긴 후 철수한다. 이들이 무대에서 사라지고 나면 순식간에 주가는 하한가를 치며 폭락한다.

꼭짓점에서 주식을 매입한 사람은 닭 쫓던 개 하늘 쳐다보는 식이 된다. 보이지 않는 손은 경제적 용어이지만 세상사에도 이러한 이론이 작용하고 있음을 감안하면서 살아야 한다.

사람은 흔히 크게 성공하거나 크게 실패하는 경우 신에게 책임을 돌리거나 운명의 장난이라고 결론을 내는 경우가 있다. 즉 보이지 않는 손이 나를 그렇게 만들었다고 치부하는 것이다. 그것이 틀렸다고 단정할 수는 없지만 성공과 실패는 나에 의한 것임을 인정하고 책임을 다른 곳으로 미루어서는 안 된다.

보이지 않는 손도 개인의 부단한 노력과 철저한 기획과 단호히 실행하는 추진력 앞에서는 단 1%라도 성공의 여지를 남겨두기 때문이다.

12

빈자(貧者)

　가난은 죄가 아니고 병도 아니며 부끄러움도 아니다. 가난은 물질
이 부족하고 궁핍을 느끼고 하고 싶은 것을 마음대로 할 수 없는 단
점이 있을 뿐이다.

　가난은 사람을 강하게 만들어 준다. 없어서 쪼들려지면 빼앗길까
봐 불안해지거나 지키기 위해서 노심초사하지 않아도 편안할 뿐이다.

　우리 조상들은 물질에 우선을 두지는 않았다. 물질보다는 정신세
계를 중시하고 그 가치를 높이 받들었다. 나물 먹고 물 마시고 팔베
개를 베고 하늘을 보니 온 세상이 행복해 보인다는 것이 얼마나 낭
만적이고 삶의 결이 살아 움직이는 듯하지 않은가.

　예전에는 절대빈곤에 시달리는 가정이 많고 많았다. 가난하기 때
문에 교육도 포기해야 하는 가정이 태반이었다. 특히 남자는 그런대
로 가르치려고 발버둥쳤지만 이 땅의 딸들은 먹는 것 입는 것이 부
족함은 물론 교육의 꿈도 접어야 하는 슬픈 과거가 우리들의 자화상
이다.

　딸들을 가르쳐봐야 엉덩이에 뿔나고 시집가서 남 좋은 일만 시킨

다고 생각했으니 말이다. '똥구멍이 찢어지게 가난하다'는 말이 있다. 먹는 것이 별로 없어서 배출할 것도 없어 고통이 따른다는 비유의 말이다.

가난한 자는 어깨가 가볍다. 가지고 있는 것이 빈약하기 때문에 경계해야 하는 것이나 눈을 부릅뜨고 지킬 것도 없다. 정서적으로 여유를 가질 수 있다는 것이다. 다른 이의 표적이 되지도 않고 어느 순간 재물을 털려서 난감해질 필요도 없다.

가난한 이는 늘 부자를 동경하게 된다. 나도 언제나 저렇게 좋은 집에서 좋은 옷을 입고 좋은 음식을 먹으며 여유롭게 살 수 있을까를 생각하며 선망의 대상으로 삼는다. 그러나 이슬을 막을 수 있고 내 몸뚱이 가릴 수 있고 허기를 채울 수 있는 소박한 음식이 있으면 되는 것이다.

어느 시인은 "貧者는 신의 축복이고 천국열차에 무임승차 티켓을 가진다"라고 노래했다. 빈손으로 왔다가 빈손으로 가는 인생길에 최소한의 의식주를 이어갈 수 있다면 욕망인들 아무 소용이 없음을 노래한 것이다.

부자는 재화의 양이 넘쳐나기 때문에 더 이상의 재화 보따리가 필요하지 않지만 가난한 이는 가진 것이 없기 때문에 재화가 생기면 재화보따리를 하나둘씩 채워갈 수가 있다.

가난은 슬픔이 아니다. 가난한 사람들은 죄가 많아 하늘이 나에게 내린 징벌로 인해 부를 쌓을 수 없다고 착각하기 쉽다. 그러나 가난과 부자는 주어진 기회가 운명과 맞닿지 않아 생긴 일일 뿐이다.

부는 모든 것이 맞아 떨어질 때 성립하는 것이다. 즉 재화는 많은 변수가 있는데 그 변수가 우연히도 그 사람과 결합해서 기회지수가 상승할 때에만 가능한 일이지 자기 마음대로 되지는 않는 것이다.

옛날에는 천석군이나 만석군이 부의 정도를 나타냈다. 농사짓는 땅이 많아서 수확하는 곡식의 양으로 부자의 정도를 가늠했다.

노작인들은 양반이나 지주들의 땅을 빌려 소작료를 받아 손도 대지 않고 코푸는 즉 착취의 전형이었다.

삶을 살아가는 데 돈의 필요성은 두말할 필요도 없다. 좀 더 나은 삶을 유지하기 위해 노력하고 부를 축적하는 것은 지극히 인간적인 면모이며 가난의 굴레를 벗어나기 위한 길이다.

그러나 지금의 사회적 구조가 노력하는 삶을 살아도 가난에서 벗어나기가 쉽지 않은 상황이다. 오죽하면 금수저, 은수저, 흙수저라는 말이 유행하고 나는 흙수저라는 자조적인 말이 나오겠는가.

그럼에도 불구하고 인간적인 삶을 당당하게 열심히 살아온 이에게 가난이란 불편함은 아무런 의미가 없다. 노력하는 생활 속에 희망이 있고 길이 있으며 가난을 인식하는 사람의 자세에 따라 행복과 불행이 결정되기 때문이다.

옛날이나 지금이나 돈의 힘이 막강한 것은 변함이 없다. 그러나 돈에 대한 인식이 지금과는 사뭇 다름을 다음의 시(詩)에서 알 수가 있다.

논어(공자) 술이(述而)편에 있는 시(詩)를 읊조려 본다.

나물 먹고 물 마시고	반(飯)소(蔬)식(食)음(飮)수(水)
팔 베고 누웠으니	곡(曲)굉(肱)이(而)침(枕)지(之)
즐거움이 그 안에 있고	낙(樂)역(亦)재(在)기(其)중(中)의(衣)
의롭지 않게 부귀를 누리면	불(不)의(義)이(易)부(富)단(旦)귀(貴)
나에게는 뜬구름 같다	어(於)아(我)여(如)부(浮)운(雲)

고사성어(故事成語)에 권불십년(權不十年)이라고 막강하고 대단한 권력도 십년을 유지하기 힘들며 부불삼대(富不三代)라고 부자가 삼 대를 유지하기 힘들다는 말이 있다. 권력도 부(富)도 영원히 유지되지 않음을 일깨워 주는 말이다.

우리는 이 말들의 진정한 의미를 깊이 생각해 볼 필요가 있는 오늘이다.

부(富)도 빈(貧)도 영원하지 않다는 진리가 있는 교훈이며 삶을 사용하는 자의 가치와 선택과 노력 여하에 따라 삶의 질이 결정될 수 있다는 희망을 내포한 말이기도 하기 때문이다.

13

투명이론

가정의 부엌에서 사용되는 가열 주방조리 기구의 대표는 솥과 냄비 그리고 프라이팬이다. 음식 재료들은 이 기구들을 통해서 조리되어 우리들의 밥상에 오른다. 밥맛을 최고로 높여주는 압력밥솥은 아직까지 취사과정을 들여다볼 수 있는 투명한 뚜껑이 개발되지 않았지만 다른 조리기구는 조리과정을 보고 듣고 체크할 수 있는 기구들이 주방혁명을 선도하고 있다.

된장찌개 하나를 하더라도 끓어 넘쳐서 쉴 새 없이 뚜껑을 개폐하게 돼서 그 불편은 이루 말할 수 없다. 여기에 착안하여 주방조리 기구의 뚜껑을 투명하게 만들어서 오늘날에는 그러한 불편이 해소되어 가고 있다.

투명이론을 과일에 접목시키는 것을 생각해 본다. 여름 과일의 대표주자인 수박, 참외를 투명한 수박, 투명한 참외로 생산해서 완숙, 반숙, 미숙단계를 알 수 있게 된다면 날 것을 따서 먹는 일이 생기지 않아서 좋을 것이라는 기대를 해본다.

오늘날 우리가 먹는 과일은 어린 시절에 먹었던 과일과는 맛, 향기, 모양, 품질에서 비교할 수도 없을 정도로 장족의 발전을 거듭하고 있다.

일예로 초등학교 시절 여름방학을 하면 먹거리가 풍부한 외가로 달려갔다. 참외밭에는 푸른색의 상참외, 점박이 개구리참외, 노란색의 김막가참외 등이 전부였다. 지금은 이런 품종의 참외는 단종된 지 오래되고 달고 씹는 맛이 상큼한 은천참외가 소비자의 사랑을 독차지하고 시장을 지배하고 있다. 그러나 익은 정도를 맞추는 것은 수수께끼를 푸는 것과 같다.

식물을 연구하는 육종학자들은 기존 과일의 맛과 향기 그리고 크기와 외형의 미려함, 재배방법의 개선 등 소비자의 욕구충족을 위해 신품종 개발에 진력하고 있다.

우리가 먹는 과일은 5월에서 10월에 이르는 시점이 제철이다. 씨는 쓰고 떫은 야생과일을 개량 연구를 거듭해서 사람들 입맛에 부합하는 과일로 탈바꿈하기까지 얼마나 많은 시행착오를 거쳤을까 생각하면 연구원들에게 저절로 머리가 숙여진다.

야생과일은 크기도 작고 맛도 거부반응이 앞서고 모양도 그저 그렇고 냄새도 만족스럽지 못하다.

오랜 옛날에는 사람도 그런 과일을 먹을 수밖에 없는 환경 속에 존재했지만 지금은 야생조류 야생동물의 몫으로 바뀌었다.

사과의 경우 꽃 사과에서 능금을 거쳐 오늘날에는 부사, 양광, 미얀마 등 그 종류가 어마어마하다. 야생과일의 쓰고, 떫고, 시고, 당도가 떨어지는 품종을 교배나 접목 유전자 조작 등의 방법을 쉼 없이 적용하고 있다. 신의 영역에 도전하면서 신만이 알고 있는 묘책을 찾아내기 위한 노력은 과거로부터 오늘에 이르기까지 계속 이어지고 있다.

과일의 내부를 들여다봄으로 인해 익음의 정도를 알고 맛도 예측할 수 있게 하는 종자개량을 숙제로 제시해본다.

농작물의 유전자 조작을 통해 크기와 맛을 조정하고 생산량을 늘리는 기술은 이미 세계적으로 일반화하고 있다. 농작물에 슈퍼라는 앞 단어를 사용하여 판매되는 농작물이 늘어나고 있다. 유전자 조작 농작물이 우리 인체에 어떤 영향을 미치는가에 대한 연구는 계속되고 있지만 앞으로 더욱더 그 분야의 연구는 활발히 전개될 것이다.

수박은 쪼개 보아야만 익은 정도와 단맛의 강도를 알 수 있다. 수박장수의 말만 믿고 수박을 사서 낭패를 보는 경우를 많이 경험했으리라. 익지 않은 과일은 아무짝에도 쓸모가 없고 상품성이 떨어져서 폐기하는 방법밖에는 없다. 잘 익은 수박을 고르는 방법이 있기는 하지만 틀림없이 들어맞는다고는 할 수 없다. 참외는 숙성이 잘 되면 익는 냄새도 나지만 수박은 껍질이 두꺼워서 익은 정도를 가늠하기가 어렵다.

투명 수박의 개발이 불가능한 것만은 아니라고 본다. 인간은 불가능하다고 생각하는 것에 대해 끊임없이 도전을 해왔고 '불가능은 없다'를 실제로 입증하여 생활을 윤택하게 이끌어 왔다. 투명수박을 만드는 일이 수월하지만은 않고 신의 영역이라고 생각하기 쉬우나 연구의 연구를 거듭하면 실현 가능하다고 생각한다.

인간의 몸속에서 일어나는 종양이나 태아의 움직임도 우리는 전부 들여다보고 문제를 제거하여 편리성을 도모하고 있다. 투명수박이 불가능하다면 간단하게 수박 내부를 들여다보고 숙성 여부를 판단하는 기술이라도 개발되었으면 하는 희망이다.

일본 가가와 현에서 생산되는 네모난 수박은 식용보다는 관상용으로 높은 가격에 판매된다고 한다. 수박은 둥글다는 고정관념을 깨뜨린 네모난 수박은 한화 10만 원~50만 원에 판매한다고 자랑한다.

우리나라의 무등산 수박은 높은 온도에 강한 빛과 긴 일조시간 등 재배하기가 까다롭지만 특수한 향과 맛이 별미이다.

청록색깔에 줄무늬가 없고 씨는 머리 부분의 눈만 검어 다른 수박과 구별되는데 한 통에 꽤 비싼 가격에 판매되니 구입해서 먹는 것이 쉽지 않다. 잘 익고 맛있는 수박을 고르는 방법은 생산자나 판매자로부터 익히 들어 알고 있고 TV를 통해서도 이미 인지하고 있다고 해도 막상 살 때에는 당도나 숙성 정도에 자신감을 잃게 된다. 따라서 미심쩍지만 고르고 골라 집에 와서 쪼개어 보면 역시나 맛없고 덜 익은 수박에 실망할 때가 많다. 투명한 수박이 만들어져야 할 까닭이 여기 있는 것이다.

'우장춘 박사'가 '씨 없는 수박'을 만들었다는 사실을 초등학교 시절 학습할 때 나는 그분에게 많은 박수와 그 노력에 감사를 표했음을 기억한다.

더위를 삭히는 수박의 시원함을 맛보면서 항상 문제되는 것은 수박씨를 발라내는 것이 귀찮고 잘 발라지지 않아 씨앗을 삼켜 버리는 오류를 누구나 경험하게 된다.

씨 없는 수박이 상품성이 떨어져서 실용화 단계로 이어가지는 못했지만 우장춘 박사의 열정에 가세해서 달디 달면서도 잘 익은 투명수박이 연구 결실을 맺어 소비자에게 선물로 주어진다면 대박을 칠 것임에 틀림없다.

투명수박의 연구가 성공한다면 투명참외, 씨 없는 참외도 연구전이가 계속해서 이루어질 것으로 기대한다.

14

함께 춤을

　노동자와 경영자는 실과 바늘의 관계이다. 둘 사이는 가까우면서도 멀고 멀면서도 가깝다. 서로 온기가 넘치다가도 냉기로 얼음처럼 차가워진다. 서로 적이었다가도 동지가 되고 마주보고 웃다가도 돌변하여 엉엉 울기도 한다. 문제해결을 위해 대화를 나누다가도 결렬되어 다시는 안볼 것처럼 경색된 장면을 연출한다.

　노사협상의 전초전은 마치 전쟁을 앞둔 아군과 적군의 전쟁준비 상황을 연상케 한다. 나만 돋보이게 하고 너는 인정하지 않고 무시해 버리려고 한다. 테이블에 앉는 것 자체를 거부할 때도 있다.

　노사 간의 의견 조율은 밀고 당기기의 연속이다. 노사 양측이 편을 갈라 줄다리기를 하면 팽팽한 균형이 유지된다. 그러나 같은 힘이 계속 균형을 이룰 수는 없다. 이기기 위해서는 안간힘을 다해 서로 반대 방향으로 밧줄을 잡아당긴다.

　이러한 노동 운동은 매년 춘투를 시작으로 막이 오른다. 한국노총과 민주노총이 전면에 나서서 사안에 따라 투쟁 강도를 달리한다.

　노조활동이 태동기에는 순수함이 묻어나고 저임금과 노동복지가 주류를 이루었다. 가족의 생계를 유지하고 인간의 삶의 질 향상을 위해 노조의 주장은 당연하고 공감대도 형성되며 박수를 받았다. 그러나 지금은 일부 대기업의 경우 귀족 노조라는 말이 생겨나고 경영권 도전과 정치 세력화로 극좌노조로 변질되고 있다.

노동자들의 응집력이 강화되고 강력한 결속력으로 인해 한국의 경영자들의 입지는 급격히 축소되어 가고 있다. 노사가 상생해야 기업이 살고 미래를 향해 뻗어 갈 수 있다는 기본 개념마저도 쓰레기통에 넣어야 하는 지경에까지 다다르고 있다. 이제는 경영자가 우위에 있는 것이 아니라 노동자들이 저 꼭대기에서 아래를 내려다보면서 경영자를 가지고 놀고 우롱하는 웃지 못할 노동운동이 한국에서 벌어지고 있는 풍경이다.

페이(pay)를 어떻게 나눌 것인가를 결정하는 것은 중요한 이슈인데 자본을 출자한 경영자의 몫이 작아지고 노동운동을 통해 더 많은 것을 삼키겠다는 노동자가 무한대립으로 가는 한 한국의 미래는 어두움이 지배하게 된다.

노동 운동은 갑을이 대립하기 마련이다. 사안에 따라 다르긴 하지만 대체적으로 민주노총과 한국노총은 같은 배를 타지만 표방하는 뉘앙스는 정도의 차이가 존재한다.

뜨거운가 미지근한가 여부와 이유 불문하고 쟁취를 위해서는 타협이 존재하지 않는다는 불도저처럼 밀어붙이기식 등 투쟁방법은 온도 차이가 있다.

그러나 노동운동은 늘 상대가 있으며 어느 정도의 카테고리 안에서 즉 범주 속에서 이야기되고 줄 것은 주고 포기할 것은 포기하면서 상생의 길을 가도록 목표가 설정되어야 한다.

한계를 초과한 요구는 기업을 멸망하게 하고 기업이 존재하지 않으면 모든 것은 물거품이 되고 단결투쟁도 허수아비 신세가 된다는 것을 염두에 두어야 한다. 마른 수건도 짜면 물이 나온다는 식으로 마구잡이식 투쟁은 아무것도 얻을 수 없고 상처만 남게 된다는 것을 노사가 알면 양측의 충돌은 마주보고 달려가는 열차의 우는 범하지 않게 된다.

단결투쟁이 우리들의 눈살을 찌푸리게 한다. 투쟁은 너무도 과격한 이미지를 우리에게 던진다. 일방적이기도 하다. 대화를 할 때는 항상 상대가 있음을 인정하고 서로 간에 의견 조율을 통해 문제를 해결하는 틈이 있어야 비집고 들어갈 수 있다는 것을 인정해야 한다.

이제는 단결투쟁의 이마 끈을 노동자 스스로 내던져야 한다. 언제까지 경영자에게 싸움을 걸어 더 받아 내려는 과격 일변도의 짓거리를 하는가? 국가나 단체나 회사가 존립할 때까지만 태클을 걸어 내 욕구를 받아 낼 수 있는 것이다. 노동자의 요구를 무한대로 받아들일 수 있는 곳은 이 세상에 존재하지 않는다. 이제 한계 상황에서 우리들에게 어떻게 하는 것이 현명한 것인가를 묻고 있는 것이다.

노사문제는 단결투쟁이 아닌 함께 춤을 추는 축제의 장이 마련되어야 한다. 경영자와 노동자가 가슴을 활짝 열고 서로의 애환을 말하고 들어주고 전달하고 받아들이고 거부를 전제로 하기보다는 합의를 전제로 하는 따뜻한 축제의 한마당이 되어야 한다. 예스 아니면 노라는 극단적인 목표설정은 서로가 망국의 길로 들어서는 첩경이다.

마라톤에서 페이스메이커는 끝까지 완주하지 못하고 중간에서 고꾸라져서 전부를 잃게 된다는 것을 가슴 깊이 새겨야 한다.

제 **4** 장

그리움이 물드는 창가에서

01

달빛 환상

　삼경이 지나 밤이 깊어지면 달님과 별님은 그들만의 은밀한 대화를 소곤거린다. 하얀 조각구름이 지나면서 주고받는 대화를 방해해도 아랑곳하지 않는다.

　달디 달기도 하고 쓰디쓰기도 한 그들만의 대화는 수십억 년 동안을 계속 이어져 오고 있다. 신이 아닌 범인(凡人)으로서는 그들만의 소곤거림을 알아들을 수도 해독할 수도 없다. 그들은 억겁의 대화에도 지루함이나 따분함 그리고 싫증도 나지 않는가 보다. 희로애락의 손짓도 어떤 내색도 표현하지 않고 늘 한결같다.

　밤과 낮은 늘 힘겨루기를 한다. 낮에는 밤이 져주어 태양이 빛을 발하고 밤에는 낮이 져주니 달님이 우리를 환상의 세계로 이끈다. 달님이 주인공인 밤하늘에 펼쳐지는 쇼쇼쇼에는 별님들도 모두들 가세한다.

　달빛은 사랑의 마술사이다. 연인의 손을 처음 잡았을 때 그 야릇한 감정을 억누르며 걷다가 달빛에 취해 연인의 입술에 내 입술을 포개었을 때의 그 떨림은 피아노의 건반을 힘차게 두드리는 연주자의 강한 손짓보다도 파동이 컸던 기억이 난다.

심장의 박동도 그 소리가 귀에까지 전달되어 쿵쿵 뛸 때까지 입술은 떨어지지 않고 가는 허리가 휘어질 정도로 끌어안는다. 연인은 고통을 느끼지만 그 아픔은 사랑의 아픔일 뿐 더 강렬한 당김을 요구하고 있다는 것을 온몸의 파장으로 느끼게 된다.

달빛이 구름에 가려졌을 때 연인과의 입술 포갬은 끝이 나고 둘은 이마에 흐르는 땀방울로 그 강력함을 떨구어 낸다.

태양이 우리의 삶과 밀접한 관련 속에 존재했다면 달은 어둠을 밝혀주고 늘 똑같은 모양을 하지 않고 자전과 공전을 거듭하면서 우리들의 마음의 변화에 깊이 자리 잡고 있다.

누구나 달을 바라보며 소원을 빌고 그 소원을 들어주리라 기대한다. 달은 낭만적이고 환상적이다. 슈베르트가 달빛에 동요가 되어 월광곡을 만들어서 우리에게 선물한 것을 수백 년 동안 우리의 심금을 뭉클하게 만든다. 그때의 달이나 지금의 달이나 미래의 달이나 모두 같은 모습을 하고 우리의 친구가 되고 연인이 되고 우리들의 로망이 된다.

휘영청 밝은 달빛에 취해 연인과 함께 걸어보라. 온몸을 엄습해 오는 달빛에 피폭되어 우리는 뭔가 모를 환희에 세계에 몰입해 있음을 발견한다.

달빛 쏟아지는 밤하늘을 쳐다보며 젊은 시절을 회상해 본다. 달빛에 취하는 것은 술에 취하는 것보다도 환상적이고 미묘한 감동이 내 마음을 채우고 내 머리를 흔든다.

어느새 내가 그리던 유토피아의 세계로 나는 달려간다. 같이 가는 사람도 없이 나는 달빛의 인도를 받으며 거친 숨소리도 내지 않고 또 다른 세상을 향유한다. 태양이 남성적 힘을 상징한다면 달은 여성적 우아함의 화신이다.

달은 태곳적부터 인간의 흠모의 대상이다. 지구 가까이에 존재하면서 태양처럼 강렬하지는 않지만 끊임없이 달빛을 보내주고 있다. 그 달빛에 취해 시인들이 음악가들이 화가들이 이유 없이 빠져들어 시상을 읊조리고 환상곡을 만들고 그림에 달을 도입하고 있다.

아무리 잘 표현해도 정확히 집어서 이것이라고 말하지 못하는 것이 월광이다. 이태백이 가지고 놀던 달이 지금도 아무 변함없이 손상 입은 것 없이 우리들도 가지고 놀고 있다.

그동안 얼마나 많은 사람들이 달을 그리워하고 애달파하고 마음 조리고 소원을 빌고 하고 싶은 말을 많이 했을까 생각하면 가슴이 절여온다. 소망을 이야기하고 소원을 묻고 답하며 불만도 토로했으리라. 할 말 못할 말 다 퍼부었으리라. 슬픔도 이야기하고 기쁨도 얘기하고 달은 인간의 영원한 애인이요 사랑이요 동경의 대상인 것이다.

어린 시절 별빛 쏟아지는 밤에 달의 움직임을 관찰하며 제출하라는 숙제에 밤잠을 설쳐가면서 그 신비의 세계에 몰입했던 아름다운 때를 그려본다.

유난히 밤에 빛을 발하는 달은 사람들의 영원한 연인이다. 그러나 미국의 유인우주선이 달에 사뿐히 내려앉아 달에 관한 정보를 쏟아부을 때 어린아이들의 놀란 가슴을 진정시키지 못할 정도로 흥분상태에 있었던 것을 기억한다.

이제 달은 뒷전으로 밀리고 화성을 비롯한 더 멀리 더 난해한 천체의 정복에 심혈을 기울이고 있다. 그러나 여전히 지구가 가장 가까이에 있는 달은 우리들과 친근하고 늘 만나는 연인처럼 따뜻하고 포근하고 행복을 가득 안겨준다.

하느님께서 이 세상을 창조할 때에 지구주변에 달이라는 위성을 주지 않았다면 사람들의 삶은 낭만이 없는 삭막한 세상이 되었을 것이다.

지구를 따라다니는 달이 있고 신비의 달빛이 있어 지구는 외롭지 않고 달과의 영원한 랑데부를 즐기면서 달빛환상으로 인해 얼마나 많은 역사의 기록들이 넘쳐났는지를 상상해 보면 가슴이 시릴 정도다.

달은 나를 환희의 세계로 빠져들게 한다. 나는 달빛 환상에 취해 오늘도 슈베르트의 '백조' 노래 중에 세레나데를 부르면서 조각배를 타고 달을 향해 항해를 시작한다.

"명랑한 저 달빛 아래 들리는 소리 무슨 비밀 여기 있어 소곤거리나. 만날 언약 맺은 우리 달 밝은 오늘 달 밝은 오늘 우리 서로 잠시라도 잊지 못하여 잊지 못하여 수풀 사이 덮인 곳에 따뜻한 사랑 적막한 밤 달빛 아래 꿈을 꾸었네. 밤은 깊고 고요한데 들리는 소리 들려오는 그의 소리 들려오지만 분명치 않구나. 오라는가 나의 사랑 들리는 곳에 타는 듯한 나의 생각 기다리는 너 잊을 수 없구나. 나의 사랑."

02

미의 창조

이태리 화가 레오나르도 다빈치가 그린 초상화 <모나리자>를 감상할 때마다 그 신비로움에 넋을 잃는다. 예리한 눈매, 알 수 없는 엷은 미소, 긴 코와 얇은 입술, 긴 머릿결에 클로즈업 시킨 화가의 천재성이 범인(凡人)에게도 느껴진다.

<모나리자>의 비공식 가격이 1경400억 정도라니 놀라움이 앞선다. 나는 모나리자를 감상하면서 이 작품에 등장한 부인이 화장을 했을까 여부를 생각했지만 답을 얻을 수 없었다. 약 500년 전 작품이니 더군다나 알 수가 없다.

화장은 여성을 보석처럼 빛나게 한다. 화장을 하는 모습은 진지하고 집중력이 넘친다. 마치 전투를 앞둔 병사가 완전 군장을 준비하는 것과 흡사하다. 바르고 씻어내고 문지르고 닦고 고치기를 반복한다.

화장 시작 전의 얼굴모습과 화장 끝난 후의 얼굴모습은 하늘과 땅 차이이다. 전혀 다른 사람으로 변신하는 것이 마술을 보는 느낌이다.

화장할 때의 손놀림은 섬세하면서도 정성이 깃들어 있다. 화장은 여성의 마음을 흡족하게 하고 들뜨게 하는 마력을 지닌다.

남성도 화장을 하고 여성처럼 액세서리를 하고 남성가방을 들고 다니는 사람들이 증가하고 있다. 남성의 전유물이라 할 수 있는 수컷의 야성미보다는 멋지고 가냘프고 아름다운 남성상이 여성들이 선호하는 모습으로 바뀌기 때문에 남성들도 여기에 부응하여 바뀌고 있는 것이다.

화장품 상인들이 포화되어 가는 여성 화장품의 한계를 극복하고 여성들 숫자만큼 존재하는 남자들을 그냥 둘 리 없고 화장의 세계로 끌어들이려는 전략이 숨어 있는 것도 시장 확대에 한몫을 한다.

여성에게 어필하고 여성에게 선택받을 수 있는 길이 화장을 이러이러하게 하면 훨씬 접근해서 사랑받는 길이 열릴 것이라는 유도전술이 먹혀 들어간다는 것이 화장하는 남성들의 지론이다.

내가 여고에 근무할 때 어떤 제자는 화장을 하지 않으면 예쁜 구석이 하나도 없다 생각될 만큼의 얼굴이었는데 예술제에 출연하면서 화장을 하니 미인대회에 출전해도 손색이 없을 만큼의 여성으로 탈바꿈한 모습을 보고 화장이 중요하다는 것을 다시금 깨달았던 일이 생각난다.

남성들은 대부분 연애시절에는 짝에게 화장을 하지 말라고 빈말을 한다. 자연산 그대로의 모습이 더 예쁘고 편안하다고 아부의 말을 건넨다. 그러나 속마음은 기미 죽은 깨도 감추고 기초화장은 말할 것도 없고 파운데이션이나 색조화장품까지 듬뿍 칠해서 더 예쁘게 하고 만나주길 기대한다.

같은 집에서 아내와 동고동락하다가 보니 아내는 화장할 생각도 않고 늘 자연산 그대로를 보여준다. 젊은 시절에는 피부도 탱탱하고 윤기가 흘러서 좋았지만 지금은 화장을 해서 주름도 감추고 혈색도

붉게 빛나게 해주길 바라지만 마이동풍이다. 언제 화장품 사라고 돈 준적 있냐고 따져 되묻는다. 화장품 구입비를 안 줬으니 할 말이 없고 침묵을 지키게 된다.

나이 들어서 여성이 화장을 하지 않는 것은 나태함이다. 외출하는 기회가 줄어들고 집에서 있다 보니 꾸미고 다듬고 할 연출기회도 없어지고 화장도 퇴화과정을 거쳐 화장대에는 화장용기가 비어 있는 것이 수두룩하다. 잘 보여서 뭐 좋을 일이 있느냐는 푸념이다. 그래도 가까이 있는 남편이 예쁘다고 빈말로 거드는 것이 좋을 텐데 말이다.

여자의 화장은 남자들에게 힘을 주고 매력을 주고 사랑을 준다. 민낯보다는 꾸민 모습이 훨씬 예쁘고 보기도 좋다. 화장의 향은 그리움도 자아내는 매력이 있다.

화장은 여자의 필요에 의한 것이기도 하지만 한편 남자에 대한 예의이기도 하다.

화장의 향은 또한 생명력을 지닌다.

타고난 얼굴을 지키고 유지하면서 예뻐지려면 화장술의 터득이 필요하다. 화장기법에 따라 전혀 다른 모습을 창조할 수 있기 때문이다. 화장을 안 한 것과 화장을 한 것은 천지 차이가 난다. 젊을 때는 여자 친구가 화장을 하는 것을 경원시하고 자연산을 강조하고 은근히 압력도 넣었던 것이 생각난다. 그러나 나이가 들면서 같이 외출을 할 경우 화장을 하지 않으면 데리고 나가고 싶지 않음은 물론 은근히 화가 치밀어 올라 한마디 던지곤 한다.

"외출 시 화장은 뭇사람들에 대한 예의니 예쁘게 꾸며 봐요." 화장품 총 동원령을 권하고 화장이 끝날 때까지 소파에서 대기한다. 지루

하더라도 예쁘게 꾸미려는데 시간 가는 건 별 문제가 되지 않는다.

요즘은 자연산이 아주 희귀하고 거의가 인공적인 것이 세상을 지배하다 보니 우리들 마음도 자연을 떠나 인공에 길들여진 탓이리라.

여성들이 화장에 쏟아붓는 돈과 시간 투자는 매우 크다. 화장이 자기만족이기도 하지만 남성들에게 어필하기 위해서는 기미나 잡티 등 손상된 부분에 대한 보완은 절체절명의 과제이기도 하다. 여성의 캄푸라치이지만 위장술은 꼭 필요한 과제이다.

화장품은 빠르게 진화하는 상품 중에서도 둘째가라면 서러워할 여성들의 가까운 친구이다. 요즘은 돈만 있으면 세계시장을 주름잡고 석권하는 글로벌 화장품은 얼마든지 구입할 수 있는 세상이 되었다.

과거로 되돌아 가보면 옛날 여성들은 불쌍한 생각이 든다. 제대로 먹고 입고 잠을 자지도 못했고 일에만 파묻히고 아이들 생산하기 바쁘고 남자들의 치다꺼리에 지쳐 제대로 대접을 못 받았으니 얼마나 개탄할 일인가? 요즘의 여성들과는 비교도 안 될 정도로 대접을 못 받고 살았다.

반면 요즘 여성들의 지위는 상승을 거듭하고 저 높은 곳을 향해 훨훨 날아가는 느낌이며 반대로 남성들은 저 낮은 곳을 향하여 끝없이 추락하고 있다.

모계사회가 동녘에 떠오르는 태양처럼 뜨고 부계사회가 서산에 지는 해처럼 화려했던 위력을 상실하고 있는 것이다.

여성이 예뻐지려는 욕망은 많은 비용을 투입해야 한다. 얼굴을 자기만족과 뭇사람들이 예쁘다고 동의하는 수준까지 끌어올리기 위해서는 성형외과를 찾아 의사와 상담하고 뜯어고치는 일에 착수해야 한다. 그 과정에서 많은 돈이 필요하고 수술로 인한 고통을 감내해야 한다.

인간이 아름다움을 추구하려는 욕구는 끝이 없다. 개개인들의 삶의 질에도 영향을 미치는 것 또한 현실이다. 사회가 요구하고 있고 개인이 또한 요구에 부응하여 실행하고 있다.

여성이나 남성이나 외적인 아름다움과 자신의 만족을 극대화시키려는 개인의 노력과 열정에는 경의를 표한다. 그러나 외적인 아름다움과 내적인 성숙함이 함께 조화를 이룰 때 미의 창조는 개인의 만족감과 더불어 사회생활 기준의 향상에도 플러스 요인이 된다는 것을 이 글을 통해 인지하는 계기가 되었으면 하는 필자의 바람도 피력해본다.

03

벚꽃 삼천리

봄은 아담과 에와가 살던 실낙원의 모습을 연상케 하는 위대한 계절이다.

봄은 신이 인간에게 주신 선물이다. 천지창조의 피조물들이 저마다의 재주를 부려 꽃을 피게 하고 새싹이 돋아 사람들에게 이렇게 아름답게 살라는 메시지를 던진다.

봄의 아름다운 향연을 보고 누가 감격하지 않으며 누가 감동에 몰입하지 않으며 누가 감탄의 언어를 대지를 향해 쏟아대지 않겠는가?

대지에 흐드러지게 피는 봄꽃 잔치에 우리 모두 나서 보자. 그리고 봄꽃과 어울려 호탕한 웃음도 지어보고 봄꽃을 껴안고 눈물도 흘려보고 봄꽃으로 나를 깨끗이 씻어 치유의 기적을 만들어 보기도 하자. 그리고 서로를 부둥켜안고 짧은 인생 멋지게 살아가자고 다짐의 식을 가져보자.

봄이 오면 그 아름다운 자태를 뽐내는 꽃들은 산수유, 민들레, 개나리, 진달래, 벚꽃, 프리지아, 조팝나무, 튤립, 매화, 목련, 철쭉 등 헤아릴 수 없을 정도로 많다.

봄꽃 중에서 한반도에 3월 말이나 4월 중순에 걸쳐 피기 시작하는 벚꽃은 아름다움과 현란함에 한반도가 떠들썩하게 들뜨는 느낌으로 다가온다.

　일본이 우리 민족에게 그렇게도 고통을 주고 괴로움을 안기고 조롱을 하고 인간답게 살지 못하게 했던 치욕의 역사를 가지고 있음에도 일본국화인 사쿠라(벚꽃)에 매료되는 까닭은 무엇일까?

　원래 벚꽃의 원산지는 한반도라는 설도 있기는 하다.

　벚꽃은 꽤나 큰 나무에서 일시에 한꺼번에 꽃이 피어 아름다운 자태를 사람들에게 선물했다가 일시에 떨어지는 특성을 지니고 있다. 일본민족의 특성을 그대로 반영하고 있는 꽃이라는 말을 흔히들 한다. 벚꽃은 우리에게 화사함을 선물한다. 벚꽃은 화려함이 자랑이고 경색된 분위기도 부드럽게 전환시키는 천사이다.

　얼마 전에 일본의 대지진으로 일본이 망가지고 사람이 쓰나미에 쓸려 아야 소리도 못 하고 순식간에 죽음을 맞이하는 대 참사가 있어서 우리 모두 자연 앞에 숙연함을 느끼게 한다. 더구나 인류를 멸망시킬 수 있는 후쿠시마 원전사고로 발 뻗고 잘 수 없는 긴장이 수습을 향해 일진일퇴하면서 수년간 계속되고 있다.

　겨우내 얼어붙은 나뭇가지를 보면 측은한 생각마저 들지만 그 혹독한 겨울 추위를 이겨내고 봄을 준비하는 꽃나무는 신비롭고 경이롭다. 가지 끝에 꽃봉우리를 키우고 꽃망울을 터뜨리는 모습이 인간을 위한 것인지 자신을 위한 것인지 모르겠다.

　벚꽃이 삼천리 방방곡곡에 어디를 가나 넘쳐나고 있다. 지금은 일본국화가 되었지만 원래는 우리나라의 토종 꽃이기 때문에 크게 의미를 부여할 필요는 없다고 하지만 이 땅의 독립을 위해 일본에 대항하여 몸 바친 조상님들이 이 광경을 보면 마음이 편치 않으리라는 생각이 든다.

우리가 어릴 때에는 진해군항제라고 해서 벚꽃이 유명하다는 것을 알 정도여서 서울에서 진해까지 열차로 가서 벚꽃 구경을 하는 것이 예사로운 일이 아니었다. 큰 마음먹고 돈을 들이지 않으면 하기 어려운 여행코스였지만 지금은 굳이 진해가 아니라도 전국 어디를 가더라도 벚꽃 개화기에는 일본에 여행 온 것 같은 착각이 들 정도로 벚꽃은 우리들 곁에서 사랑을 받고 있다.

한국의 벚나무가 어리고 일본의 벚나무가 고목이라는 차이 외에는 벚꽃은 어디 가나 볼 수 있는 희귀목이 아니라는 것이다.

삼천리 방방곡곡 산야를 점령해 가는 아카시아 벚꽃나무를 솎아내고 다양한 종류의 나무를 식재할 기회가 왔다. 이전에는 산림녹화를 짧은 시간 안에 달성해야 하기 때문에 수종을 가리지 않았지만 이제는 경제성이 있고 나무로서 가치가 떨어지는 수종을 도태시켜 가야 할 임무가 우리에게 주어져 있다.

봄을 대표하는 꽃은 여러 가지를 들 수 있지만 그중에서도 개나리, 진달래, 벚꽃이라고 할 수 있다. 겨우내 움츠려 들었던 몸과 마음을 활짝 열기 위해 봄에는 축제세상이 온다. 여기저기 이름은 달리 하지만 봄꽃을 중심으로 축제마당이 열린다. 당연히 사람들은 기뻐하고 기대를 걸고 봄나들이에 나선다.

봄은 사계절 중에서 가장 돋보이게 된다. 꽃과 사람들이 하나 되어 이리저리 여행가기에 바쁘고 그 설렘 또한 두 배로 늘어난다.

내가 어린 시절에는 벚나무가 드물었다. 일본국화인 벚나무보다는 무궁화 심기 운동이 대대적으로 벌어져서 무궁화를 흔히 접할 수 있었다. 그러나 무궁화의 이미지는 한국인의 가슴을 파고드는 데 실패한 꽃이다. 그렇다면 한국인은 왜 벚꽃에 매료되어 한국인을 혼란스럽게 하는가에 질문을 던져야 한다. 일본에 대한 동경이 있어서가 아니고 일시에 한꺼번에 피고 일시에 한꺼번에 지는 벚꽃의 매력에 빠져들기 때문이기도 하다.

꽃의 종류는 한두해살이 꽃, 여러해살이 꽃, 말부리 꽃, 난류, 선인장과 다육 식물 등 가지각색이다. 세계의 꽃 종류는 약 56만이라고 하니 신의 창조정신 이중에서 우리는 몇 가지를 보았을까? 벚나무가 어느 사이에 우리나라 가로수의 대명사가 되어 가는 길목마다 심어져 있다.

일본인들은 1910년에 한일합방으로 우리의 주권을 빼앗고 식민지배에 들어가서 온갖 나쁜 짓을 다한 음흉한 사람들이다. 그들은 이 땅에서 저지른 범죄를 인정하지도 않고 반성하지도 않는 파렴치한들이다. 역사적 사실을 왜곡하고 해방 80년에 일본을 따라 붙고 경쟁상대로 큰 우리를 배 아파하고 있는 것이다.

일본인은 일본제품에 대한 충성심이 대단한 민족이다. 한국산 스마트폰이 세계를 지배해도 그들은 한국산 제품을 구매하지 않고 성능이 뒤지는 일본제품을 구입하여 사용하고 있다. 우리는 일본차를 선호하지만 일본인은 한국 차를 거들떠보지도 않는다.

우리가 어린 시절에는 국산품 애용이라는 모토를 내걸고 모두가 한마음이 되어 우리 것을 선호했다. 그러나 지금은 우리 것을 내팽개치고 외제가 최고라는 국민의식이 배운 사람이나 덜 배운 사람이나 똑같다는 생각이 든다. "가다가 중지 곳 하면 아니 간만 못하다"고 옛사람들은 말했지만 우리 꼴이 조금만 더 가면 선진국 대열에 올라설 텐데 그것을 외면하고 있는 것이다.

　이제 우리도 벚나무를 베어버리고 여러 수종의 가로수 길을 만들어 가야 한다. 벚나무가 전부는 아닌 것이다.

04

새벽 산행

밤은 고요와 평화와 침묵이 머무는 시간이다. 나는 이른 밤인 이경 즉 해시에 잠자리에 든다. 숙면을 습관화해서인지 사경 즉 축시에 잠이 깨서 새벽 산행을 준비한다.

원미산이 보이는 창문을 열면 폐부를 찌를 듯한 신선한 냉기가 내 가슴속의 찌꺼기를 걸려준다. 머릿속까지 상쾌함에 빠져드니 무릉도원에 온 듯 환상에 젖는다. 허벅지를 꼬집으면 아픈 것이 살아 있음을 확인한다.

마을 주변에는 원미산, 도당산, 춘덕산, 성주산, 소래산, 계양산 등이 지척에 있다. 그 산들은 저마다 개성이 있고 볼 것이 많아 내 마음을 한없이 빼앗아간다.

어둠이 채 걷히지 않은 새벽 산행은 몸단장이나 완전무장을 필요로 하지 않는다. 배낭을 어깨에 짊어지지 않아도 된다. 산으로 향하는 발걸음은 가볍고 경쾌하다. 새벽 산행은 쫓거나 쫓김이 없고 마음의 여유가 가득할 뿐만 아니라 공간의 여유가 있어서 상큼하다.

해가 뜰 무렵에 산행을 하면 산을 가슴에 품으러 오는 사람들이

줄을 이어 산이 분주해져서 나는 새벽 산행을 즐긴다.

산의 굴곡진 경사면을 오르면 내 시야는 좁아지고 숨이 차오르며 심폐기능은 빨라진다. 젊은 날에는 산정까지의 수많은 계단을 가뿐하게 소화해 냈는데 지금은 가다 쉬고 쉬다 가고를 반복한다. 산의 맑고 신선한 공기도 넣었다 뺐다 하며 피스톤운동을 부지런히 거듭한다.

새벽 산행을 즐기는 사람들을 만나면 서로 인사를 주고받는다. 경계심을 풀기 위한 제스처이기도 하지만 늦게 산에 오르는 사람들보다 동료의식이 강하다.

산으로 사람들이 몰리는 까닭은 산이 가지는 매력에 빠져들기 때문이다. 이 산을 가나 저 산을 가나 산은 같은 것으로 착각한다. 그러나 같으면서도 저마다 다른 모습을 하고 방문자를 맞이한다. 사람 얼굴이 전부 다르듯이 산마다 특성이 있고 계곡의 아름다움이 다르고 산에 피는 야생화의 종류도 다르다.

산을 구성하는 바위들도 모양이 다르고 기기묘묘하다. 군락을 이루는 나무들이 다양하고 산에 피는 야생화도 그 예쁨의 정도가 가지각색이다. 갖가지 새들의 지저귐도 내 귀를 간지럽힌다. 새벽 산행을 환영하는 그들의 노래가 정겹게 들려온다.

산은 산을 찾는 사람들에게 미소를 보내거나 찡그리거나 산을 구박해도 손사래를 치거나 불만을 토로하지 않는다. 산은 그 어떤 것보다도 포용력이 넘친다.

산에서 만나는 사람들은 시장에서처럼 계산하지 않는다. 무조건적 배려를 기본으로 한다. 산을 오르내리면서 가벼운 대화를 나누고 삶의 지혜를 제공하기도 한다. 준비해 온 간식이 부족해도 조금씩 나누며 삶의 용기를 북돋우는 착한 사람들이다.

"산은 산이요 물은 물이로다"라는 노스님의 말씀이 처음에는 무미건조하고 싱겁게 느껴지는 말이었는데 이제 그 깊은 뜻을 조금씩 풀어가면서 단편적으로나마 알 듯 말 듯하다.

사람들은 산을 찾으며 가벼운 명상을 하고 심폐운동을 하면서 운동량을 늘리고 특별한 이유 없이 산을 즐기기도 한다.

오늘도 산을 오르내리는 산인(山人)들의 표정을 읽어본다. 맑고 순수하며 청초함이 묻어나는 사람들이다. 산에 거주하는 초목들은 저마다 자웅을 겨루고 산인에게 예쁘게 보이려고 치장을 거듭한다. 산 속에 여기저기 흩어져 자생하는 초목들은 자연에 순응하면서 내가 어디에 있든 따지지도 않고 불만을 드러내지도 않는다. 그리고 초목의 색깔이 초록인 것은 신의 뜻이었을까 의문점을 가져본다. 초록이 무지개 색깔처럼 일 년 내내 변색을 거듭한다면 그 느낌은 어떠할까 유추해 본다.

산을 오를 때에는 죽을 똥을 쌀 정도로 땀이 나고 힘도 들고 갈증도 생기고 오를까 내려갈까 갈등도 생기고 오만 잡생각을 물리치고 정상에 오르면 내려다보이는 경치가 아름다워 한순간에 마음속 찌꺼기가 씻겨나가고 천하를 내 손 안에 쥔 듯한 쾌감에 젖어든다.

꿈을 깨고 산에서 내려와 사바세계에 회귀하면 내 마음은 또다시 오염된다. 아름답고 황홀했던 산 속에서의 산책은 찰나였나 보다.

산악회에 참가해서 대원들과 정상을 향해 한 발자국 두 발자국 떼 가는 것은 의미 있는 발걸음이다. 오를 때의 시야는 좁고 한정되어 있지만 내려올 때의 시야는 멀리 넓게 내다볼 수 있어 신이 절로 난다.

산은 늘 그 자리에서 말없이 사람들을 맞이한다. 계절이 바뀌면서 입고 있는 옷을 바꾸며 사람들의 지루함을 달래 준다. 산은 누구나 차별하지 않고 오고 싶고 걷고 싶고 오르고 싶고 내려가고 싶은 모든 이들이 자신을 짓밟아도 아무런 불평 없이 그의 적나라한 모습을 드러내 보여주고 있는 침묵의 군자이다.

산행은 사람들에게 인연의 끈을 만들어 준다. 그 인연은 잠깐 동안일 수도 있고 아주 길고 험한 고행 같은 인연도 있으며 사랑이 태동하는 인연도 있다.

새벽 산행의 환희와 묘미에 흠뻑 빠져 들어보자. 나의 정신세계가 무한히 뻗어나가고 내 몸이 단단하고 경쾌해짐을 깨닫게 된다.

05

서리 1

서리는 하늘이 내리는 백설의 향연이다. 가을 단풍에 심취한 우리들에게 어느 날 서리의 갑작스런 습격에 놀란 가슴을 쓸어안고 움츠린다. 가을날 기온이 빙점 이하로 곤두박질치면서 대기 중의 작은 수증기가 그대로 얼어 지표면에 하얗게 엉겨 붙는다. 대지는 놀란 가슴을 애써 의젓함으로 보이려 하지만 냉기에 한계점이 새로 시작되니 마음은 진정되지 않는다.

대지를 하얗게 깔고 있는 서리를 바라보면서 노년에 접어든 이들은 인생의 종점이 다가옴을 더욱 뼈저리게 느끼게 된다. 화려했던 삶을 마감해야 할 날들이 얼마 남지 않았음을 떠올리면 가슴을 때리는 파동은 요동을 친다. 한 발짝 더 나아가 진한 슬픔이 파도처럼 밀려와 나를 사정없이 휘갈긴다. 중심을 잡지 못한 정도로 흔들림은 계속된다.

서리는 비도 아니고 눈도 아닌 것이 대지를 순식간에 전멸시키는 핵폭탄과 마찬가지이다. 사람도 어느 날 소리 소문 없이 병균의 침입으로 가뜩이나 나이 들어 쇠잔한 몸이 망가져가기 시작한다. 서리를 맞은 식물의 세포는 순식간에 마비증상을 보이면서 초토화되어 가는 것과 똑같은 이치이다.

서리는 자연의 폭군이다. 있는 것을 모조리 소멸시키는 청소부 이다.

하얗게 내린 서리를 바라보면 내 마음은 냉동실 온도보다도 더 차갑고 비수보다도 칼날이 더 날카로워진다.

나는 들녘으로 발길을 옮긴다. 어젯밤 기습적으로 내린 서리에 모두가 숨을 죽이고 사태를 관망한다. 서리가 내린 들녘에는 온전한 것을 찾을 수가 없다. 강력한 작은 얼음 알갱이의 냉기에 손을 번쩍 들어 항복을 선언하는 듯하다. 이렇게 서리는 대단한 위력을 발휘한다.

서리는 혹독한 겨울이 머지않았음을 알리는 전령이다. 서리는 시끄럽거나 고함소리를 내지 않고 살며시 내려앉는 침묵의 신사이다. 우박이나 폭풍우처럼 무서운 기세로 온갖 것을 망가뜨리고 때려 부술 듯이 요란을 떨지도 않는다. 복사냉각으로 수증기가 얼어붙어 연기처럼 미세물방울이 대지를 향해 뿜어내지만 요란을 떨지 않는다. 그렇지만 청양고추보다도 더 매콤하여 그 기세는 야무져서 기진맥진하게 된다.

서리는 새 생명의 잉태를 위해 먼저 나래를 폈던 생명들을 소멸시키는 역할을 한다. 대자연의 세대교체 시키는 촉매역할을 하는 것이다. 서리가 내리면 머지않아 함박눈이 내리는 낭만의 겨울로 접어든다. 서리와 함박눈은 사촌지간이다. 서리가 의미하는 것은 깊고 오묘하다.

06

서리 2

　서리는 악독한 범죄행동이다. 토지 소유주가 일 년 내내 피 땀 흘려 지은 농사를 수확을 앞두고 절취하는 범죄행위이기 때문이다. 아무런 노력도 들이지 않고 남이 가져야 할 농작물을 남의 눈을 피해 무단으로 가져가는 행위는 비난받아야 할 행위임에 틀림없다. 그럼에도 야밤이나 새벽녘에 기습적으로 하는 서리는 스릴과 서스펜스에 매료되어서 간헐적으로 어린 마음에 충동질을 한 것이 아닌가 생각한다.

　지금 생각하면 한때 일시적으로 재미삼아 한 행동이지만 분탕질 내지는 노략질은 과실의 소유주에게 크나큰 아픈 상처를 안겨주었기에 진심으로 사과한다. 재미삼아 했던 서리행위는 지금도 농촌에서 이루어지고 더 나아가 대규모로 싹쓸이 하는 절도행위로 발전하여 농민들이 수확물을 지키기 위해 밤잠을 설치며 지켜야 하는 비극적 상황이 연출되고 있다.

　어디를 가든 또래가 지천이어서 심심하지도 않았고 서리도 호기심이 발동해서 이때 겪은 일이다. 밤에 배가 출출하면 야음을 틈타서 남의 밭에 가서 고구마를 한 움큼 캐던가 하늘로 웃자란 무를 뽑아먹거나 참외를 두서너 개 서리해서 입으로 껍질을 깎아 먹는 맛은 범죄행위임에도 묘미가 있었다.

한번은 또래들의 거사가 들통 나서 주인에게 붙잡혀 혼쭐이 난 이후로 야음서리는 중단되었다. 지금은 절도죄로 무거운 형벌을 받지만 그 당시만 해도 어린아이들의 애교행위로 보고 훈방하신 주인님이 존경스럽기만 했다.

우리가 어린 시절에는 참으로 먹을 것이 희귀하고 보리밥은 왜 그리 금방 배에서 꺼지는지 알다가도 모를 일이었다.

오늘날은 과학적인 영농방법 수로건설로 충분한 물 공급 병충해를 때려잡는 고농도 농약의 개발 땅 힘과 비례하여 작물의 성장을 돕는 비료공급 등 세심한 분야까지 수확량을 높이기 위한 영농기법이 풍부한 농산물을 언제든지 소비자에게 연결 짓고 있다.

어린 시절 철없어서 저지른 잘못으로 인해 평생 어깨에 짐을 지고 양심의 가책을 느끼고 농사지은 분에게 대죄를 지었다는 것이 미안하기만 하다.

요즘은 서리가 대범화하여 트럭을 대놓고 남의 농산물을 싹쓸이 해가는 소식을 접한다. 이제 그러한 일은 일어나서는 안 된다. 남의 것을 절도해서 내 것으로 만드는 것은 땀 흘린 농민이 차지한 몫을 아무런 노동의 대가도 없이 빼앗아버리는 중대한 범죄로 비난받아야 한다.

나도 옥길동 밭에 호박을 서리해가는 사람을 붙잡고 감나무에서 감을 따가는 약삭빠른 사람을 잡아서 혼 줄을 내줄까 하다가 주의만 주고 보낸 적이 여러 번 있다.

수확을 하려는 시점에서 남이 미리 가져가 버리는 어처구니없는 일이 발생하는 것은 권선징악적인 요소가 숨어 있음을 알게 된다.

내 것이 아닌 것은 남의 것이다. 우리의 삶이 잘 나가고 햇볕이 쨍쨍 내리쬐고 무난하다가도 가을날 우리 곁에 오는 무서리와 된서리는 아무도 예측할 수 없다. 소리 소문 없이 대지에 내려앉는 불청객이기 때문이다.

07

신란(神亂)

　하늘이 열리면서 땅은 신들의 마당이 된다. 인간에 의해 수많은 신들이 여기저기서 우후죽순처럼 생기면서 신들의 영역 쟁탈전은 해를 두고 달을 두고 거듭된다.

　연약한 인간은 신들의 노예가 되어 이리 몰리고 저리 몰리고를 반복하지만 신들은 인간의 욕구를 충족시키지 못한다. 결국 인간은 신의 지배 아래 편입되고 신에게 의지하며 모든 권한을 넘겨주고 자신의 생애를 꼭두각시처럼 지낸다.

　신들의 전쟁에서 승패는 결정되지 않고 보이는 전쟁에서 보이지 않는 전쟁으로 전환되면서 휴전상태가 계속되고 있다.

　신들의 전쟁은 자기 군사인 인간을 앞장세우고 인간끼리에 대리전을 치르면서 진격과 후퇴를 거듭하면서 영토를 확장하기도 하고 빼앗기도 한다.

　종교전쟁 즉 신란(神亂)은 몸서리쳐지게 무서운 것이다. 여름과 가을에 걸쳐 한반도를 급습하는 태풍보다도 더 두렵고 세상을 초토화시키는 대단한 위력을 지닌다. 태평양 어느 지점에서 발생한 태풍처럼 이동경로를 따라 짧은 시간에 퍼붓는 폭우와 거대한 바람은 아무런 대책이 없듯 신란도 마찬가지이다.

신란은 핵전쟁만큼 위력이 어마어마하고 인류멸망을 초래할 수도 있는 잠재력을 지닌다. 순식간에 공포의 세계로 몰아놓을 수 있는 잠재력 때문에 불안한 것이다. 신란은 단기전이 아닌 장기전이다. 전쟁을 하면서도 휴전상태로 돌아가고 휴전상태에서도 전쟁은 진행된다.

신란은 상대를 인정하지 않는 데서부터 출발한다. 신의 대리인들 간에 대립 갈등이 수면 아래에서 수면 위로 떠오르지 않다가 상대를 자극하는 일이 발생하면 시끄러운 전쟁으로 발전한다.

신란은 전면전이 아닌 제한전으로 진행된다. 전면전은 어느 누구도 예측할 수 없을 정도로 폐해가 크고 그 후유증도 감당하기 어렵기 때문에 제한적으로 다툼을 하고 몸살을 앓을 정도에서 마무리된다.

종교의 자유는 세계 모든 나라가 법률로 허용하거나 관습법에 의해 보장하고 있다. 국교를 지정하기도 하지만 상대적이지 절대적이지는 않다.

종교에도 국경은 존재하지만 종교는 국경을 넘나들면서 전파되며 증식을 거듭한다. 종교의 전파는 마치 세포분열과 같아서 기하급수적으로 늘어나며 단시간에 일정지역을 같은 종교의 카테고리로 묶을 수 있는 힘을 가지고 있다. 종교 간의 갈등은 정중동 상태로 존재한다. 언제 어디로 어떻게 튈지 모르는 휴화산과 같은 것이다.

종교 간의 힘겨루기는 이기는 자와 지는 자가 없는 무서움이 숨겨져 있다. 신의 경쟁은 항상 인간을 앞세워 인간끼리의 대리전으로 발전하게 된다. 신은 영원불멸의 절대적 존재이므로 직접적으로 나서지는 않는다. 팽팽한 긴장은 늘 계속되고 대리전의 승패는 영역의 확장과 축소에 커다란 영향을 미치게 된다.

상대를 인정하지 않거나 자극을 할 때 피 튀기는 전쟁이 일어나게 된다. 신란은 무서운 것이다. 허리케인은 지상구조물을 휩쓸어버려서 어마어마한 피해를 내지만 신란은 좀처럼 승패가 결정되지 않고 그 후유증도 오래가며 몸살을 앓게 된다.

신란의 대립 갈등은 전 세계적으로 지금 심상치 않게 전개되고 있고 그 파괴력은 누구도 예측하기 힘들 정도로 무서운 결과를 낳을 수 있다.

이슬람교의 수니파와 시아파의 대결이나 이슬람교와 기독교의 견해 차이, 천주교와 기독교의 구교 신교 대립, 불교와 힌두교의 갈등으로 생기는 반목은 인류의 미래를 용광로 속으로 던질 수 있을 정도로까지 일촉즉발의 상황이 전개되고 있다.

인간은 지금 천난과 지난과 해난의 시대에 살고 있다. 지금의 난세는 신의 뜻이 아닌 인간이 저지른 죄악에 의해 초래된 것이다. 이 어려운 난세를 극복해 가는 것은 어떤 지혜가 필요한지 의견을 집약시켜야 한다. 해법을 구해 명쾌하게 정답을 제시하고 모두에게 동참을 호소해야 한다. 물어뜯고 할퀴고 반칙을 계속하는 것을 묵인하거나 외면할 수는 없다.

신란은 어쩌다가 겉으로 나타나서 갈등을 초래하고 일촉즉발의 위기로 몰아넣기도 하지만 한 발짝씩 물러나서 문제를 해결해 나가야 한다.

핵전쟁이 일어나면 보유하고 있는 극히 일부의 핵무기에 의해 인류는 완전한 멸망이 가능하다. 그 무서움과 위험을 알기 때문에 재래식 무기를 통한 제한전이 펼쳐지고 있다. 그러나 신란은 언제든지 대규모로 일어나서 인류를 위기로 몰아넣는 용광로임을 늘 경계해야 한다.

08

아시아가 뜬다

요즘 젊은이들은 기성세대와는 다르거나 차별화된 문화를 선호한다. 그들은 옛것에 동화되기를 거부하고 색다름을 강조하고 그들만의 세계를 추구한다.

한국의 경우 예전에 쌀을 주식으로 하는 밥 문화가 밀을 주식으로 하는 빵 문화로 바뀌고 오늘날에는 세계 각국의 독특한 식문화가 빠르게 확산되고 있다.

우리도 젊은 시절에는 서양문화에 대한 강렬한 이끌림에 매료되고 지배되었던 시절이 있었다. 동양문화가 쇠퇴하기 시작하고 서양문화가 그들의 정신세계를 지배하는 것이 낯설지 않다. 또 다시 서양문화에서 동양문화로 불길이 옮겨 붙는 것도 또한 낯설지 않다. 서로 상대방 문화에 대한 궁금증이 혼재되어 세계가 문화의 섞어찌개를 맛보는 세상으로 이리 갔다 저리 갔다를 계속 반복하고 있다.

얼마 전 강남스타일의 말춤이 세계인의 마음을 사로잡고 지축을 흔들어 놓은 시절을 우리는 기억하고 있다. 말춤의 아이디어도 수준급이지만 그 쾌활성이 세계인의 마음을 순식간에 흡입하여 CNN에까지 화제가 되어 해당가수가 출연하고 거액을 손에 쥐는 것은 물론 미 대통령까지 만나는 영광도 누리게 되었다. 그만큼 특이성을 갖춘 새로운 문화는 지역성에서 탈피하여 세계적으로 주목을 받을 수 있다는 것을 입증한 것이다.

한류가 주목을 받고 인기 절정에 오른다고 해서 자만심을 갖거나 거만해져서는 곤란하다. 언제 어떤 형태로 도전해 올지 모르는 다른 무리들의 색다르고 돋보이는 문화를 경계하고 선의의 경쟁을 할 준비를 갖추어야 한다.

역사는 절대 강자를 무한정으로 허용하지 않는다. 새로운 아이템을 갖고 더더욱 피나는 노력으로 정상을 향해 도전하는 세력은 늘 태동한다는 것을 염두에 두어야 한다. 정상을 유지하기 위해서는 과감하고 지속적인 투자 환경을 조성하고 변신을 거듭하기 위해 새로운 아이디어의 창출이 이루어져야 한다. 또한 경쟁우위 확보를 위해 신선한 이미지의 전달 등 늘 고난의 길을 갈 준비를 하고 자신을 추스르는 제어능력도 갖춰야 한다.

도쿄의 한류열풍은 도쿄 돔에서의 한류 가수공연에 45,000여 명의 일본 젊음이가 열광하는 모습이 전파를 탄다.

한국의 새로운 문화가 콧대 높은 일본의 자존심을 꺾은 느낌이 들어 가슴이 후련하다. 이런 현상은 상호문화에 열광하고 남의 떡이 커 보이는 것인지 아니면 자국의 문화에 식상해서 남의 문화 엿보기의 시작인지 곁눈질을 하는 것인지 판단은 이르다.

사람들은 자국의 문화나 음식에 대한 소중함을 알지 못한다. 늘 익숙하게 곁에 있어 온 것이고 늘 쉽게 접해 왔기 때문에 어떤 호기심이나 궁금증이 별반 없다. 그러나 남의 것에 대해서는 이상하게 새로움을 느끼고 왠지 설레는 것을 느끼게 된다.

한국이 일류에 대해 열광하고 심취하는 것도 그런 측면에서 이해해야 한다.

일본 아줌마들이 한류에 대해 지나치게 마음을 빼앗기고 한국을 방문하여 그것을 확인하고 싶어 하는 것도 같은 맥락이다. 한국의 명승지나 고적을 여행하는 것보다 외국에 나가서 여행을 즐기려는 것도 신천지에 대한 그리움이라기보다는 식상하지 않고 새로운 추억거리를 얻어 보려는 심리작용이라고 할 수 있다. 이것은 문화의 섞임 현상이 일어나고 좀 더 업그레이드 문화를 창조하는 데에도 도움을 줄 수 있다고 본다.

지진으로 몸살을 앓고 있는 일본은 늘 한국을 노리고 있다. 임진왜란 전부터 하늘이 흔들리고 땅이 흔들리는 그들은 돌파구를 찾기 위해 한반도를 끊임없이 염탐하고 기회를 노려보았을 것이다. 지금도 그들은 일본문화의 식민지 일본경제의 식민지 일본 안보의 식민지화를 위해 알게 모르게 제2의 임진왜란을 진행시키고 있을 것이다.

일본에 비해 한반도는 지정학적으로 신의 가호가 있는 나라이다. 좁은 국토에서 풍족한 지하자원이 묻혀있는 것이 별로 없고 인구밀도가 세계에서 가장 높은 나라에 속한다. 그러나 우리는 아름다운 자연 환경이 있고 단일민족으로 구성되어 있는 장점도 가지고 있다. 기후도 온화하고 사람들의 심성도 모질거나 거칠지 않으며 평화를 사랑하면서 살아온 예쁜 민족이다.

남태평양에서 연간 20여 개 가량 발생하는 태풍도 거칠고 험악한 모습으로 북상하면서 대형으로 발전하여 육지로 진입하며 막대한 피해를 주지만 일본이 그 길목을 차단하고 있으니 얼마나 다행스러운 일인가 생각해본다.

지진도 일본에는 시도 때도 없이 국토와 국민을 불안하고 힘들게 하지만 한반도는 그 완충지대에서 흡수하고 나머지 진도가 약한 것만 지진 시늉을 하니 참으로 다행한 일이다.

나라마다 그 나라 고유의 독특한 문화를 보유하고 있다. 비슷하면서도 다른 문화 다르면서도 비슷한 문화 거기에 매력이 있고 우리와 다른 점에 대하여 흥미와 동경을 갖는다.

사람들은 다른 나라를 방문하고 여행지를 찾을 때에 그 나라의 문화와 역사를 탐방하고 발견하려는 의지가 강하다.

오늘날 세계는 한류에 대해 뜨거운 관심과 한류에 실체를 알고 싶어 하고 열광하는 분위기이다. 한반도라는 작은 땅에서 가난의 대명사로 손꼽았던 나라가 최단 시일 내에 세계적인 국가로 성장한 힘은 무엇이고 그 힘은 어디에서 유래하였는가를 탐지하고 알고 싶어 한다. 그들은 왜 강남스타일이라는 노래에 심취되어 말춤을 집단으로 추면서 열광하는가에 초점을 맞출 필요가 있다.

한국드라마가 높은 가격을 받고 외국에 팔려나가고 있다. 그 드라마를 통해 한국을 속속들이 들여다보고 땅덩어리 소국이 경제대국 문화대국으로 자리매김하게 된 배경을 찾아보려는 것이다.

한류, 일류, 화류는 세계 각국에서 각축전을 벌이면서 시장 쟁탈을 놓고 맞부딪친다. 일류가 일찍 눈을 뜨고 세계 속으로 진입했다면 한류가 그 뒤를 잇고 화류가 국력신장을 바탕으로 뒤늦게 부산을 떨고 있는 느낌이다. 그러나 화류의 잠재력과 기존 일류와 한류시장의 파괴력은 대단하다고 보아야 한다.

화류는 긴 잠에서 깨어나 세계를 지배했던 중국역사의 자긍심을 바탕에 깔고 기지개를 켜고 달리는 말에 채찍을 가하는 무서운 저력을 보여주고 있다.

한류는 서구문화와 일류의 모방에서 시작한 것이 짧은 기간 내에 세계인의 이목을 집중하게 되는 쾌거를 이루었다고 말해도 과언은 아니다. 국가의 물질적인 부를 이루어 낸 것이 초스피드로 세계인을 놀라게 한 것과 일맥상통하는 것이라고 생각된다.

사실 한류는 일류나 화류에 비해 독특하고 뛰어나다고 자평하지만 그것은 일시적 현상으로 사상누각에 불과할 수도 있다. 따라서 우리는 일류나 화류에 비해 더 많은 연구와 어필할 수 있는 부분을 찾아내서 키워나가야 생존경쟁에서 살아남을 수 있다.

09

야생화

학교정원은 학교의 얼굴이다. 학교정원에 꽃과 나무를 적절하게 조성하고 가꾸는 일은 학교장의 몫이고 경영능력을 가늠할 수도 있다. 선생님들과 아이들은 학교정원에 관심도 많고 학급별 관리 구역도 있어서 신경이 많이 쓰인다. 장미처럼 누구나 인정하는 크고 아름답고 화려한 단골손님인 꽃들을 들국화처럼 작고 수줍음도 있고 수수한 야생화로 바꾸려 하니 말도 많고 탈도 많고 반대의 목소리가 커져만 갔다.

사실 나도 평교사 시절까지만 해도 야생화는 눈 밖의 변방의 꽃에 지나지 않게 생각했었다. 교감이 되면서 야생화에 눈을 뜨고 학교장이 되면 야생화 정원을 조성해서 이제까지 보지 못하고 느끼지 못하고 우리들의 시선 밖에서 홀대받던 야생화를 학생들에게 널리 알려야겠다고 마음먹은 것을 실천하려는 것이었다.

내가 어린 시절에는 야생화는 사람들의 안중에도 없고 관심도 없는 홀대받는 꽃이었다. 들판에서 또는 산속에서 누가 보든 말든 아름다운 자태를 뽐내지만 예뻐해 주는 사람들은 없었다.

꽃은 신의 특허작품이다. 꽃이 피고 지는 것만으로 그냥 아름답다고 한마디 던지고 대수롭지 않은 일처럼 생각해 온 것이 지난날 꽃에 대한 나의생각이었다. 그러나 나이가 들면서 그 꽃의 아름다움 오묘함 신기함 창조의 기쁨 앞에 저절로 머리를 숙이는 것이 다반사처럼 생긴다. 꽃은 저마다 전설을 지니고 있다. 애틋한 꽃의 전설을 알고 꽃을 보면 그 꽃이 더욱 아름답고 소중한 생각이 든다. 봄이 와서 우리들을 기쁘고 행복하게 하기 전에『꽃 그들의 전설』이라는 책자를 읽어보고 새봄을 맞이한다. 꽃의 전설을 읽기 전과 읽은 후에 꽃을 보는 시각은 180도 달라보이게 될 것이다.

다가오는 봄날 남들이 눈길을 덜 주는 야생화에도 새로운 관심과 환희의 메시지를 보내보면 어떨까? 크고 화려하고 사랑을 듬뿍 받는 우리들의 주변에 산재하는 꽃들은 이제 관심을 갖지 않아도 그들은 행복하고 즐겁기만 하다.

야생화는 작고 가냘프고 보기에도 아름다움에서 뒤떨어진다는 생각을 수정하고 지워버려야 한다. 거들떠보지 않았던 야생화의 매력에 빠져 그들을 바라보자. 그리고 신의 특허작품인 꽃에 박수를 보내보자.

여자들은 꽃에 민감하지만 남자들은 꽃을 본 듯 만 듯 매료되지 않는다. 이는 남녀 간의 너무 큰 차이이다. 왜 그럴까를 곰곰이 생각해본다. 꽃은 여자의 가까운 친구인데 남자들에게는 그렇지 않는 것은 무슨 이유일까? 꽃이 주는 상징성을 남자들은 이해하지 못해서일까? 아름다움에 대해 둔하기 때문일까? 꽃이 너무 연약하다보니 차마 가까이하기에 너무 먼 당신이기 때문일까? 그런데 아이러니컬한 것은 남자가 여자에게 사랑을 고백할 때는 꽃을 든다는 것이다. 꽃은 다른 어느 것보다도 여자의 마음을 움직이는 비장의 카드가 들어 있기 때문이다.

봄이 되면 산야에 야생화가 여기저기 만발하고 그 자태를 뽐내면서 사람들을 기쁘게 한다. 여자들은 그래서 봄이 되면 심리적 변화가 일어나서 싱숭생숭해진다.

어느 날 아내에게 생일선물로 꽃을 주지 말고 차라리 양말 한 짝을 달라고 하니 아내가 소스라치게 놀라는 모습을 본다. 양말과 꽃은 의미하는 것이 전혀 다른데도 그런 말을 하니 의구심이 들었나 보다. 그런 말을 하면서도 나는 남자의 단순함을 꾸짖는다.

꽃을 보면 아무리 커다란 분노라도 눈 녹듯 녹아내려 평정을 유지하게 한다. 봄, 여름, 가을, 겨울 사계절에 피는 꽃들은 저마다의 자태가 아름답다. 공통점이 있으면서 상이점이 있고 갖가지 색깔은 물론 그 자태 또한 형언하기 어렵다. 선진국으로 갈수록 꽃의 수요는 넓고 크다고 한다. 우리들의 생활이 예전의 각박하고 가난이 주류를 이룰 때는 꽃의 아름다움을 감상할 수 있는 여유가 없었다. 꽃의 향기도 우리 곁으로 가지고 와서 즐길 수도 없이 의식주 해결에 모든 것을 집중할 수밖에 없었기 때문이다.

이제 우리가 사는 세상이 꽃으로 뒤덮여가고 있다. 애경사에 집중되었던 꽃 수요가 생활에 파고들어 즐거움을 더하고 꽃 재배 농가도 수지타산을 맞춰가면서 신품종 개발에도 적극 나서고 있다고 하니 신기하고 큰 박수를 보내고 싶다. 나라가 제 모습을 갖춰가고 아름다운 생을 즐길 수 있는 민족으로 탈바꿈하고 있는 것이 자랑스럽기도 하다.

꽃은 남자들의 마음을 사로잡지 않지만 여자들에게는 상당한 지지를 받고 이끌림이 강하다. 장미꽃 한 다발을 내밀면 환한 미소가 그녀의 보조개를 누른다.

어떤 여자가 내게 꽃을 내밀면 나는 환희를 느끼지 못하고 무표정하게 내던지듯 바닥에 내려놓는 큰 실수를 저지른 적이 있다.

남자는 나비이고 여자는 꽃이라는 말이 있다. 이곳저곳을 날아다니며 꿀을 빨아먹는 나비는 선택의 폭이 넓기만 하다. 그러나 꽃은 이동수단이 없어 한곳에 머무르면서 나비를 기다려야만 하는 것이 안타깝기만 하다.

야생화를 든 여자는 왠지 아름답고 예쁘고 화려하다. 진실을 읽을 수도 있고 뭔가 일이 일어날 것 같은 생각도 들고 소박함도 엿볼 수 있다. 여성 고유의 아름다움에 미적 분위기를 물씬 풍기기도 한다. 야생화의 수줍음에 여성의 미를 보태니 더욱 보기 좋고 어울림이 가득하다.

야생화의 아름다움을 재평가하고 야생화를 우리들 곁에 끌어들이자. 그러면 야생화에 흠뻑 빠져 우리들의 삶이 풍요로워질 것이다.

우리 곁에서 흔히 볼 수 있는 장미사랑의 마음을 조금 줄이고 야생화를 더 가까이하는 마음을 가지면 그 은은한 아름다움에 힐링도 되고 위안도 얻는다.

어린 시절 홀대하고 꽃의 범주에도 끼어주지 않았던 야생화의 소소한 아름다움이 나이가 들수록 콜럼버스의 아메리카대륙 발견만큼이나 신비롭고 마음에 잔잔한 감동이 밀려오는 건 왜일까? 작은 것에도 위대함이 있다는 말이 오늘따라 크게 느껴진다.

10

어느 봄날

봄은 겨울을 이기고 부활한다. 겨우내 살을 에는 듯한 눈보라에 숨죽이고 극동(克冬)한 초목들의 위대함에 고개를 숙인다. 초목들이 혹한을 이겨내는 힘은 어디에서 오는지 궁금하다. 동물들이 겨울 들판에 내팽겨졌으면 얼마 동안을 버티지 못하고 동사(冬死)하고 말았을 텐데 같은 생명력이라도 환경의 적응능력이 초목들이 훨씬 앞선다.

봄의 부활은 꽃을 화려하게 피움으로 시작된다. 갖가지 형형색색의 꽃들이 저마다의 자태를 뽐낸다. 시간과 장소를 가리지 않고 꽃들의 쇼쇼쇼가 펼쳐진다. 초목들은 잎을 뒤에 숨기고 꽃들만의 형형색색의 자태에 탄성을 지르고 꽃의 향기에 취해서 몸은 흔들리고 비틀거린다. 마치 마약을 복용한 사람처럼 사람들은 꽃의 포로가 된다.

상춘객들은 꽃의 향연에 흠뻑 빠져들어 인산인해를 이른다. 이렇게 겨울을 엎어버리고 새 생명을 잉태하는 봄은 화려함 풋풋함 싱그러움이 넘쳐난다. 머지않아 초록으로 대지를 색칠하기 위해 무서운 기세로 앞을 향해 달려 나간다.

겨울은 봄의 봄은 여름의 여름은 가을의 가을은 겨울의 징검다리이다. 따라서 봄여름가을겨울은 상호연관성을 가지고 움직인다. 봄이 여름을 뛰어넘어 가을을 향할 수는 없다. 세상의 이치는 신이 만물을 창조하실 때부터 규칙과 질서가 존재한다.

기나긴 겨울에 우리는 봄을 그리워한다. 사실 겨울은 사계절 중에서 가장 재미를 느끼지 못하는 계절이다. 대지도 사람의 마음도 모두 꽁꽁 얼어붙어 있어서 신이 나지 않는다. 그나마 어쩌다 퍼부어대는 함박눈으로 위로를 받지만 요즘은 눈(雪)도 교통장애에 골칫거리이기에 멋짐도 반감하곤 한다. 세상의 온갖 추한 것은 잠시나마 덮어주기에 그저 좋을 뿐이다.

봄은 사람의 마음을 용솟음치게 하고 새로운 시작을 돋우고 희망의 메시지로 유인한다. 움츠러들게만 했던 겨울의 잔상들을 훌훌 털어버리고 새롭게 설계하고 실행할 것을 유인한다. 봄에는 모든 사람들이 환희에 들떠 있다. 여자들의 마음을 더 요란하게 흔들어댄다. 새로운 사랑을 만들 가능성을 봄은 우리에게 눈길을 주고 밖으로 끌어내려 한다. 또한 동시에 꽃피우기로 환희의 축제를 노래한다. 혹한의 강추위를 이렇게 멋지게 이겨냈노라고 방방곡곡 널리널리 알린다. 물론 봄을 맞은 사람들 모두가 환희의 축제에 몰입하고 같이 춤추고 노래한다.

봄 햇살은 생명을 잉태한다. 물이 오른 가지에 새싹을 틔우는 촉매제 역할을 담당한다. 대단한 창조행위를 하는 것이다.

새 생명의 탄생은 쉽지만은 않은 일이다. 복잡하고 다양한 자연의 신비가 일정한 수순을 밟아서 잉태를 거치게 되고 잉태된 핵은 하나의 개체로 수많은 세월을 인고하면서 개체의 특성을 이어가게 된다. 생명은 버리고 생기고를 거듭하면서 역사는 이어져 왔고 앞으로 이어져 간다. 어느 누구도 모르게 천천히 진화를 거듭하면서 말이다.

봄은 사람들에게 활기를 준다. 희망이 솟아 넘치고 추위에 찌들려든 마음과 몸도 산림욕장에 가서 말끔하게 씻고 떨어버린다. 새 옷을 갈아입고 유토피아를 향해 달려간다.

봄바람은 싱그럽다. 개인도 가정도 학교도 사회도 새로운 출발의 진군나팔 소리를 높이 올려 댄 연후에 그 주어진 목표가 설사 채워지지 않거나 미달되는 한이 있더라도 크고 높게 강하고 용감하게 높은 수치를 설정해서 나아가고 또 뛰어간다.

용솟음치는 봄에 얼었던 대지도 녹아 풀리고 새 씨앗을 받을 준비에 분주하고 나무들도 새순을 틔워 가을의 단풍향연을 약속해 주는 봄이여! 아 그대는 위대한 창조자다.

봄은 여자의 계절이다. 여자를 꽃에 비유해서인 것만은 아니다. 여자들 생애는 남자들보다도 모질고 사나운 인생을 산다. 하루도 편안할 날이 없는 것이 여자들의 삶이다. 그들의 삶은 피곤하고 힘들고 고통을 수반한다. 그들의 시달림은 저울로 달 수 없을 정도로 고통스럽다. 그들은 남편의 태클과 자녀들의 태클 가족 친지의 태클 사회적 관심의 태클 끊임없는 태클 속에서 피곤한 삶을 생애 내내 살아야 한다.

봄은 여성에게 희망을 듬뿍 품게 하는 구세주이다. 세상의 지친 마음을 훌훌 털어낼 수 있는 절호의 기회이다. 그러기에 봄을 그리워하고 봄이 오기를 기다린다.

봄을 여자들에게 흔쾌히 돌려주자. 마음고생하면서 억눌림에 주눅 들고 가슴 아파했던 지난날을 훌훌 털어버릴 수 있도록 기회를 맘껏 제공해야 한다. 봄이 오는 것을 기다리고 봄을 향유하고 꽃놀

이에 젖어들었던 봄의 향연은 또 다시 소리 없이 자취를 감추기 시
작한다. 붙들려 해도 잡아지지 않고 소리 없이 저만치 봄은 저물어
간다. 다가오는 여름을 위해 자리를 내어 주어야 한다. 그래야 여름
의 향연이 시작되기 때문이다.

봄꽃들의 환희에 사람들도 지역축제로 화답한다. 시를 읊고 노래
하고 춤추고 지역의 특산물로 만든 음식들로 미각을 자극하고 사람
들을 끌어 모은다.

1931년 '김동환' 시(詩)에 '김동진'이 작곡한 <봄이 오면> 노래가
입가에서 절로 나온다.

'봄이 오면 산에 들에 진달래 피네. 진달래 피는 곳에 내 마음도 피어.
건너 마을 젊은 처자 꽃 따러 오거든 꽃만 말고 내 마음도 함께 따 가주.'

11

이슬

　이른 새벽 집을 나서 들길을 걸어가노라면 어느새 풀잎에 소리 없이 사뿐히 내려앉은 이슬이 산책하는 내 눈길을 붙잡는다. 보석처럼 영롱하게 빛나는 이슬은 백옥처럼 맑고 환하게 나에게 다가온다. 나도 모르게 그 자리에 앉아 찬란한 이슬을 바라보면서 해맑고 격의 없는 대화를 주고받는다.

　지금 이 세상을 살아가는 모든 이들이 아침 이슬처럼 맑고 깨끗하고 오염되지 않는 순수한 마음을 가슴에 담게 해달라고 넌지시 말을 건넨다. 이슬은 영롱한 빛을 반짝이며 대답을 대신한다.

　어느 날 갑자기 이슬처럼 이 땅에 온 우리는 흙을 밟고 이 땅의 공기를 맘껏 들이 마시며 흔적을 남긴 채 길지 않은 삶을 마감하고 떠나갈 사람들이다. 남길 것도 없고 남겨보았자 아무 소용없는 그저 말없이 왔다가 소리 없이 사라질 나그네들이다. 아웅다웅 다툴 것도 없고 욕망에 불타오를 필요도 없고 잘났다고 자랑할 것도 없고 가난하다고 의기소침해 할 필요도 없다. 가슴을 활짝 열어젖히고 조건 없는 사랑의 변주곡을 크게 아주 크게 노래하리라 다짐한다.

이슬은 인기척이 없고 다소곳이 사뿐하게 내려앉는다. 이슬은 최고급 신사의 매너를 가지고 있다. 우박은 우당탕탕 요란한 소리를 내며 직각으로 대지를 향해 내려 꽂는다. 작은 얼음 알갱이가 자기 과시를 하고 상처와 흔적을 남기는 것과는 대조적이다.

이슬 내린 풀섶을 걸으면 신발은 흠뻑 젖는다. 젖은 신발에서 더러움이란 찾아볼 수 없고 백옥처럼 맑고 정결하다. 오늘도 이슬이 쏟아져 내린 진달래 동산에 오솔길을 이슬과 끝없는 대화를 나누며 휘파람을 불며 걷는다.

이슬은 햇빛을 받지 않는다 해도 보석처럼 빛을 발한다. 순수함 그 자체이기 때문이다. 어떠한 불순물도 혼합되어 있지 않으며 이슬은 어린 아가의 마음처럼 맑고 깨끗하다.

아침 산책길에 풀잎에 맺힌 이슬을 바라보라. 사람들이 그리도 갖고 싶어 하는 다이아몬드보다도 더 빛나는 광채를 발견하게 된다. 나무들 풀잎들 모두 아침 이슬을 받아들이며 새 날을 받아들이는 정화 의식을 치른다. 자연의 섭리는 이처럼 신비하고 경이롭다.

산천초목들이 가뭄으로 시달림을 받을 때에도 이슬은 어김없이 새벽녘에 찾아와 그들의 갈증을 조금씩이라도 적셔준다. 새벽녘 풀숲을 헤치고 논두렁으로 나가는 농부들의 신발에도 바지에도 이슬에 다 젖어 냉기가 올라오는데도 농부는 마음이 상하지 않는다. 이슬의 효용가치를 인식하고 있기 때문일 게다.

사람들의 마음도 이슬처럼 맑고 깨끗하며 순수함을 보여줬으면 좋겠다는 생각을 해 본다. 혼탁한 이 세상을 정화해서 유토피아적인 세상을 건설해야 한다.

이동진 작사, 작곡의 동요 <이슬> 노래를 부르며 들길을 걸으면 나는 어느새 어린 시절로 돌아가 파노라마처럼 펼쳐지는 그때로 나를 풍덩 빠뜨리고 그리움에 몸을 떤다.

"호롱호롱호롱 산새소리에 잠 깨어 들로 나가니 이슬 아름다워 은쟁반에 가득 담아 아기 옷 지어볼까. 색실에 곱게 끼워 엄마 목걸이 만들까. 편지 속에 가득 넣어 해님께 보내볼까. 햇살에 곱게 달아 구름에 메어 띄어볼까."

얼마 남지 않은 우리들이 살아갈 날들은 티 없이 맑고 깨끗하게 순수함의 메시지를 우리에게 던지는 이슬처럼 엮어가길 소망해 본다.
나는 풀잎에 맺힌 이슬에 벼락키스를 하니 이 녀석 놀람에 또르르 굴러 내린다.

12

현재 그리고 미래

현재는 살아 있는 시간이다. 죽은 시간도 아니고 다가올 시간도 아닌 진행되고 있는 시간이다. 현재는 가용시간으로 자의에 의해 짜인 시간들이다. 현재는 선택의 가짓수가 폭넓고 다양하다.

현재는 과거와 미래의 완충지대이다. 현재는 사람들이 떡 주무르듯 임의성이 강한 것이 특징이다. 시간적 구애가 없는 자유가 주어진다.

미래는 앞으로 맞이할 시간이다. 어떤 모습으로 나에게 다가올지는 알 수 없는 미지의 세계이다. 불확실성이 크기 때문에 불안하고 애를 태우게 되고 상상의 나래를 펴게 된다. 미래에 대한 불안이 가중된다고 해도 미래는 느린 걸음으로 천천히 우리에게 다가선다.

사람들은 과거의 바탕 아래 현재의 삶을 꾸려 나간다. 현재는 지금을 의미한다.

시집가는 딸에게 부모들이 덕담으로 하는 말이 '현재 이곳을 떠나가서 잘 살아라'라는 말을 한다. 현재는 진행형 ing이다.

사람이 살아가는 현재의 모습은 여러 가지로 나타난다. 직업전선에서 바쁘게 살다보면 어떤 것이 알차게 보람 있게 후회 없이 사는가는 정의하기 어렵다.

현재는 있는 그대로의 보이는 모습이다. 운명의 프로그램에 의해 진행되어 가기도 하지만 사람의 의지에 따라 모든 이가 다르게 수많은 변수에 의해 다르게 표출되어 간다. 성공한 사람들이 그 비결을 공개한 것을 보면 첫째가 시간전략을 꼽고 있다.

시간이 주는 가치와 의미는 그 어느 것과도 비교할 수 없을 만큼 소중하다고 지적하고 있다. 더군다나 젊은이들에게 시간은 황금보다도 더 소중하고 빛나는 가치를 지닌다.

늙은이들은 시간이 흐르는 것을 두려워하고 경계감을 가진다. 죽음의 카운트다운이 시작되었다고 인지하기 때문이다.

미래는 겪어보지 않아서 불확실하다. 불안도 내포하고 있고 어떤 일이 전개될 것인지 예측불허의 상태이다. 그래서 사람들은 신에게 의탁하고 기대게 된다.

한치 앞을 내다보지 못한다는 말이 있다. 답답한 것을 참지 못한 사람들은 점쟁이나 예언자를 찾기도 한다.

점술의 결과에 대해 일희일비하기도하며 때로는 희망적인 얘기도 듣고 이러이러한 것을 경계해야 한다고 주의의 말을 듣기도 하며 점괘를 받게 된다.

나도 어린 시절 어머니가 이 녀석의 장래가 암흑에 가려 알 수 없기에 점쟁이를 찾아가서 '대기만성'이니 너무 답답해하지 말라는 말을 들으셨다고 한다.

미래는 다가오는 것이다. 미래가 초라한 미래일지 화려한 미래일지는 아무도 알지 못한다. 다만 과거를 바탕으로 현재를 알뜰하게 최선을 다하면 미래는 그렇게 예측불허가 아닌 예측 가능한 상태로 변하게 된다.

미래는 베일에 싸여 그 모습을 보여주지 않고 볼 수도 없다.

우리는 과거 상황에서는 아무것도 기대할 수가 없다. 과거는 모든 것이 이미 결정되어 있지만 미래는 IF라는 개념이 존재한다. IF에 대한 답은 하나가 아니고 여러 개일 수 있다.

과거는 희망이 없지만 미래는 희망이 살아 움직이는 미지의 세계이다.

사람들은 미래를 설계하고 환희를 맛볼 수 있으며 알뜰하게 준비할 수 있는 기쁨의 시간이 있다. 현재는 가난하지만 부족하지만 못 배웠지만 슬프지만 고통스럽지만 재미없지만 미래에는 이런 단어들이 전부 사라질 수도 있기 때문에 우리는 어깨춤을 추면서 현재를 감내할 수 있는 것이다.

미래는 가능성에 도전할 수 있다는 것에 매력을 느낀다. 가능성은 희망이기도 하기 때문이다. 희망이 있는 미래여야만 삶의 의욕도 함께 상승하기 때문에 가능성의 요소는 중요한 것이다.

노년의 미래는 화려하거나 찬란하거나 광채가 나지 않는다. 노년의 미래는 초라하고 활기가 넘치지도 않는다. 남은 시간이 많지 않아서이다. 왜소하고 보잘것없다. 다가오는 것은 죽음에 대한 압박감으로 인한 슬픔이 숨어 있는 것이다.

미래를 설계하는 것이 빈틈이 많고 허점투성이라고 해서 비난할 수는 없다. 미래는 크게 넓게 높게 설계해야 한다. 무리라고 지레짐작으로 겁을 먹어서도 곤란하다. 결과가 보잘것없을 것이라고 예단해서는 안 된다. 변수를 전부 고려한다는 것은 불가능하다. 상황이 어떻게 전개되느냐에 따라 결과는 이럴 수도 저럴 수도 있다. 우리는 미래에 인색하거나 짠돌이가 되어서는 소인배이다.

어린 시절의 미래는 담대하고 화려하고 그럴 듯하다. 이론적 바탕은 갖추어지지 않았지만 흰 도화지에 그릴 수 있는 미래는 무궁무진하기 때문이다. 색깔도 마음대로 선택해서 자유자재로 표현할 수 있고 연출도 본인에 뜻에 따라 능력을 보내서 가능성에 도전할 수 있다.

현재를 바꿀 수 있는 미래를 두려워할 필요는 없다. 미래를 예측하는 것도 통찰에 바탕을 두어야 한다.

미래에 각광을 받을 수 있는 분야는 현재는 빛을 보지 못하지만 가능성을 싹틔우고 있는 분야의 발견은 호기심에서 출발한다.

우리나라는 연 출생아 수 약 43만 명으로 미래를 저출산국가를 감안하여 신중하게 구상하여야 한다. 미래는 불확실하지만 희망이고 설렘이 있고 도전할 수 있고 가능성이 존재하고 눈감고 더듬기 이어서 엎었다 매쳤다가 다반사로 일어난다.

미래는 삼각형도 되고 사각형도 되고 다각형도 되고 원도 만들 수 있다. 생각이 미래를 낳는 것이다.

미래는 부자도 될 수 있고 가난뱅이도 될 수 있다. 무지개 빛일 수 있고 검은 구름이 몰려와서 세찬 비바람이 대지를 사정없이 두들겨서 모두를 기절시킬 수도 있다.

미래는 내가 만드는 것이고 세상이 나에게 기회를 열어 줄지는 미지수이다. 미래는 오지 말라고 해도 소리 없이 서서히 다가오는 것이고 끊임없이 우리에게 손짓을 한다.

13

효자 태풍

태풍은 모든 것을 일순간에 앗아가는 심술쟁이이기도 하지만 때로는 우리에게 이익을 안겨주는 효자이기도 하다. 사람들은 태풍이 접근하면 그 위력에 가슴이 쿵닥거리고 공포에 질리기 마련이다.

대지에 뿌리를 단단히 내리고 서 있는 나무를 쓰러뜨리려는 강풍은 물론 상상을 초월하는 비구름의 위력은 인간이 구축해 놓는 땀의 산물을 초토화시키는 힘을 발휘하기도 한다.

태풍은 신이 만든 자연의 스트레스 해소 방법의 일환이라고 생각된다. 늘 평온하고 아무 일도 일어나지 않으면 심심하고 재미없으며 때가 끼기 시작한다. 신은 자연의 대청소가 필요하다고 생각하면 태풍이라는 특파원을 만들어서 이동하게 하면서 자연의 리모델링 작업을 수행하게 한다. 파괴는 곧 새로운 건설이 시점이 된다. 삶의 본거지가 초토화되면 사람들은 눈물로 새로운 근거를 구축하기 위해 땀 흘려 일해야 한다.

사람이 살아 있는 한 늘 자연과의 밀고 당기는 실랑이가 이어지기 마련이다. 올해처럼 태풍을 기다린 해도 없었던 걸로 기억한다. 사실 태풍이 상륙할 것이라는 기상청의 보도가 나가면 우리 모두는 그 위력에 겁먹고 심리적으로 위축되어 공황상태까지도 간다. 그리고 그 피해를 가상하면 공포에 빠질 수밖에 없는데 사람들 모두는 태풍이 오길 간절히 소망했지만 20호가 지날 때까지도 한반도를 비껴가는 기현상이 있었다.

태풍이 지나간 자리는 대지를 거리낌 없이 할퀴고 땀의 결실을 거둬들이기 위한 농작물을 파괴하고 냇가 하천 강을 범람하게 하고 주택은 물로 재산에 막대한 피해를 가하는 괴물임에 틀림없다.

그럼에도 우리가 태풍을 갈망했던 것은 지구온난화로 가뭄현상이 장기화하여 댐의 물이 증발하여 댐의 물이 바닥을 들어내고 농업용수의 부족 생활용수의 제한급수 등 고통이 뒤따랐기 때문이다.

나는 최초 몇 년 동안 인터넷을 검색하면 제일 먼저 기상청에 들어가서 구름영상을 클릭해서 비가 올 것인가 안 올 것인가를 점검하는 것이 습관처럼 굳어져 버렸다.

또한 한국수자원공사 홈페이지를 들락날락하면서 댐의 수위를 체크하면서 우리들의 삶을 걱정하는 것이 일상이 되어 버렸다.

그나마 다행인 것은 그렇게 오지 않던 비가 또한 비 없는 긴 장마가 지속되더니 가을 들어 생각지도 않던 가을장마가 여름만큼 비를 쏟지는 않았지만 극한 상황까지는 가지 않을 것으로 예상되어 한숨 돌린 것에 만족해야 한다.

태풍은 심술쟁이에 비견된다. 대지를 할퀴고 물어뜯고 자기 하고 싶은 대로 변형시키고 인명손실까지 초래하는 무뢰한이고 태풍이 지나간 후의 처참한 모습은 전쟁 후의 폐허를 연상시킨다. 핵폭탄이 투하되어 대지를 완전 초토화시킨 것과 같은 모습이다. 그러나 태풍은 우리들에게 오염된 대지를 말끔하게 대청소하고 갈증에 목말라 하는 우리들에게 충분한 수량을 확보해 준다.

모든 생물은 물을 필요로 하고 그 물의 확보는 오늘날 인류에게 주어진 긴요한 과제의 하나이다. 한때는 물 값이 석유 값을 능가하는 난센스 상황이 벌어진 때도 있었다.

고갈되어 가는 물 자원 물이 있는 곳과 없는 곳의 양극화현상 바닷물을 끌어들여 염분을 정제하여 손쉽게 물을 확보하려는 시도가 끊임없이 계속되고 있다.

태풍은 거대한 바람과 엄청난 양의 수분을 동반하고 빠르게 이동하는 특성을 가진 요물이다.

올해는 바람만 가득 몰고 와서 시설물을 여지없이 파괴하는 태풍보다 비를 풍부하게 몰고 오는 태풍이 한반도를 지나면서 메마른 댐도 물로 가득 채워주고 오염으로 볼썽사나운 것들을 말끔히 씻어 주길 기대해 본다.

제 **5** 장

미래설계는 활화산처럼

01

검은머리 파뿌리

나는 결혼식 주례를 설 때마다 신랑과 신부에게 '검은 머리 파뿌리 되어도 사랑의 끈을 놓아서는 안 된다'고 강조한다. 내가 아내와 결혼식을 올린 날에 주례를 맡은 아르헨티나 신부님도 서투른 우리말로 똑같은 말을 한 것을 잊지 않는다. 이는 사랑의 유효기간은 끝이 없이 지속되어야 함을 강조하는 표현기법이다.

우리 부부가 결혼한 지 얼마 지나지 않은 것 같은데 어느새 우리 아이들이 새 가정을 꾸미고 손주들이 생기니 격세지감을 느낀다. 또한 우리 부부의 머리도 하얀 눈으로 뒤덮여 가니 정말 인생이 눈 깜짝 할 사이라는 말도 실감난다.

주말이면 외가댁을 찾는 손주들의 재롱을 보면 하루가 후딱 지나간다. 손주들이 얼마 전에는 무용을 곁들여 노래를 부른다.

"할머니 머리에 눈이 왔어요. 벌써벌써 하얗게 눈이 왔어요. 그래도 나는나는 제일 좋아요. 우리우리 할머니가 제일 좋아요."

강수철 작사, 박준식 작곡의 동요이다.

까만 머리가 엊그제였는데 벌써 이 세월의 흐름 어찌할거나. 더군다나 손주들의 노래와 뒤범벅이 되어 내 마음을 천둥 번개 치듯 흔들어 놓는다.

영국의 낭만파 시인 워즈워드는 <무지개>라는 시에서 다음과 같이 노래한다.

"하늘의 무지개를 바라보면 내 마음은 뛰노라." (중략)
"어린이는 어른의 아버지 바라오니 나의 하루하루가 자연에의 경건
함으로 이어지기를."

'어린이는 어른의 아버지'라는 말은 학창시절에는 상당한 의문점을 가졌지만 나이가 들면서 공감하게 된다.

늙는다는 것은 슬픈 일이다. 노인이라는 칭호 자체에도 거부반응이 밀어 닥친다. 늙고 싶지 않고 될 수 있으면 푸릇푸릇한 젊음의 역동성을 늘 간직하고픈 것이 인간의 바람이고 지향하는 세계이다.

늙으면 손주들도 곁에 오는 것을 싫어한다. 젊은 여자들은 눈길조차도 주지 않는다. 보수적이고 고집불통이고 인색하면서 노인에게서 고리타분한 냄새가 난다는 것이다. 향수를 뿌려도 반응은 마찬가지다.

이 얼마나 고독하고 비참한 일인가. 나 홀로 감수하고 가슴에 삭히며 살아갈 수밖에 없는 슬픈 자화상이다. 그러나 흘러온 세월을 어찌하랴. 세월이 가면 갈수록 내 모습은 망가지고 마음도 갈기갈기 찢겨나가는 것은 어찌 감당할 것인가 가슴이 아파온다.

늙은이의 모습이 나오는 거리가 먼 옛이야기였으나 어느새 희끗희끗한 머리가 늘어나고 얼굴은 주름이 점령해 버린 지 꽤 오래되어

간다. 나이가 먹어가면서 간간이 보이기 시작하는 새치를 뽑아내다가 그 숫자가 증가하여 뽑아내는 일이 어렵다고 판단되었을 때 머리 물들이기가 시작된다.

동양여인은 서양사람들과 같은 브라운 계통의 염색제를 선호하는 것으로 나타나고 서양여인은 검정계통의 염색제를 가장 좋아하는 것으로 언론은 보도하고 있다.

새치머리 뽑기는 희끗희끗한 머릿결이 많지 않을 때는 뽑을 때마다 아픔을 감수하지만 그 수가 기하급수적으로 늘어나면 손을 댈 수가 없게 되고 원모를 뽑아낼수록 얼마가지 않아 흰색 머릿결이 빠르게 증가한다.

염색은 쉽지 않는 작업이다. A염모제와 B염모제를 최적의 상태로 섞는 일부터 머리에 칠하는 일이 쉬울 것 같지만 그렇지 않다. 앞머리 쪽 보이는 부분과 뒷머리 쪽 보이지 않는 부분을 물이 잘 들게 도포작업을 하는 것은 귓바퀴나 뒷목 부분 등에 이리 묻히고 저리 묻히는 오류를 범하게 되고 염색 후 머리를 감아 보면 여전히 고르게 염색이 되지 않아 후회를 하게 된다.

전에는 염색이 검은색 한 가지로 통일이 되어 단순하기 그지없었다. 동양인의 머리색이 검은색이기 때문에 흰머리를 감추기 위한 목적으로 염색을 하는 것이 전부였다.

오늘날의 상황은 달라졌다. 염색 인구가 증가한 것은 물론이고 흰머리를 캄푸라치 하는 것에서 나아가 멋 내기 염색 즉 개성을 찾기 위한 염색이 유행을 타고 사람들의 가슴을 파고 든 것이다. 가지각색의 염색약이 개발되고 염색제 자체도 진화의 진화를 거듭하고 있다. 동양인은 서양인의 갈색머리를 로망의 대상으로 선호한다.

염색은 부작용이 따름을 간과해서는 안 되지만 미를 위해서는 그 정도의 부작용은 감수하는 것이 사람들의 심리이다. 화학적으로 만들어진 제품이 우리 몸에 안전하다고 할 수는 없고 미세하게나마 영향을 끼치게 된다. 흰 머리카락을 보면 어쩐지 늙고 나이가 들어보여서 우리들 심리가 위축된다.

염색은 사람에게 자신감을 불어넣어주고 위장을 하는데 탁월한 효과를 지닌다.

어느새 검은머리 파뿌리가 되어 몸도 마음도 쪼그라들지만 세상을 사랑하고 세상 속에 묻혀서 남은 인생을 값지게 살아가리라.

02

냉동인간의 인내

고등학교 시절 생물시간은 흥미진진하고 특히 손꼽아 기다리는 시간으로 기억한다. 오늘날은 생명의 신비를 규명하려는 연구와 괄목할 만한 의학의 발전으로 인간의 생명을 어디까지 연장시킬 수 있을 것인가에 관심의 초점이 맞춰지고 있다.

원래 인간의 수명은 150세까지 살 수 있다는 학설이 지나가는 얘기로만 들리지는 않는다. 그러나 인간의 수명연장은 의학적 발전에만 의존할 수는 없는 노릇이다. 그 이유는 유아의 탄생부터 노년을 거쳐 사망에 이르기까지 전 과정을 스타카토로 나누어 모든 분야가 공동 참여하는 연구가 이루어져야 하기 때문이다.

각종 장기의 이식 연구가 중요한 부문이기는 하지만 약물 투여분야와 정신분석분야 교육분야를 망라한 종합적 프로젝트가 함께 이루어질 때 생명연장의 꿈은 이루어질 수 있다.

그동안 우리 주변에서 100세 즉 한 세기를 산다는 것은 실현되기 어려운 꿈과 같은 일이었다. 그러나 이제는 100세의 삶을 즐기는 사람이 점진적으로 늘어나고 그들의 생활모습이 자주 회자되고 있다.

오래 사는 것은 많은 문제를 파생시킨다. 해결해야 할 과제도 산적하다. 어떻게 오래 사는 가도 중요하지만 삶의 질이 문제가 될 수 있다.

얼마 전 친구의 부친이 90의 나이에도 손수 운전을 하고 전국 일주 여행을 떠났다는 말을 들었다. 아들은 병석에서 병고에 시달리고 있는데 아버지는 여행을 즐기니 건강에도 개인차가 큰 것만은 사실이다.

인간이 질병으로부터 해방되어 건강하게 오래 오래 사는 것은 소망이고 큰 과제이다.

냉동인간에 대한 관심과 연구는 수명연장과 깊은 관련이 있다. 냉동인간은 길고 긴 인내를 필요로 한다. 냉동인간에게 발병원인과 치료과정이 완벽하게 정립되었을 때에 긴 잠에서 깨어나서 치료과정을 시작해야 하기 때문이다. 또한 치료과정은 완벽하다고 볼 수가 없기 때문에 성공여부를 장담할 수는 없어 불확실성이 존재한다. 사실 긴 시간 동안 냉동상태로 존재하는 것이 生死에 대한 정의를 어떻게 할 것인가를 판단하기란 쉬운 일이 아니다. 죽은 것인지 산 것인지는 필자도 의사도 냉동인간도 딱히 집어서 얘기하기 어려운 일이다.

인류가 병을 정복하는 일이란 쉬운 도전이 아니다. 병도 진화하여 새로운 병이 생겨나고 또 진화하고 또 연구하고 실험하고 누가 누구를 이길 수 없이 계속하여 싸움은 진행되는 것이다.

모든 것은 생명의 신비에서 출발한 것이기 때문에 생명에 대한 정반합은 계속해서 일어날 수밖에 없는 과제인 것이다.

예전에는 병균에 저항할 수 있는 약이 없기 때문에 병균의 침입은 곧 죽음을 의미했다. 그러나 지금은 적절한 대응 방법이 있기 때문에 병균을 몰아내고 저항력 면역력을 높일 수 있는 방법이 예비되어 있어서 인간의 수명은 쉽게 늘어날 수 있게 된 것이다.

냉동인간의 기다림은 기약 없는 인고의 세월이다. 지금의 의학으로는 고칠 수 없기 때문에 눈부신 의학적 발전이 이루어져서 그 사람이 가지고 있는 질병의 문제를 고칠 수 있을 때까지 기다림은 연속된다. 지루해하거나 조바심을 내는 것은 의미가 없다. 어쩌면 수십 년을 기다려도 영원히 해결될 수 없는 경우도 가정해 볼 수 있다. 그 기다림은 길고도 먼 항해를 거친 파도와 씨름하면서 목적지를 향해 달려가는 배를 기다리는 것과 같다.

인간이 존재한다는 것은 질병과의 끊임없는 싸움이다. 그 싸움에서의 승패가 생명의 이어가기나 아니면 중단으로 결판을 내기 때문이다. 우리 조상들이 짧은 여생으로 삶을 마감하게 되었다는 것도 질병과의 싸움에서 이길 수 없었기 때문에 질병의 고통 속에 내던져 버려진 것이다. 의술과 제약의 발전은 인간의 수명연장과 질병으로부터의 해방을 위해 연구를 거듭하고 있기 때문에 머지 않는 장래에 가시적인 성과가 날 것이 확실하다.

인간의 수명은 유한하기 때문에 아무리 발버둥치고 의료기술을 접목해도 유한함을 무한에 가깝게 바꿀 수는 없다. 어느 시점에 가서는 모든 것을 내려놓고 떠나야 하고 그래야지만 다음 세대가 차지하고 대를 이어가기 마련이다.

나이가 들어 질병에 노출되면 젊은 날과는 달리 잔뜩 긴장하고 걱정이 앞선다.

나는 얼마 전 고혈압 합병증 검사에서 부정맥 의심 증상이 발견되어 긴장된 마음으로 순환기 내과를 찾았다. 진료의사는 내가 걱정해서 진료 의뢰한 부정맥, 고지혈증, 당뇨의심증상에 이 정도는 감수하며 살아가야 한다면서 오히려 고혈압 약을 장기간 복용했으니 심장에 어떤 문제점이 있을 수 있으니 심장정밀검사를 권고한다.

심장에 몹시 신경이 쓰이고 소심한 성격으로 검사 일에는 잔뜩 긴장하여 심부하검사, 맥파속도 측정검사, 활동심전도, 심장초음파검사, 영상의학과 촬영 순으로 검사를 하고 결과를 기다리는데 초조함을 감출 수 없다.

대략 병원이라는 제한된 공간에는 질병으로 고통받는 사람들로 늘 혼잡하고 만원상태이다. 초특급 유명 병원에서 진료를 받는 것은 하늘의 별따기만큼이나 어렵고 많은 날을 기다려야만 차례가 온다.

어린이 백과사전에 보면 냉동인간에 대해 다음과 같이 기술하고 있다.

"냉동인간은 사람이 죽는 순간 얼음 통에 넣은 뒤 심폐소생기로 호흡과 혈액 순환기능을 되살려 산소부족으로 뇌가 손상되지 않도록 하고 온몸의 피를 뽑고 냉동캡슐 시설로 보낸다. 여기서는 가슴을 갈라 잔여 혈액을 없앤 뒤 그 자리에 세포를 보호하는 특수액체를 넣는다. 그 뒤 시체는 냉동 보존실로 옮겨 특수 액체를 부동액으로 바꾼다. 부동액은 세포가 냉동되는 과정에서 발생하는 부작용을 줄여주는 역할을 하며 이제 시체를 급속 냉각시켜 냉동캡슐에 보관한다."

꿈같은 얘기이다. 나노기술을 이용해 뇌세포를 조작해 기억을 되살리고 신체 조직에도 혈액을 주입하는 기술을 연구하고 있다는 것이다.

03

노년의 뒷모습

　노년은 눈 깜짝할 사이에 우리들에게 들이닥친다. 엊그제까지만해도 늘 푸른 소나무처럼 젊음이 계속될 것으로 생각하고 늙음은 나와는 관계가 없는 남들의 문제라고 경원시한 것이 솔직한 심정이다. 그러던 어느 날 우연히 거울을 보고 비춰진 내 모습에 놀라 가슴을쓸어내린다. 그리고 망가진 내 모습을 받아들일 수밖에 달리 방법이없음에 고개를 떨군다.

　노인의 뒷모습은 허전하고 쓸쓸하다. 그리고 안쓰러움을 느끼게된다. 살아온 날보다 살아갈 날들이 많지 않음에 슬픔이 밀려온다. 세상이 내 것인 양 패기 넘치고 하늘을 향해 비상하던 기상은 사라지고 나약한 몸이 전신을 지배한다. 혼자 몸으로 서 있는 것조차 힘들어 지팡이에 의존해야 하는 날들이 점점 다가온다. 날이 갈수록노인의 모습은 처량하고 혈기왕성했던 젊은 시절은 온데간데없다. 강인함이나 씩씩함 의젓함 당당한 모습을 찾으려 해도 찾을 수가 없다. 핏기 없는 얼굴 팽팽하던 피부는 주름과 검버섯이 얼굴 전체를지배하고 있다.

여기를 가나 저기를 가나 노인을 반기는 곳은 없다. 노인은 병고에 시달리고 재물도 바닥나고 외로움에 지쳐서 누구도 돌보려고 하지 않는다. 노인이 갈 곳은 같은 처지에 있는 사람들이 의지하며 시간을 보내는 경로당뿐이다. 자식들도 귀찮다고 하니 요양원에 보내고 닮은꼴의 노인들과 동병상련하며 생을 이어가야 한다.

노인의 뒷모습은 애련하다. 안타까움이 숨어 있다. 느낌이 차갑기만 하다. 웃어도 크게 소리 내지 않고 기쁘지 않으며 활력이 넘치지 않는다. 노인은 지나간 날들을 하나둘 곱씹으며 그 아쉬움을 가슴에 낙서한다. 하루 종일 낙서해도 답은 없지만 옛날로 돌아가서 녹화된 필름을 재생할 수밖에 없는 그의 삶이기에 어쩔 수가 없다.

나는 사랑과 명예를 지키기 위한 격투 끝에 38세의 나이로 생을 마감한 '푸시킨'의 시를 생각하고 읊조린다.

'삶이 그대를 속일지라도 슬퍼하거나 노여워하지 마라. 슬픔의 날을 참고 견디면 머지않아 기쁨의 날이 오리니. 마음은 미래에 살고 현재는 언제나 슬픈 것. 모든 것은 순간에 지나가고 지나간 것은 다시 그리워지나니.'

노인에게 무지개 같은 미래는 존재하지 않는다. 하루하루를 건강에 이상 없이 병들지 않고 아프지 않으며 괴로움이 없기를 바라면서 살아갈 뿐이다. 따라주지 않는 몸 상태를 어찌할 수 있으며 따라주지 않는 생각을 어찌하겠는가.

우리는 살아오면서 하나둘 접으면서 살아왔다. 욕심낼 것도 없고 가슴 아파할 것도 없으며 삶이 종착점에 이르고 있음을 부지불식간에 느낄 수밖에 없다. 노인을 압박하는 것은 죽음이 멀지 않았다는 것을 자각한다는 것이다.

젊은 시절에는 가족을 먹여 살리기 위해 직장에서 일에 매달렸다. 쉴 틈도 없이 먹을 것도 제대로 먹지 못하고 입을 것도 갖춰 입지 못하고 단체복을 입고 일한 날들이 태반이다. 가장의 머릿속에는 가족을 부양해야 한다는 책임감으로 늘 긴장하면서 살아온 것이다.

그의 어깨를 짓누르는 것은 생업을 위해 돈을 벌어야 한다는 것이다. 손에 주어지는 돈으로 아이들을 교육시키고 식생활을 해결해야 하고 부모님도 봉양해야 한다. 장남의 경우에는 부모님 봉양은 물론 가족 전체의 움직임도 눈 밖에 둘 수 없는 무한책임이 평생을 따라다닌다. 또 하나는 직장에서 승진을 위한 노력도 병행해야 한다는 것이다. 승진을 나 몰라라 했다면 같은 자리에서 다람쥐 쳇바퀴 돌듯이 돌다가 끝나버리는 비극을 감수해야 하기 때문에 승진을 놓고 그 방법을 구안하고 조직의 발전을 위한 방안을 모색해서 청사진을 내 놓아서 좋은 평가를 받고 미래가 열리게 된다.

과거를 회상해 보지만 과거는 과거로 남는 것이다. 미래에 대한 불확실함과 불안이 짓누르고 미래를 어떻게 설계해 나갈 것인가 고민 속에 빠져든다. 무엇을 하면서 어떻게 살아야 하는지 쉽게 답을 찾을 수 없다. 이럴까 저럴까 망설임이 앞서고 몸은 허약해지고 손에 쥐고 있는 돈도 무언가 새로운 사업에 투자할 정도로 넉넉하지 않다.

가족을 위해 열심히 살았는데 노년생활은 돈이 좌우하는 인생살이인데 만만한 것이 하나도 없다. 노인의 주머니는 텅텅 비어 있어서 돈을 쓰고 싶어도 쓸 수가 없다. 늙어서 돈이 없는 것은 비극이다.

사람을 강하게 지탱시키는 것은 돈의 힘이다. 돈의 힘을 무시할 수가 없다. 몸은 늙어서 쓸모없게 되었지만 마음이 늙지 않음은 그

나마 다행이다. 그러기에 우리는 착각 속에서 헤어나지 못하고 실수를 저지를 때도 자주 생긴다. 몸의 기능은 저하되고 병고에 시달리게 되지만 마음만은 청춘인 것은 신의 배려이다.

젊은 날에는 시간의 흐름이 더딘 것으로 생각했지만 이제 노년이 되어 생각하니 시간이 너무나 빠르게 지나가 버리고 그 시간들은 죽은 시간으로 존재할 뿐이다. 눈 깜짝 할 사이에 지나가버렸다는 것이 아쉽고 지나간 시간들에 대한 그리움이 샘솟는다.

그러나 시간을 반추해보면 지난 젊은 날의 열정이 오늘을 만들었고 수고하고 희생한 보람이 오늘 노인이 된 모습에 고스란히 담겨 있으니 허전하거나 쓸쓸하거나 우울할 필요가 없다는 생각의 전환을 해 본다.

오히려 주름진 모습에 애환이 담겨 있어 당당하고 자랑스러우며 열심히 살아온 시간이 있어 두려울 것이 없다. 다만 오늘 주어진 시간에 감사하고 오늘 주어진 여건에 열정을 다하면 그것만으로도 노인의 뒷모습은 아름다울 수 있다는 자신감을 갖는 것이 자존감을 높이고 노인으로서의 위치도 확보할 수 있는 것이다.

외면으로 비춰지는 노인의 모습은 개인의 역사이며 희망이 점철된 고귀한 표식이다.

모든 것이 새롭게 시작하는 마음으로 바라보는 시선에는 따뜻함을 가득 담아야 한다. 고집이나 아집보다는 수용과 배려를 독단적인 의견표출보다는 경청하고 수렴하는 마음자세를 가질 때 노인의 수고와 노력은 더욱 빛을 낼 수 있는 것이다.

노인의 뒷모습은 개인 스스로의 가치에 따라 변할 수 있으므로 패배주의에 사로잡힐 필요는 없다.

04

명예의 전당

여명이 밝아오는 새벽은 신선하고 상큼한 느낌이 든다. 때론 연무가 끼고 안개가 시야를 흐리게 하지만 대부분의 사람들이 긴 밤을 지내고 잠을 깨기 전의 적막함은 북적거리기 시작하는 아침보다는 신비로움에 젖어든다. 새벽 운동이 전날의 오염된 공기가 가라앉는 시간이라 바람직하지 않다고 하지만 그런 말에 아랑곳 하지 않고 새벽길을 걷는 몸과 마음은 솜털처럼 가뿐하다. 아침운동을 하기 위해 가벼운 옷차림으로 집을 나서면 이른 새벽부터 날 슬프게 하는 장면이 여기저기서 시야에 들어온다.

칠십을 넘긴 노인들이 작은 손수레나 리어카를 끌고 쓰레기장을 뒤진다. 돈이 될 만한 것을 선별하는 모습이 애처롭게 느껴진다. 손에 장갑도 끼지 않고 맨손으로 팔아서 돈이 될 수 있는 것은 모두 다 보물찾기라도 하듯 타깃이 된다. 팔아봤자 손에 쥐는 건 쥐꼬리만 한 돈 몇 푼이 전부이다. 입에 풀칠이라도 하려는 것인가 하는 생각을 하면 가슴이 아려온다.

늙으면 돈이 있어야 한다. 돈은 사람을 춤추게 하고 신나게 하고 엄청난 힘을 제공하는 마력을 지닌다. 늙으면 몸에서 냄새가 난다고 모두들 싫어하고 곁에 오려고 하지 않는다. 그런데 손주들에게 돈을 주면 노인의 냄새는 아랑곳하지 않는다. 할아버지 할머니가 무조건 적으로 주는 사랑의 힘으로 쑥쑥 커가던 손주들에게도 사랑보다는 돈의 힘이 작용하고 있는 것이다.

세월의 흐름이 나이에 비례한다는 말이 있다. 소년의 시간은 더디게 흐르지만 노년의 시간은 화살처럼 빠르고 쏜살같이 지나간다는 말이다. 같은 시간의 흐름이지만 10대의 시간은 시속 10km로 달리지만 60대의 시간은 시속 60km로 걷잡을 수 없이 빨리 달리는 느낌을 받는다.

어린 시절의 예쁘고 활기 넘치던 동안은 나이가 들면서 노화가 진행되면서 점점 볼품없어진다. 회갑이 지나면 여기저기 이글어지고 쭈그러들어 거울보기가 겁난다. 다만 마음만은 늙지 않는다는 것이 위안이고 신비롭다.

마음이 늙지 않음으로 사람은 누구나 착각하면서 살아가게 된다. 마음이 늙지 않음은 신의 위대한 배려이다. 회갑이 넘으면 몸의 기능도 제 역할을 하지 못하고 쇠락의 길로 접어든다. 약이 몸 안에 들어와서 기를 되살려 주어야 기능 보전이 되고 병을 이겨갈 수 있다.

눈의 기능은 안경이 교정해 주고 귀의 기능은 보청기가 도와준다. 치아 기능은 임플란트가 대신해 주고 스트레스 해소와 필요한 기능은 보조치료제를 써야 정상적으로 몸 상태가 유지된다.

노인의 이마에는 깊은 주름의 훈장이 그의 과거를 암시한다. 그의 이마에 각인된 주름의 깊이는 그의 인생역정을 대변해 준다. 그의 숱한 경험들이 후세들에게 전달되어 귀감이 되어야 하는데 그냥 묻혀버리는 경우가 많다.

머리에 가슴에만 담지 말고 토해 내서 글로 쓰고 편집해서 세상에 알리고 후에 오는 사람들에게 길잡이가 되어야 한다.

일상적인 것을 전해 줄 필요는 없고 살아오면서 겪었던 보석보다도 빛나고 피멍이 들 정도로 가슴 아팠던 일들을 후세들이 참고할 수 있다면 그건 얼마나 보람된 일이던가. 젊은이들이 가보지 않은 길은 낯설고 불안을 수반하기 때문이다. 노년에 과거 경험을 바탕으로 해서 미래를 준비한다면 똑같은 잘못을 피할 수 있는 것은 자명하다.

노인의 뒷모습을 나약하고 가엾고 슬프게만 느껴서는 안 된다. 노인의 이마에서 돋보이는 그의 인생역정을 끄집어내서 그 작은 역사들이 빛을 발할 수 있어야 한다. 그것은 그의 노하우이고 그의 발자취이며 갈무리된 역사의 흔적이다. 노인의 뒷모습이 아름답게 빛나는 세상 그것을 돋보이게 하려면 집필활동에 참여하는 것도 좋은 방법이다.

노년기에 접어든 친구들이 마땅히 갈 곳이 없고 불러주는 사람이 없다 보니 인근의 공원에 자주 산책을 나가게 된다. 벤치에 앉아 과거를 회상하고 안타까워하는 것은 노년기에 들어선 노인들의 일상생활이다. 같은 또래 노인들이 모여 이야기를 나누다 보면 자기도 모르는 사이에 분노의 언성을 높이는 사람들을 종종 보게 된다.

내 친구는 정년퇴직을 하고 아내와 둘이서 시골집에서 알콩달콩 젊은 날을 회상하며 살아가다가 갑자기 아내가 큰 병에 걸려 세상을 떠나게 되었다. 청천병력과 같은 충격이었음이 분명하다. 짝 잃은 기러기 신세이니 얼마나 마음이 아프고 외로웠을까 당사자 외에는 모를 것이다. 그는 슬픔과 고독을 이기지 못해서 하는 수 없이 서울에 사는 아들과 통화 후 시골재산을 정리하여 상경하고 아들 집에서 살게 된다. 그러나 그 생각은 잘못된 생각이며 잘못된 선택이었다. 시골생활과 서울생활은 하늘과 땅 차이가 나고 단 하루의 삶이 시골에서의 한 달간 삶과 비교될 만큼 고통스런 것이었다. 후회 되어 다시 시골로 내려가려 해도 재산은 온데간데없고 그 친구에게 빈주먹뿐이 된다.

그는 결국 적응을 못하고 자살의 비극을 맞이하게 된다. 남의 일 같지만 이런 일이 누구에게든 닥쳐올 수 있는 일이다.

가진 것이 많고 건강이 뒷받침된다면 노화로의 진행을 걱정할 필요가 없다. 노화는 자연스런 과정이고 누구나 거역할 수 없는 숙명이기 때문이다.

그러나 손에 쥔 것이 없는 노화는 앞날이 막막하기만 할 것이다. 직장이 없어지고 동료들이 어디론가 흩어지고 매월 고정급이 사라지고 친구들이 멀어져 간다. 곁에 있던 친구들은 하나둘 이승에서 저승으로의 환승을 시작하고 비교적 왕래가 잦았던 친척들도 그 의미가 축소되고 삼촌 사촌 오촌 육촌 칠촌 팔촌으로 구분했던 사람들도 타인화의 길로 접어든다.

최후까지 곁을 지키는 것은 가족뿐인 것이다. 끈끈하고 단단했던 '가족의 정' 이것에 의지하고 지키는 것이 마지막 과제이다.

오늘 우리가 사는 사회는 이것이 무너져 내리고 있다. 가야할 곳은 요양원으로 가서 같은 처지에 있는 사람들과 인생을 되돌아보면서 짭짤하고 맛 넘치는 삶이 아닌 싱겁고 무미건조한 삶을 만지작거릴 수밖에 없는 비극이 오늘 따라 나를 슬프게 한다.

노인 스스로가 자신의 열정적인 삶에 자부심을 갖고 사회가 그들을 인정해 주는 명예의 전당이 마련되어야 한다. 그들의 그늘을 밝은 햇살로 채워주는 그런 사회를 기대해 보는 게 꿈이 아니기를 간절히 바라는 오늘이다.

05

백세인생

중국 당나라의 시성 두보는 <곡강시>에서 "人生七十古來稀"라고 사람이 70을 사는 것은 고래로부터 드물다는 시어(詩語)를 사용했다. 지금은 고희에서 한발 더 나아가 평균수명이 80세에 접근하고 너도나도 100세를 내다보고 인생계획을 다시 짜고 있는 중이다.

실제로 주변에는 90세가 넘어도 농사일을 하고 단축 마라톤에도 출전해서 완주를 고집하는 도전자도 있다. 내 주변의 또 다른 어른은 90이 넘은 노령에도 전철과 버스로 애경사를 직접 챙긴다. 그리고 손수 운전을 하면서 여행을 즐기는 어른도 있다. 고령화 사회의 놀라운 모습이다. 이러한 초인적인 능력의 발현은 한편으로 부럽기는 하지만 다른 한편으로는 걱정도 따른다. 순간적으로 건강에 이상이 생겨서 돌발적인 사고가 발생할 수도 있고 치매가 와서 집을 찾지 못해 행방불명의 불행을 맞이할 수도 있기 때문이다.

오늘날 장수 사회가 도래한 것은 무엇보다도 음식문화의 획기적 발전과 제약과 의료기술의 놀라운 진보 적절한 섭생관리와 운동의 조화가 이룬 쾌거라 생각된다.

요즘 사람들의 얼굴을 보고 나이를 가늠하는 일은 쉽지 않다. 고단백 영양공급과 건강증진을 위한 약물복용, 피부노화를 예방하는 화장품 등이 젊음을 지켜주는 비결인가 보다.

반면에 노인의 삶은 비참하다는 말이 있다. 정신적으로 황폐해지고 경제적으로도 윤택함이 없으며 젊은 시절처럼 비전이 보이지도 않는다. 반환점을 돌아 인생의 종점이 다가오고 있으니 이제 사후세계만이 덩그러니 남아 있는 것이다. 시간이 얼마 남지 않았다는 것을 알았을 때에는 시간이 왜 그리 빨리 지나가 버리는지 알다가도 모를 일이다. 하루 24시간이 눈 깜짝 할 사이에 지나가 버리고 마는 것을 몰랐을 때가 참으로 좋았던 시절이다. 시간의 흐름을 그저 바라만보고 당할 수밖에 없는 것이 우리네 인생이다.

노인이 되면 사회적 참여에서 손을 떼고 고독과 외로움 속으로 자신도 모르게 빠져든다. 젊음의 활력이 사라지고 몸 전체에 노화가 진행되니 매사에 자신감이 없어지고 남들 앞에 나서고 싶지 않게 된다. 지역이나 동네마다 경로당이 있어 같은 동료를 만나 말동무를 하고 늙음의 설움도 나누면서 지나온 세월을 저울질하면서 작은 위로를 받는다.

늙음은 자연현상이다. 시간이 흐름에 따라 어린 세포는 활성화 과정을 거쳐 퇴화의 단계로 접어들면서 탄력을 잃고 쭈그렁바가지로 변화하기 시작한다. 육안으로 늙은 세포임을 알기까지는 많은 시간을 필요로 한다.

늙음은 우리 몸 안에서 여러 가지 시그널로 알 수 있다. 아무리 힘든 일을 하더라도 힘듦을 인식하지 못했는데 몸이 여기저기 고장이 생기고 뭔가가 예전 같지 않음은 서서히 몸이 부서지고 있다는 신호이고 메시지이다. 늙음의 신호가 도착하면 자신을 반추해보는 시간을 마련해서 건강검진을 통해 세밀하게 몸을 체크하는 것이 필요하다.

장수시대는 반드시 바람직한 것은 아니다.

세상의 중심이 젊은이들에게 돌아가야 하는데 노인들이 세상을 좌지우지하는 놀라운 변화가 세계적으로 일어나고 있다. 죽어야 할 사람들이 죽지 않고 생명연장 게임이 계속되고 있는 것이다. 장수시대를 끝내라는 현수막을 들고 젊은이들이 가두시위를 할지도 걱정된다.

사람이 늙음을 인식하는 것은 거울을 통해서 쉽게 인지할 수 있지만 스크랩한 사진들을 보면 시간이 많이 흘러 예전의 모습과 지금의 모습을 비교하고 늙음을 인정하게 된다. 마음만은 늘 청춘이지만 외모는 예전의 모습을 간직할 수 없는 것을 어찌하겠는가?

사람의 마음은 전혀 늙지 않는다. 고희(古稀) 팔순을 넘겨도 마음만은 푸릇푸릇하고 싱싱하기만 하다. 즉 늙는다는 것은 육체적으로 쇠약해가고 찌그러져 가는 것일 뿐이다.

우리는 누구나 정신적 늙음과 육체적 늙음을 동시에 겪으면서 살아간다. 아무리 발버둥을 친다 해도 산야(山野)에 슬며시 내려앉는 이슬처럼 어느새 찾아온 늙음에 소스라치게 놀라지만 그것을 거부할 수는 없는 노릇이다. 어둠이 걷힐 무렵 꼬끼오 하고 울어대는 닭의 울음소리에 새벽이 곧 오고 있음을 알리듯 우리는 흰 머리가 늘어나면서 노년이 오고 있음을 인지한다.

노년은 죽음이 임박했음을 알리는 신호이다. 살아온 인생보다 살아갈 인생이 짧다는 것 그리고 그 남은 인생을 소중하게 보내야 한다는 것을 느낄 때마다 몸살을 앓게 된다.

　자연의 순리를 거부할 수 없는 기막힌 운명 앞에 우리는 마음을 비워야 한다. 그리고 살아온 인생을 갈무리해서 이승에서 저승으로 가지고 가서 맘껏 되새김하면서 녹음기 틀어 재생하듯 천년만년 듣고 보게 잘 갈무리해야 한다.

　백세인생에서 질병은 예방이 매우 중요하다. 질병에 걸리지 않기 위한 부단한 섭생과 운동, 명상의 세계에서 자신을 제어하는 것이 장수의 비결이다. 병에 걸리면 약물을 투여해야 하고 이것은 또 다른 부작용을 초래하는 원인이 될 수 있음도 유의해야 한다.

　고희(古稀)에서 팔순으로 가는 길은 힘들고 고통이 따른다. 팔순에서 구순으로 가는 길은 험난하고 병고에 시달리면서 인내하면서 이를 악물고 나를 지켜가야 한다. 구순에서 백세의 길은 신께 맡기는 길밖에 다른 방법의 선택이 제한적이지만 그래도 죽는 것보다는 살아 있음이 축복이라는 마음으로 100년의 삶에 도전하는 무서운 집념이 활화산처럼 솟아나도록 해야 한다.

　백세인생 설계는 단기계획과 장기계획으로 구분하여 수립하고 재무운영에 이르기까지 작은 허점을 보이면 운영의 차질을 빚게 된다.

　장수의 길을 걸은 타인의 사례연구도 귀감이 됨을 잊지 말아야 한다.

06

사진 소회

　휴대폰에 사진기 기능이 장착되면서 사진관은 어느새 사양산업으로 전락한 느낌이다. 예전엔 흔했던 사진관이 하나둘 사라지더니 이제는 아기들이 성장하는 모습을 앨범으로 만들어 기록으로 남기는 일과 학교에서 졸업앨범 만드는 정도로 사진관은 사업이 위축되고 있다. 사진관이 추억의 장소로 변모해 가고 있음을 실감한다.

　나는 여권 기간의 만료로 최근의 내 모습을 찍기 위해 사진관을 찾았지만 주변에는 사진관이 없어서 인터넷에 의존해서 여권사진을 찍을 사진관을 겨우 알아내서 찾아갔다. 퇴직 후에는 양복을 차려입을 기회가 없었는데 모처럼 정장에 넥타이를 매고 백화점 옆 사진관을 찾아 여권사진을 찍었다. 눈 깜짝 할 사이에 내 모습은 인화지 위에 그대로 드러났다. 순간 충격을 받고 어지럼증에 쓰러질 뻔함을 간신히 모면했다.

　마음은 청춘인데 내 모습이 왜 이렇게 망가지고 못 쓰게 되었는지 밀려오는 갈등을 소화할 수가 없다. 방금 나를 찍은 사진기가 오작동한 것인지 아니면 이 사진기가 사기꾼이 아닌가 마음으로 질책을 했다. 나는 사진사에게 내 모습이 이렇지 않다고 우기면서 재촬영을 요청했다. 사진사는 어이가 없지만 고개를 갸우뚱하면서 동의하고 셔터를 찰칵 눌렀다.

잠시 후에 인화된 내 모습은 먼저 촬영한 것과 완전한 쌍둥이였다. 나는 전면 수정작업을 요청했지만 내 모습과 너무 차이가 나면 여권이 취소될 수 있다는 사진사의 말에 부분 수정을 받아들였다.

세월의 흐름이 내 모습을 망가뜨린 주범이지만 어찌할 수 없고 되돌릴 수 없는 현실에 그날 밤 뜬눈으로 밤을 새는 해프닝이 있었다.

어느 날 영정사진을 찍어준다는 주민센터의 홍보물이 눈에 띈다. 예전에는 보지도 않고 듣지도 않고 생각하지도 않고 지나쳐 버린 일들이 화들짝 눈에 들어온다. 살아온 날보다 살아갈 날이 많지 않음에 발길을 주민센터를 향해 걷는다. 만감이 교차되면서 걷는 발걸음은 신나지 않고 맥 빠진 사람처럼 힘이 없다. 많은 노인들이 영정사진을 찍기 위해 모여든다. 한복을 곱게 차려입고 예쁘게 화장을 하고 사진기 앞에 선다. 굳은 표정과 엄숙한 얼굴 유연하지 않고 딱딱하고 올곧은 모습을 사진사가 교정해 줄 것을 조언한다.

요즘의 영정사진은 웃으면서 행복한 표정으로 사진을 담는 것이 자녀들도 조문 오는 이들에게도 좋은 인상을 남긴다고 사진사는 힘주어 말하지만 귀에 들어올 리가 없다. 사진기가 없던 조선시대에 초상화를 보면 웃는 모습을 그린 것이 없는데 웃으라고 해서 난감하기도 하고 받아들이기도 쉽지 않다. 더군다나 영정(影幀)은 그림자 영자에 그림족자 정자로 제사나 장례를 지낼 때 위패 대신 쓰는 사람의 얼굴을 그린 족자인데 말이다.

영정사진을 찍는 광경을 눈앞에서 목격하며 나는 갈등에 휩싸였다. 영정사진을 미리 찍어 놓는 것은 이승에서 삶이 끝나는 날 자손들이 당황하지 않게 하나하나 마무리해 놓는 것이 필요하다. 유언장도 미리 작성해서 공증도 받아놓고 수의도 안동마로 지어놓고 장례식장도 미리 예약해 놓고 상조회사도 지정해서 월부금도 부어 나가야 한다.

병원입원을 대비해서 병원비 통장도 두둑하게 준비하는 것도 서둘러서 해야 할 내 몫이다. 나는 영정사진 찍기를 포기하고 집으로 발길을 돌렸다. 영정사진 속에 들어갈 내 모습을 늙은 지금의 내 모습이 아닌 젊은 시절의 포동포동한 싱그러움이 넘치는 사진을 선정해서 만들기로 결정한 것이다.

앨범을 몽땅 꺼내놓고 사진 선정 작업에 돌입한다. 백일, 돌 사진은 우리 세대에는 존재하지 않고 초등학교 입학 전 사진을 발견하고 깊은 감회에 젖는다. 초등학교, 중학교, 고등학교, 대학교, 대학원 앨범들을 보면서 내가 성장하는 과정이 영화처럼 스쳐 지나간다.

교원을 하면서 찍은 사진은 주체할 수 없을 정도로 많지만 내 관속에 넣을 사진을 먼저 선정해 본다. 마지막으로 영정사진을 선택하는데 망설임으로 혼란스럽고 이 사진 저 사진을 집었다 놓았다 반복한다. 결국에는 급한 것도 아닌데 서두를 필요가 있는가 하고 보류시키기로 마음을 굳혔다.

흑백 위주의 영정사진도 지금은 컬러시대에 발맞추어 가지각색의 컬러사진으로 진화되고 있다. 사람의 죽음도 슬픔만이 아닌 그가 살아온 인생길을 되돌아보고 저승의 세계로 편입하는 계기를 축복하는 것으로 바뀌고 있다.

07

새우개 씨족사회

　씨족은 같은 성씨를 가진 사람들이 마을에 모여 오랜 시간을 같이 살면서 촌락을 이룬다. 씨족마을은 마을의 경계가 뚜렷하게 선이 그어져 있지는 않지만 다른 성을 가진 사람의 입촌은 제한적으로 허용하는 등 입촌이 까다롭다. 씨족의 촌락을 이루는 마을의 농경지도 씨족이 거의 전부를 차지한다.

　씨족은 공동경작, 공동수확, 공동분배의 형태를 띠며 강한 연대감과 응집력을 지닌다. 가계를 이어가고 씨족의 대소사를 책임지는 큰댁이 있고 큰댁을 중심으로 일사분란한 움직임이 씨족사회의 특징이다.

　나는 영월 엄(嚴)씨 시조 엄임의 어른의 32대 손이다. 내 위로는 돌림자가 기, 섭, 주이고 아래로는 태, 석으로 이어진다. 돌림자는 위계질서의 기준이 된다. 나이가 어리더라도 돌림자가 위이면 아저씨, 할아버지, 증조할아버지, 고조할아버지 등으로 호칭해야 한다.

　우리는 촌수가 낮아서 어린애에게 증조부라고 부를 경우가 있어서 많이 힘들었다. 같은 또래 손아래에 대한 호칭은 엄격했던 시절이다. 지금도 만나면 아저씨, 할아버지 노릇을 하려고 하면 곤혹스럽지만 예로부터 내려오는 풍습을 바꿀 수는 없다.

사람은 누구나 어린 시절 몸이 커가고 마음이 살쪄간 고향을 그리워한다. 고향에 달려가서 예전과 어떻게 달라지고 변했는지 확인하고 느끼고 싶은 마음이 굴뚝의 연기처럼 솟아난다.

나는 가끔 내 고향 포동 새우개 마을을 방문한다. 마을 앞에는 바닷가 염전이 있고 갯벌도 보이고 오래된 초등학교에는 공차는 아이들로 북적인다. 우측에는 200년이 훨씬 넘은 소나무가 마을의 수호신 역할을 한다. 논길을 따라가다 과수원 길을 지나면 학미산에 다다른다. 학미산에 계시는 조부모님께 성묘를 하고 조부모님과 대화를 나누기도 한다.

마을을 내려다보면 양지에는 큰댁이 자리 잡고 있다. 큰댁 산이 마을을 포근히 감싸고 있는 모습이 마치 사진 속에 아름다운 정경과 흡사하다. 큰댁 옆에는 내가 태어난 흙벽돌로 지은 집이 있었는데 지금은 없어지고 과수원으로 바뀌었다. 고향을 방문할 때마다 태어난 집이 없어짐을 안타까워한다. 나는 고향 냄새를 맡고 고향 맛을 보고 향수에 젖어들며 행복함을 느낀다.

'야은 길재 선생'이 낙향 은거하다가 옛 고려의 도읍 개경을 찾아온 감회로 지은 <회고가>를 읊어본다.

"오백년 도읍지를 필마로 돌아드니 산천은 의구하되 인걸은 간데없다. 어즈버 태평연월이 꿈이런가 하노라."

지금 고향을 지키는 집안은 단 한 집이고 모두들 고향을 떠나 흩어져 살고 있다. 다행인 것은 씨족의 재산이 그 동네 전부였는데 씨족 부동산의 절반 정도를 굳건히 지키고 있는 것이 대견하고 칭찬해 주고 싶다.

씨족사회는 역사의 기록으로만 존재하는 사회가 되고 있다. 이점도 있고 장점도 많지만 이를 유지 발전시키려는 동력은 상실되고 있다. 씨족은 가족 중심의 사회로 이전하다가 가족도 해체되고 지금은 1인 사회로 급격히 변화하고 있다.

씨족사회는 농경사회에서는 이점이 크지만 지금은 집단적 노동력을 필요로 하는 시대도 아니고 가족 간의 끈끈한 정도 그리 필요치 않는 무미건조한 세상으로 바뀌고 있다.

내가 태어나고 영아기를 보낸 새우개 마을에는 샘이 잘 솟는 공동 우물이 있었다. 그 우물은 집성촌 모두의 식수원으로 일 년 내내 샘물을 잘도 공급해 주는 곳이었다. 물동이를 이고 와서 물바가지로 물을 길어 나르는 아낙들의 모습은 내가 초등학교 시절 그곳을 방문했을 때도 볼 수 있었던 정다운 광경이었다.

일 년 농사의 풍년을 조상께 감사드리는 중추절에는 제사를 지내기 위해 목욕재계하고 우물물을 모두 퍼내고 새로 샘솟는 물을 받아서 제사 음식을 만드는 데 사용하는 정성은 지금은 흘러간 얘기로만 들어야 한다. 우리 조상들의 지혜와 미풍양속임에 틀림없다.

씨족사회의 집성촌이 붕괴되면서 대가족제도도 소가족제도로 바뀌고 지금은 혼자 사는 극소 가족제도로 이행하고 있다. 집안끼리의 결속력은 흐지부지되고 대소사를 머리를 맞대고 고민하고 의논했던 따뜻한 모습이 우리 곁에서 저녁연기 사라지듯 역사 속으로 묻혀버린 지 오래다. 자주 만나서 얼굴을 맞대야 정도 샘솟는데 바쁜 세상제 갈길 가다보니 혈족 간의 우의는 고사하고 남보다도 못한 모래밭 같은 사회가 되고 말았다.

밥상머리에서 3대 4대가 둘러 앉아 대화를 나누면서 살아온 얘기 살아가는 얘기를 들으며 세상을 꿰뚫어 보는 눈을 배우고 예법을 자연스럽게 배우고 익히는 것이 이제는 어디론가 실종된 것이 마음 아플 뿐이다. 과잉보호 속에 자란 우리 아이들이 위아래를 모르고 버르장머리가 없다는 말을 듣는 것도 우리의 전통적인 씨족사회의 소멸이 가져온 비극이라고 할 수 있다.

씨족사회를 형성하고 살아가는 것이 꼭 좋은 일인 것만은 아니지만 오래전부터 이어온 우리 민족의 삶의 방식인 것만은 틀림없다. 가까운 친인척이 같은 울타리 안에서 서로 나누고 돕고 격려하면서 공동의 목표를 향해 같이 나아간다는 것은 매우 바람직한 일이다. 물론 예전에는 사회가 단순하고 농경사회를 이루었기 때문에 가능했던 삶의 방식이다.

그러나 오늘날에는 씨족사회의 삶의 방식은 완전히 붕괴되고 친인척 개념도 매우 희박해 가고 있다. 사촌을 넘어서면 남남이 되어버린 지 오래되었다.

그 자리를 인접한 이웃들 자주만나는 사람들이 채워나가고 있다. 사실 친형제들도 3, 4세대만 내려가면 남남이 된다. 친인척 간의 교류가 희박하고 사라져 가기 때문에 핏줄을 같이 타고 태어났다는 것은 커다란 의미가 없어지고 있다.

씨족사회의 애경사도 드물게 연락이 오고 따뜻했던 집안 간의 교류가 사라지고 있다. 우리가 한민족이라는 단일민족의 개념도 이방인들과의 혼인이 급격히 늘어나면서 정설을 깨가고 있는 중이다. 다

민족끼리 피를 섞다보니 생기는 슬픈 현실이다.

우리는 가족을 '피붙이'라는 말로 표현한다. 체내에 흐르는 피가 같다는 의미로 쓰인다. 그만큼 친근감이 있고 동종의식이 살아 있는 것이다. 부모와 자식 형제자매는 같은 피가 흐르는 가장 가까운 사람들이다.

가족은 생활공간이 같고 같은 음식을 먹고 같은 문화를 형성하며 살아간다. 분가해서 독립된 새 가정을 꾸밀 때까지 오랜 시간을 함께 생활한다. 따라서 친근감과 유대감이 남다르고 종적 횡적 관계가 두텁게 형성된다.

중고교에 다니는 학생들도 부모와 같이 살아가는 것이 싫다고 원룸을 얻어 달라고 조르는 집들이 늘어나고 이를 감당하지 못하는 부모들의 볼멘소리가 여기저기서 쉽게 들을 수 있는 희한한 세상이다. 씨족사회는 전설 속의 이야기로 묻혀가고 있다.

08

시간의 노예

시간은 우주가 시작됨과 동시에 출발된 것이지만 숫자화한 것은 인간이 필요에 의해 만든 인간의 위대한 발명품이기도 하다. 시간은 우리가 살아나가는 과정에 반드시 따라붙는 삶의 절친한 동반자이다. 어느 누구도 시간을 벗어나서 자유로울 수 없으며 시간이 생활을 지배하고 짓누른다.

시간은 균등배분의 원칙에 따라 하루를 24시간으로 구분하고 시분 초로 같은 크기로 쪼개어서 흘러가게 규정한 세계적인 약속이다. 해와 달의 움직임을 참고한 것은 과학적 근거가 있다고 본다.

시계가 소리를 내며 운동을 거듭하면 아침이 오고 낮이 오고 밤이 어김없이 찾아온다. 옛날처럼 시간이 존재하지 않았다면 사람들의 생활은 제멋대로 굴러가는 동물적인 삶이 지배했을 것으로 추측된다. 그리고 그들은 현대인과는 달리 시간의 속박에서 훨씬 자유로운 삶을 구가했을 것이다.

시간은 잠시도 멈추지 않고 끊임없이 먼 여행을 떠난다. 시작이 있었던 것처럼 누구에게나 종말이 있다. 죽음을 맞이하며 그에게서 시간은 끝을 의미한다. 사람은 시간의 굴레를 탈출할 수 없고 시간을 뛰어넘을 수도 없다. 시간의 노예일 수밖에 없는 것이다.

신에게는 시간의 개념이 없다. 따라서 시간의 구속을 받지 않는 것은 당연하다. 신에게 시간은 시작도 없고 끝도 없다. 시간은 신의 작품이 아니고 인간이 만든 절대적 규정이다. 시간을 만든 인간은 시간의 구속을 받고 시간의 통제 속에서 살아간다.

만약 시간이 판매 대상이 된다면 얼마나 재미있는 현상이 일어날 것인지 그리고 얼마나 슬픈 현상이 일어날 것이지 흥미롭기도 하고 우려되기도 한다.

삶의 의욕이 없는 사람은 오래 살기를 원치 않기 때문에 자신에게 남겨진 삶의 잔여시간을 팔려고 할 것이고 거기에서 얻어진 소득으로 잔여시간을 즐거움으로 채우려 할 것이다. 반면 남의 시간을 산 사람은 자신에게 주어진 유한한 시간을 어떻게 사용할 것인가에 대한 고민에 빠지게 되며 사람마다 다르겠지만 시간의 중요성을 망각하고 대책 없는 삶의 여정을 만들어 갈 것이다.

또한 경제적 능력부족으로 필요한 시간을 구입하지 못한 슬픈 일들도 일어날 것이며 시간을 약탈하는 혼란한 사회구조가 만들어질 것은 자명한 일일 것이다.

시간은 평등의 개념이 들어 있어 좋기만 하다. 누구에게나 같은 크기로 존재하기 때문이다.

시간을 똑같이 공유하기 때문에 불평은 있을 수 없다. 많거나 적거나 크거나 작으면 거기에는 불만이 표출되기 때문이다. 누구에게나 균등한 시간의 배분이 얼마나 중요한 삶의 구조인가를 새삼 느낄 수 있게 된다.

시간은 치유의 놀라운 능력이 있기도 하다. 일상생활에서 생겨나는 아픔의 정도는 그 크기와 모양이 각양각색이다. 그 다양한 종류의 이야기들을 시간은 그 속에서 아픔을 치유하기도 하고 망각하게도 하며 상처를 아물게도 한다. 시간이 약이라는 말이 근거 없는 이야기가 아닌 것이다. 시간이 흐르면서 큰 아픔도 작아지고 상처 난 것도 딱지가 지며 새 살이 돋아나고 스스로 강하게 성장하는 계기도 마련해 주는 것이다.

사람들이 시간을 쓰는 방법은 저마다 제각각이다. 시간이 돈이라는 생각으로 열심히 사용하며 자신을 성장시키는 이가 있는가 하면 시간의 중요성을 망각한 채 무료하게 흐르는 대로 시간을 방치해 놓으며 지내는 이도 있다. 태어나서 죽음에 이르기까지의 시간을 어떻게 사용하는가는 정말로 중요한 과제이며 삶을 윤택하게도 피폐하게도 만든다.

우리 모두에게 주어진 시간 인생의 시간 계획을 세우는 것은 학교에서 훈련을 통해 지도되어야 할 커다란 과제이다. 생산적 시간 계획과 소모적 시간 계획은 하늘과 땅 차이임에 틀림없다.

우리의 삶을 여러 가닥으로 나누어서 보면 적절한 시기에 해야 할 일들이 분명히 있다. 알뜰살뜰한 시간계획을 수립하고 내가 무엇을 그 시기에 해야 하는가 빠뜨리지 말고 챙겨야 한다. 한번 가버린 시간은 다시 돌아올 수 없다는 것을 우리는 살면서 절실히 느꼈기 때문이다. 그렇다면 주어진 시간을 나만을 위해 사용할 것인지 공동체적인 삶을 살아야 할 것인지를 설정하고 효율적인 시간 사용을 해야 함은 두말할 필요도 없는 최고의 과제가 되는 것 아니겠는가.

시간과 돈을 비교해 보면 젊은이와 늙은이가 완전히 다르게 생각함을 쉽게 알 수 있다. 젊은 사람들은 돈이 시간보다 중요하다고 열이면 아홉이 돈을 택하지만 늙은이는 돈보다는 시간이 더 소중하다고 말할 것이 분명하다. 이처럼 세대 간 생각의 차이가 크다는 것을 알 수 있다.

돈은 있다가도 없고 없다가도 있을 수 있는 특성을 가지지만 시간은 한번 지나가면 소멸되어 다시 되찾을 수 없는 유한한 자원이다.

사람은 대부분 돈의 노예가 되어간다. 삶에 있어서 돈의 필요성 때문이다. 그러나 돈은 묶어두면 그 상태 그대로 존재하지만 시간은 잠 재어둘 수도 묶어 둘 수도 없으며 잡으려 해도 잡아지지 않고 늦추려 해도 늦춰지지 않으며 당겨서 쓰려 해도 당겨 쓸 수가 없다.

시간은 고지식하고 벽창호고 신념으로 꽉 찬 의지의 존재인 것이다.

시간은 쉼 없이 자기의 갈 길을 간다. 그 누구의 부탁이나 애원이나 협박에도 아랑곳 않고 자기의 갈 길을 꾸준히 가며 제 역할을 다하고 있는 것이다.

시간은 아기를 어린이로 학생을 성인으로 성인을 노인으로 그렇게 변화시키는 놀라운 힘을 지니고 있다. 우리가 그런 시간 앞에 숙연해지는 것은 당연한 일이 아니던가. 사람의 삶은 시간 속에서 엮어지는 것이다.

09

전철 경로석의 커트라인

전철 안의 좌석은 지정석이 아닌 자유석이다. 빈자리가 나면 누구든지 앉을 수 있다. 그렇다보니 좌석을 두고 벌어지는 에피소드도 많다. 더군다나 서서 가는 것이 힘에 부치는 노인들에게는 눈에 보이지 않는 좌석 쟁탈전이 벌어진다. 전철은 속도가 매우 **빠른** 관계로 젊은이들에게는 서서 가는 것이 부담이 되지 않음에도 좌석을 차지하면 노인에게 좌석을 양보하는 것을 기대하기 어렵다.

우리가 젊은 시절에는 노인이 앞에 오면 무조건 일어서서 자리를 양보하는 미덕이 사회통념으로 자리 잡았었다. 그러나 지금은 그런 미덕은 실종되고 노인들도 양보에 대한 기대를 접은 지 오래되었다.

청년과 노년이 자리를 두고 벌어지는 미묘한 대립풍경은 겉으로 들어나지는 않는다. 왜냐면 많은 사람이 임자이기 때문이다. 너는 너 나는 나라는 생각들이 젊은이들에게 뿌리깊이 박혀있다. 간혹 노인에게 자리를 양보하는 미덕을 지닌 젊은이들도 있지만 대부분은 나에게는 앉을 권리만 있지 양보할 의무는 없다는 것이 그들의 생각이다. 그것을 나무랄 권리도 노인에게 있는 것도 아니다.

다만 내가 어릴 때나 젊었을 때는 노인에게 자리를 양보했는데 내가 늙으니까 젊은이들에게 무대접 또는 푸대접을 받으니 서운해지는 것이다. 때론 괘씸한 생각까지도 들지만 사회 흐름이 그러니 어쩔 수 없는 노릇이고 할 말을 잃게 된다.

전철 안의 분쟁은 우리 노약자석을 두고도 불꽃을 튀는 경우를 종종 보게 된다. 쉽게 말하면 자리다툼인 셈이다.

개인 단체 국가 간의 분쟁은 대부분 평행선을 달리게 된다. 어느 한쪽이 일방적으로 이긴다기보다 두 개의 의견이 대립해서 소리가 커지고 험악한 말들을 쉴 새 없이 주고받다가 할 수 없이 주변의 압력에 의해 타협점을 모색하고 결론이 나지 않고 꼬리를 감추는 용두사미의 경우가 대부분이다.

노약자 보호석을 두고 사람마다 보는 시각은 개인차가 큰 편이다. 원래 노약자 보호석은 노령자, 임산부, 장애우, 허약한 환우 등 보호를 필요로 하는 사람들이 자리를 우선 차지할 수 있는 우선권이 있는 좌석이다. 그런데 노약자 우선 자리가 나기 무섭게 잽싸게 자리를 차지하고 앉는 중년의 사람들도 있다. 보호 차원의 의식은 그들에게 이미 없는 것이다.

그런가 하면 자리에 연연하지 않고 초연하게 대응하는 사람도 더러 눈에 띈다. 노약자 보호석이라는 사회적 인정에 협조하며 질서를 지키는 의식 있는 사람들인 것이다.

요즘 젊은이들은 자리 양보에 매우 인색하다. 노약자가 앞에 서 있어도 자리양보란 없다. 목적지까지 자기들의 권리라는 것이다. 물론 적극적인 자리양보로 주변 분위기를 따뜻하게 하는 경우도 있기는 하다.

일반석이 아닌 노약자석은 노약자들이 우선으로 이용할 수 있도록 하는 배려와 사회적 약속이 지켜져야 한다. 또한 노인이라고 무조건 권리만 요구할 것이 아니라 건강한 노인은 좀 더 약한 노약자에게 좌석을 양보하는 배려도 가져야 한다.

배부른 임신부에게도 자리를 양보할 수 있는 배려가 필요하고 그들이 눈총을 받지 않고 좌석을 이용할 수 있도록 하여야 한다. 노인들만이 누릴 수 있는 특권좌석이 아니고 그야말로 노약자석이기 때문이다. 남들에 비해 허약한 다리를 가진 나는 전철을 타면 경로 우대석에 관심을 갖고 자리가 비워지면 주변을 의식하지 않고 자리에 앉는다.

어느 날은 의정부에 볼 일이 있어 부천에서 전철을 탑승해 역곡역에서 자리를 차지하고 앉았는데 온수역에서 탑승한 노인이 시비를 걸어온다.

젊어 보이는데 왜 경로석에 자리를 차지하고 앉았느냐고 못마땅해 하며 내 나이를 묻는다. 나는 대꾸하기가 싫어 일어나지도 않고 침묵을 지키니 그 노인은 경로우대석의 자리차지 커트라인이 75세라는 것을 내게 알려준다. 나는 경로우대석의 커트라인이 75세라는 것을 몰랐기에 즉시 사과하고 일어서서 자리를 양보한 그때 일을 잊을 수가 없다.

실질적으로 경로석의 커트라인은 못 박아서 몇 살이라고 규정지어 진 것은 아니다. 그리고 그 커트라인은 늘 가변적이고 케이스바이케이스의 형태로 운영된다.

경로석에 대한 전철 안의 평화가 그립다. 그나마 경로석을 마련해 준 철도청에 감사해야 한다. 경로석이 없다면 요즈음 노인들이 서서 가거나 앉아 가거나 도무지 관심도 없고 마이 웨이를 외치는 젊은이들이 아니던가.

　젊은이들의 피곤함도 알고 그들의 권리도 인정하지만 노약자들의 상황도 이해할 수 있는 사회적 배려가 있었으면 하는 바람도 가져 본다.

10

쥐면 아파 펴면 편해

사람은 어머니의 몸을 빌려서 어느 날 홀연히 이 땅에 와서 생애를 시작한다. 울음으로 이 땅에 온 것은 자신의 의사와는 관계없는 우연이다. 우리는 이 땅에 온 첫날을 매년 생일로 기념한다. 생을 마감하고 하늘나라로 귀의하는 것도 자신의 의사와는 관계없이 우리는 그 마지막 날을 기일로 후손들이 제사로 기념한다.

사람은 누구나 이 땅에 태어나는 순간 '응애'라는 울음소리로 세상에 왔음을 알린다. 그 울음의 의미를 나름대로 우화적으로 반문해 보면

첫째, 어머니 몸 안에서 탄생을 준비하는 동안에 소리를 크게 질러보지 못한 것에 대한 반작용일까?

둘째, 탄생의 기쁨을 웃음보다는 울음으로 그 감동을 표현한 것일까?

셋째, 빈손으로 태어났다는 것을 강조하기 위한 것일까?

넷째, 세상에서의 삶이 시련과 고통으로 다가올 것이라는 것을 암시하는 것일까?

다섯째, 탯줄을 끊게 되어 먹을 것을 달라는 의사표시일까?

울음으로 생애를 시작한 아기는 환경과 긴밀하게 교류하고 어머니와의 끊임없는 반응을 주고받으며 성장을 거듭한다.

대학 시절 배운 피아제의 '인간발달 이론'에 의하면 사람은 감각운동기에서 전 조작기, 구체적 조작기를 거쳐 형식적 조작기로 발달을 전환하면서 몸도 커가고 마음도 커간다.

원래 인간은 태어날 때 아무것도 가진 것이 없는 빈손이다. 태어날 때도 무소유이며 세상을 하직할 때도 무소유이다. 내 것은 아무것도 없고 삶을 영위하는 과정에서 이용권만 가지고 있음을 우리는 인식하지 못한다. 하나만 가지면 둘을 가지려 하고 둘은 넷을 넷은 여덟을 여덟은 열여섯을 가지려 한다. 인간의 소유욕은 마치 세포분열을 일으키듯이 끝도 없이 무한을 향해 돌진한다.

인간이 가지는 이용권도 무한하지 않고 유한함에도 무한한 것으로 착각하고 내 곁에 묶어두려고 발버둥치는 것을 보면 욕심이 하늘을 찌를 것 같은 어리석음이 드러난다. 욕망의 끝을 놓으면 마음이 편안해진다. 우리는 욕심의 끈을 당기지만 말고 풀어주기도 해야 한다.

내가 많이 가지고 있다는 것은 다른 사람이 가질 기회를 그만큼 박탈하고 있다는 것을 인식해야 한다.

좁은 지구에는 70억 명이 살고 있다. 부의 편중 현상은 인류가 경계해야 할 과제이고 풀어나가야 한다. 모든 사람이 같이 나누는 부의 분산이 하루속히 이루어져서 나눔의 사회가 실현되어야 평안을 가져올 수 있다.

있다는 것과 없다는 것은 삶의 과정에서 그리 중요하게 생각할 필요는 없다. 그것은 약간 편안하다는 것과 약간 불편하다는 차이일 뿐이다. 사람은 있어도 세끼를 없어도 세끼를 먹고 에너지를 공급받는 데 약간의 질적 차이일 뿐 배부르고 안 부르고의 차이는 아니다.

있는 사람은 그만큼 부를 축적하는 과정에서 많은 에너지를 소모했기 때문에 신체적 균형에서 없는 사람에게 뒤질 수 있다. 또한 있다는 것은 이 세상에 살아 있는 동안에만 유효하며 저세상에서는 아무런 가치를 발휘할 수 없다.

있다는 것을 자랑하거나 허세를 떠는 것은 가소로운 일이다. 있거나 없거나 똑같은 시간은 배분받아서 주어진 시간 안에서 계속해서 차감되고 있는 것을 우리는 느끼지 못하고 살아간다.

고희를 넘어서면 시간은 더 빠르게 차감되어 가는 느낌을 받는다. 그 시간을 흘러가지 않게 할 수도 없는 노릇이다. 있다 없다를 따지지 말자. 만족하면 만족하는 대로 불편하면 불편한 대로 살아가면 되는 것이다.

우리는 백 살도 살지 못하면서 끊임없이 부와 재물을 움켜지려고 안달복달을 한다.

짐이 무겁고 들 것이 많으면 인생길이 가뿐하지 않고 불안하면서 힘이 든다.

"왜 사느냐고 물으면 웃지요"라고 답한 시인이 족집게 정답을 말한 것을 가슴에 새겨야 한다. 따뜻한 마음 베푸는 마음 감싸는 마음 다정한 마음 이 모두가 삶의 동력이 되어야 한다.

빈손이라고 해서 마음도 가난한 것이 아니다.

11

지팡이의 마력

얼마 전 가까운 지인이 오랜 투병생활을 이기지 못하고 하늘나라로 귀의했다. 젊은 시절 밤낮 가리지 않고 궂은 일 힘든 일 마다않고 오직 일에만 매달려 큰 부자가 되어 그야말로 떵떵거리며 살았다. 부자는 없는 사람에게 베풀 줄도 알아야 칭송을 받는데 이분은 스크루지 영감보다도 더한 구두쇠로 한평생을 살았다. 세상 끝날 때까지 움켜쥐고 호혜를 베풀지 못하고 떠난 것이다.

사람의 늙음은 누구도 비켜갈 수 없는 것이다. 그는 척추에 악성 질환이 생겨 기역자로 굽어지는 몸을 지팡이에 의존하며 손발을 대신하고 살았다.

지팡이는 노인의 상징이다. 자기 몸을 스스로 추스르지 못하면 다른 힘에 의존하는 보조기구를 찾아 상용하게 된다.

지팡이는 노인의 필수품으로 온전하지 못한 노인의 친구 역할을 한다. 지팡이는 노인들의 든든한 버팀목이고 그가 살아온 역사를 지키려는 수호신이다. 지팡이에 의지해서 걷는 노인을 보면 마음이 짠하다.

노년으로 접어들면서 몸과 마음은 내 뜻대로 움직여 주질 않는다. 세월이 흐를수록 건장하고 자신만만했던 내가 주체할 수 없을 정도로 망가지고 부서져간다. 지팡이로도 버티지 못하면 전동카를 타고 이동해서 일을 보고 병원에 가서 약도 한 보따리 받아와야 한다. 노년에는 구석구석 아프지 않은 곳이 없다. 아픔의 도미노현상이 일어난다. 젊은 날 펄펄 날던 시절이 엊그제였는데 특히 허리는 곧은 자세를 유지하고 우리 몸을 지탱해 주는 중심인데 그 부분이 문제를 일으킨다.

어린 시절 부모님이 들려주던 동화에 등장하는 지팡이는 요술쟁이이다. 주인공이 난관에 봉착하게 되면 그 상황을 극복하기 위해 지팡이에 마술을 걸면 획기적인 새로운 장면이 전개된다. 의아하고 신기하면서도 재미를 더해주는 지팡이이다. 지팡이에 여러 가지 전자 칩 기능을 삽입해서 상업화하면 요긴하게 필요한 사람에게 쓰일 수 있을 텐데 하는 바람이 생긴다. 마술로 아픔도 이겨내고 고통도 완화해 주고 병고로부터 해방될 수 있는 마법이 들어 있는 다목적 지팡이를 발명하고 생산해서 보급했으면 하는 마음이 가득하다.

남미 잉카제국의 시조 전설에는 왕이 지팡이를 던져서 수도로 정할 땅을 찾았다고 한다. 이런 지팡이의 신비적 힘은 천지를 관통하는 세계축이라는 사상에서 유래한다고 전해온다. 수목은 세계축의 상징이며 그 나무로 만드는 지팡이가 세계 축을 전해서 지상에 미치는 초자연적 힘을 구비하고 있다는 것이다.

지팡이에 의지하는 나이가 되면 공연히 서글퍼지고 우울해진다. 나는 좀처럼 늙어 꼬부라질 것처럼 생각하지 않았는데 세월의 무게가 '나를 이렇게 만들었구나'라고 생각하면 북받쳐 오르는 설움이 나를 전율케 한다. 지팡이를 사용한다는 것은 혼자의 힘으로 나를 곧게 설 수 없음을 입증하는 것이다. 지팡이에 의존하는 노년에 편하게 살기 위해서는 보고도 못 본 척 들어도 귀먹은 척하는 것도 삶의 한 방법이다.

경제성장의 혜택이 이제는 노년에게도 서광이 비춰야 한다. 노년의 삶을 화려하고 활기차게 이끌어 갈 수 있는 과제를 정부는 연구하고 가난에 시달리는 노인에게 항구의 불빛처럼 섬광이 비치게 할 수 있어야 한다. 인생의 끝자락에서 고독과 싸우고 슬픔을 곱씹으며 세끼 식사마저도 배불리지 못하는 노인들이 널려 있음을 알고 대처해 나가야 한다.

나는 아직은 지팡이에 의존하지는 않는다. 지금도 씩씩하고 늠름하게 군대에서 영내를 다니는 것처럼 의젓한 자세로 걷는다. 하지만 어느 날 갑자기 내 몸의 균형이 무너져서 지팡이에 의존 안 한다고 보장할 수 없다. 그러기에 더욱 몸을 단련하고 아끼고 다듬어서 이승을 떠나는 날까지 지팡이에 기대지 않는 삶을 살아야겠다고 아침저녁으로 운동에 매달린다.

노년의 어르신이 살아가는 역사는 나름대로 가치가 있고 보석처럼 빛나는 것이다. 후세들은 어른들 지팡이의 가치를 모르고 비아냥거릴 때도 있다. 저 지경을 하고 거리에 나서고 뒤뚱거리는 것이 보기 싫고 남들에게 피해를 줄 수 있다는 논리이다. 그러기에 집에 앉아 외출을 삼가고 조용히 살아가길 바라는 것이다.

장수시대가 도래하면서 앞으로 지팡이 행렬도 배가 되어 늘어만 갈 것이다. 지팡이로 의지하는 노인들에게 젊은이는 찬사를 보내야 한다. 그는 우리들에게 손을 이어 준 조상이며 그들의 땀방울이 고여 오늘의 국가의 부를 축적하고 가난을 몰아내는데 일등공신 역할을 한 분들이기에 박수를 보내야 한다. 늙고 병들고 지팡이에 의존하며 살아간다고 얕잡아 보거나 흉을 입에 담아서는 아니 된다.

　그들은 어린 시절부터 꼬부라질 때까지 초근목피로 배를 굶주리며 오늘의 대한민국을 탄생시킨 주인공들이다.

12

천수(天壽)

지인들의 부음을 들을 때마다 가슴이 철렁 내려앉는다. 엊그제까지만 해도 왕래가 잦았는데 어느새 그들이 이승의 삶을 마감하고 저승으로 하나둘씩 떠나가기 시작한다. 천수를 다하고 하늘로 떠나기에는 아직은 살날이 남았는데 질병으로 악전고투하다가 생을 마감하는 경우를 보면 가슴에 시베리아 바람이 불어오는 느낌이다.

천수는 하늘이 준 인간의 수명을 의미한다. 천수는 하늘의 뜻이므로 순응할 수밖에 없고 늘리거나 줄이거나 조정할 수 있는 방법이 없다.

일전에 폐암 4기에 들어서서 인공호흡기에 의존하는 친구의 병문안을 다녀왔다. 대학병원에서는 달리 치료 방법이 없으니 퇴원해서 집에서 편안한 시간을 보내라고 퇴원권고를 했다. 말이 퇴원권고이지 그것은 사형선고나 마찬가지이다. 그는 치료에 대한 미련을 버릴 수 없어 버티기 작전을 고수했다. 병세는 호전되기보다는 악화일로로 치닫고 결국 그는 집으로 돌아왔다. 병문안을 간 친구들에게 던지는 말은 참으로 의미심장했다.

"사는 걸 포기하는 것이 그렇게 받아들여지지 않아. 숱한 갈등의 시간을 보내고 이제 죽는다는 것을 받아들이고 정리하니 마음이 편해지네."

정곡을 찌르는 그의 말에 분위기는 순식간에 숙연해진다.

천수는 인위적으로 어길 수도 없으며 거스른다는 것은 더군다나 불가능한 일이다. 신이 인간을 창조할 때 유한한 존재로 만들었기 때문이다. 무한한 신의 존재와는 차별화를 한 것이다. 인간의 유한성은 신의 무한성에 접근하지 못하게 하려는 신의 생각이다.

신으로부터 천수를 받은 사람은 평생 동안 관리에 신경을 써야 한다. 불의의 사고나 교통사고 건강을 유지하기 위한 세심한 배려 등이 이에 해당된다. 가까운 친구들이 하나둘 이승을 떠날 때마다 천수의 길고 짧음을 생각하고 나는 지금 어디쯤 와 있을까를 생각해보지만 답은 오리무중이다.

친구 B는 초등학교 시절 우리 반의 엘리트로 돋보이는 친구였다. 이 친구는 다정다감하고 홀어머니 밑에서 학업에 열중하여 성적이 뛰어났지만 대학에 갈 수 있는 돈이 없어 고졸 후 9급 공무원 시험에 응시하여 당당히 군청 공무원이 되었다. 매사에 수동적이기보다 능동적이어서 그의 열정은 윗사람의 눈에 들었고 승진도 남들보다 앞서 나갔다.

38세에 사무관이 되어 주위의 부러움을 사고 가정도 일취월장 발전을 거듭하여 고향의 시장후보로 떠오를 정도였다. 그러나 두주불사로 인해 그의 간 건강은 빨간불이 켜지는 것도 모르고 뒤를 돌아보고 건강을 챙겨야 하는 일을 까먹은 것이 화근이었다. 그는 간암

3기를 선고받고서야 지나온 시간들을 되짚어보고 후회의 눈물을 흘렸다.

말년에는 고통을 이기려고 모르핀 주사에 몸은 더욱 빠르게 망가지고 사망에 이르렀다. 친구들은 미래의 큰 인물을 잃은 슬픔에 안타까움을 그와 함께 묻었다.

남편의 죽음은 미망인에게 하늘이 무너지고 앞으로 남겨놓은 자식들과 살아갈 날이 까마득하고 밀려오는 불안을 헤쳐 나가는 것이 만만치 않은 일이다. 경제적인 문제해결 자식들의 교육문제 세상이 보는 편견들을 극복해 나가는 일 재산의 처리과정에서의 딜레마 등등 그야말로 앞날은 캄캄하고 광명의 빛이 보이지 않는다. 나열된 문제들을 원만하게 해결하기 위해 상담을 받는 것도 쉬운 일이 아니다. 그렇다고 주저앉을 수는 없다. 미망인은 박차고 일어서서 가야 할 길을 선택하고 굳건히 미래로 향해야 한다.

그녀는 결국 한국을 떠나서 친척들이 모여 살고 있는 영국을 선택해서 이민의 보따리를 꾸렸다. 영국에서의 생활은 더 큰 외로움과 언어소통의 문제 등으로 더 큰 갈등을 느낀다. 부부가 오손도손 살다가 거의 비슷한 시간에 생을 마감하는 것이 어려운 문제를 해결하는 열쇠이다. 그렇지만 마음대로 되지 않는 것이 우리네 인생이다.

대부분의 사람들이 백년도 살지 못하면서 투정을 하고 욕심을 내고 남과 다투고 얼굴을 찌푸리는 경우가 다반사이다.

세상에 태어나는 순간 사람은 불확실한 미래를 안고 출발의 첫걸음을 내딛는다. 생명체의 기본으로 꼽는 먹고 자고 배설을 반복하면서 다른 생명체와는 차별화된 뇌의 발달과정을 신으로부터 부여받은 인간은 만물의 영장으로 살아가게 된다. 진화과정에서 가장 윗자리를 신으로부터 전수받고 높은 자리에 올라 만물을 지배하고 다스릴 수 있는 권한을 부여받는 선택된 지배자이다.

　사람은 생물이기 때문에 정적이지 않고 동적이며 생로병사에 시달리면서 생을 유지하고 버텨나간다. 운명론과 자기 결정론의 혼합된 삶의 과정은 화려할 수도 보잘 것 없을 수도 있는 많은 변수가 작용한다. 취하고 버리는 데에 따라 삶의 표상은 전혀 다르게 나타난다. 그 변수는 경우의 수가 헤아릴 수 없을 정도이다. 자기 결정은 이럴 수도 저럴 수도 없이 혼란이 찾아온다. 또한 그 모양새가 제각각이므로 어느 것을 취하는가는 매우 중요한 과제라고 할 수 있다.

13

퇴직을 논함

퇴직은 직업인생을 마감하고 자유인생으로 넘어가는 분수령을 이룬다. 누구나 직업인생의 시작이 엊그제 같은데 검은 머리 파뿌리가 되면 원하든 원하지 않든 후배에게 자리를 내주고 물러앉아야 한다.

퇴직이전과 퇴직이후의 삶은 내가 겪어보니 전혀 다르게 전개됨을 알게 된다. 직장인생은 일간 주간 월간 연간 스케줄에 따라 일에 얽매인다. 직업이 나의 모든 것을 지배하고 나는 직업의 머슴살이일 뿐이다. 인간관계도 직업과 관련된 카테고리 속에서 맺어지고 발전하고 소멸된다.

직업인생은 끈에 매여져 있어 구속을 받지만 일에 대한 대가가 있어 행복하다. 매달 보수가 통장에 입금되고 생활비를 지출하고 잔여금은 불어나기 시작한다. 눈사람을 만들기 위해 눈을 뭉쳐놓으면 굴러가면서 살을 붙여나가는 쏠쏠한 재미는 나를 크게 하고 나의 힘이 되어 뿌듯함을 느낀다.

퇴직은 자유인생의 시작을 알리는 신호등이다. 파란 신호등이 될지 빨간 신호등이 될지 여부는 미지수이다. 청년이 노인이 되어 맞이하는 자유인생은 일에 얽매이고 숨 막히는 스케줄의 속박 속에서 탈출하는 계기가 된다. 자유인생의 삶은 내 마음대로 일을 계획하고 내가 보고 듣고 하고 싶은 일을 여기저기 찾아다니며 기웃거릴 수 있다.

퇴직을 하면 공인이 아닌 사인의 세계로 진입한다. 거기에는 어떤 간섭도 어떤 통제도 없다. 계급의 차이에서 오는 압박과 설움도 없다. 어떤 책임도 없는 신천지에 편안함이 같이한다.

자유인생은 나를 보다 더 성숙하게 만드는 산실이 된다. 값비싼 양복에 현란하거나 품위 넘치는 넥타이를 매고 한껏 멋을 내던 시절에서 캐주얼한 옷차림으로 패션이 전환된다. 캐주얼한 복장을 보고 쓴웃음을 짓기도 하고 다른 사람의 수군거리는 소리도 표정으로 읽을 수 있다. 그럴 때 슬픔이 밀려오고 숙연함도 교차한다.

자유인생이 시작되면서 양복은 옷장에서 긴 잠에 빠져든다. 그 많은 넥타이도 양복과 함께 신세타령을 하다 동반수면에 들어간 지 오랜 시간이 흘렀다.

어쩌다 특별한 날이 오면 이 양복 저 양복에 넥타이를 이걸 맬까 저걸 맬까 현란한 걸 골랐다가 품위 있는 것을 골라보고 결정을 내리지 못하고 머리를 갸우뚱댄다. 특별한 날 입으려고 옷장의 내 분신들이 곰팡이가 날까봐 걱정이 된다.

퇴직 후의 특별한 날은 거의 오지 않는다. 특별한 날이 자주 올 것이라는 나의 기대는 백퍼센트 착각이었다. 내가 살아 있는 매일매일이 특별한 날이라는 것을 알게 된 것은 한참 후의 일이었다. 특별한 날에 입을 옷들을 이제 어느 것이나 가리지 않고 입는다. 부지런히 입는다 해도 새 옷 같은 저 많은 옷들을 저승에 가는 날 전부 불태워 버릴 것을 생각하니 외출을 한껏 늘려서 여기저기 기웃거리고 참견할 생각이다.

퇴직을 하면 그 많던 외출도 대폭 축소되고 불러주는 사람도 가뭄에 콩 나듯 어쩌다 한 번 생긴다. 설레는 마음으로 옛 동료들을 만나면 마음이 아파온다. 늙어서 꼬부라지면서 하나둘 죽음으로 가고 있는 우리들의 행렬이 슬프기만 하다. 그래도 반가움에 서로를 위로하고 격려하며 담소를 나누는 기쁨도 만만치 않다. 얼마 전 까지만 해도 병고에 시달리는 동료가 있으면 병원에 음료수를 사들고 달려가 쾌유를 빌었지만 지금은 모두가 아프고 병들어서 쾌유 기원은 고사하고 '부고장 받으면 꼭 오라'는 당부의 말들만 오가고 만다. 그 많던 동료들과 친구들은 연락두절 후 어디서 무엇을 하고 있을까? 궁리를 해 보아도 답을 얻기가 쉽지 않다.

노년으로 들어서면 퇴직을 준비해야 하고 그것은 마음을 가다듬는 것으로부터 시작된다. 젊은 날에는 완속 도로를 여유 있고 느긋한 심정으로 달려간다면 퇴직을 앞두고는 고속도로를 제어할 수 없을 정도로 가속도가 붙게 된다.

노년은 희망보다는 절망이 압도하고 기쁨보다는 슬픔이 나를 짓누르고 있음을 깨닫는다. 젊은 날 자기만족을 위해 천하를 호령하고 물불 가리지 않던 기개는 온데간데없다.

퇴직 후 나는 아내와 함께 경남 창녕에 있는 서드에이지를 방문하여 2박 3일간 체험활동을 하고 많은 것을 가슴에 담고 돌아왔다. 그곳 서드에이지에 입주한 노인들은 그 사연이 줄줄이 사탕처럼 달려 있다.

기업의 고위직에서 젊음을 바치고 말년에는 이사가 되어 전 세계를 상대로 이리 뛰고 저리 뛰면서 기업의 이익을 창출하여 뭇 사람들의 선망과 거금을 손에 쥔 그분이 서드에이지에 들어오게 된 사연을 들었다.

이제 고참이 된 그분은 도우미의 보조가 없으면 움직일 수도 없고 말도 더듬으며 중풍을 맞아 얼굴은 일그러진 상태였다.

얼굴에는 주름이 깊게 파이고 눈짓과 몸짓에는 패기가 사라지고 걸음걸이도 힘을 잃고 꼿꼿했던 척추는 자기도 모르는 사이에 기역자로 휘어지고 있었다. 식당에서도 다식으로 만찬을 즐기지 못하고 소찬으로 생명을 유지할 정도의 에너지만 공급하고 있었다.

몸이 아프니 삶에 즐거움이나 신이 날 리가 없고 얼굴에 웃음을 잃은 지도 꽤 된 듯 보였다. 보행이 부자연스러우니 배설도 불편을 느낀다고 말한다. 누구든지 노년에 접어들면 약화되어가는 성기능은 몸의 신진대사가 원활하지 못하다는 반증이 된다. 실오라기 하나 잡을 힘만 있어도 이성의 곁에 가서 반응한다는 것은 그저 흘러간 옛날 얘기로 바뀐 지 오래되어 간다.

퇴직은 사색의 시간을 제공한다. 시간의 촉박함으로 서두를 일도 없고 쫓기거나 쫓음을 당하지도 않는다. 나에게 주어진 시간 안에서 내가 기획을 하고 내가 조정을 하고 내가 주인이 되는 여유를 만끽할 수 있다. 누구나 나를 침범하지도 않고 간섭하지도 않으며 이래라 저래라 요청하지도 않는다.

퇴직 후 나는 쇼핑에 미쳤다. 바둑에도 미쳤다. 운동에도 미쳤다. 여자를 낚는 어부가 되려고도 해 보았다. 글쓰기에도 미쳤다. 아내와도 날카롭게 대립도 했다. 마음이 불안정하고 들뜬 상태에서 내 인생에 대한 전반적이 재평가 작업 모두가 부질없는 일이나 아무런 의미도 없는 일이었다.

직업인생을 40년 동안 심취되어 있다가 퇴직을 하면 이전과는 다른 환경에 놓이게 되고 색다른 환경이 투영되어 적응하는 것이 만만치 않다. 바뀐 환경이 생소하기도 하고 낯설게만 느껴진다. 직업인생의 시계가 멈추고 자유인생의 시계가 재깍재깍 소리를 낸다. 그 소리에 맞추어 적응해 나가야 한다. 직업인생의 햇수는 40년이었는데 자유인생의 햇수는 알 수 없고 하늘에 의탁해야 하는 불확실한 인생이다.

나는 현역에서 예비역이 된 후에 갑자기 시간이 멈춘 느낌이 든다. 지나간 시간을 재생하고 싶지만 그것은 이미 과거 속으로 묻어 버린 것이다. 현실은 찬바람이 세차게 부는 들판에 나 홀로 던져진 미아일 뿐이다. 예비역은 말해 보아야 알아 주지도 않고 말할 필요도 없다는 것을 깨닫게 되니 허탈감이 앞선다.

퇴직은 나에게 인생의 깊이를 탐구할 수 있는 명상의 시간을 일상화해 준다. 과거로 돌아가서 나를 반추해보고 가늠해보고 되돌아보는 기회를 가진다. 추억을 되씹어 보는 것도 색다른 재미가 있다.

나를 할퀴고 상처를 낸 사건들이 생생하게 살아 움직인다. 그렇지 않은 과거는 농도가 흐려서 가물가물 기억에서 멀어져 가고 흐릿하다.

과거는 '눈물의 씨앗'이라고 노래한 유행가가 떠오른다. 그 노래를 따라만 불렀는데 지금 생각해보니 그 말이 상당한 근거를 가진 가사라고 수긍을 하게 된다.

퇴직은 외로움과의 싸움이다. 새장 안에서 조잘거리고 비상할 수 없었던 새가 하늘을 향해 맘껏 날아갈 수 있고 세상 어느 곳이든 갈

기회가 주어지지만 순간이고 찰나일 뿐 외로움은 지울 수가 없다. 오히려 직업인생일 때 쫓김의 연속에 분노하고 감옥에 갇혀 옴짝달싹할 수 없는 그 삶이 그리워진다. 그러나 퇴직은 자유를 어렵게 획득한 내가 개방의 나를 만들고 가꾸어가는 기회의 땅에 서 있는 것도 한편으로는 다행스럽게 생각한다.

자유인생은 단점도 많지만 장점도 많다. 관건은 내가 어떻게 요리하느냐에 따라 달라진다. 접어두었던 공부도 하고 나를 성찰할 수 있는 피정이나 템플스테이도 할 수 있다. 싱겁기는 하지만 노년 연애를 통해 스릴을 맛볼 수 있는 기회도 마음만 먹으면 만들어 갈 수 있다.

취미생활도 작심삼일로 끝나는 경우가 태반이다. 그러나 어차피 우리 인생은 바위에 부딪쳐 산산조각이 날 수 밖에 없는 유한성이 숙명이지만 진군나팔을 힘차게 울리고 발걸음을 떼어 나가야 한다.

퇴직은 모든 사람으로부터의 단절을 의미한다. 같이 교육을 걱정하면서 같이 고민했던 친구들 동료들 선후배들과 퇴직 후에는 연락이 끊기면서 어딘가에 꼭꼭 숨어서 무엇을 하며 어떻게 지내는지 깜깜무소식이 된다. 어린 시절의 숨바꼭질은 술래를 잡기 힘들지 않았지만 노년의 숨바꼭질은 오리무중일 뿐이다.

현직에 근무할 때는 하루가 멀다 하고 뻔질나게 애경사 알림장도 오더니 퇴직 후에는 어쩌다 한 번 올까말까 뜸해지고 애경사를 알려야 할지도 망설여진다. 그만큼 거리감이 생기고 또한 같이 근무했다는 것이 무슨 큰 의미가 있다고 애경사를 알려야 하는가 의문점을 갖게 된다. 애경사를 알려도 반응은 미지근하니 예전 같지 않고 축전이나 조전조차도 기대하기 어려운 상황이다.

퇴직은 동적인 세상에서 정적인 세상으로의 이전이다. 이리 갈까 저리 갈까 갈 곳이 많아 선별해서 얼굴을 보여주던 화려한 시절이 이제는 아무도 찾아오지 않고 들여다보지 않고 안부를 묻지도 않는 절벽의 세상으로 돌변해 버린 것이다.

시간을 내서 밥을 같이 먹자고 졸라대던 사람들은 어디로 간 것일까? 우리들은 퇴직과 동시에 폐기처분된 것이다. 그렇다고 숨죽이고 살 수는 없다. 일어서서 밖으로 나가서 누군가를 만나서 삶의 활력을 불어넣고 생기를 되찾아야 한다.

퇴직을 기준으로 이전과 이후의 삶의 모습은 하늘과 땅의 차이만큼이나 변화무쌍하다.

퇴직 이전은 일에 쫓겨 분주한 나날이었다. 거대한 학교 조직을 이끌어 가는 책임이 부여되어 있지만 교육환경을 기획하고 방향을 설정하여 조직이 원만하게 굴러가도록 이끄는 일은 생각보다 만만하지 않다.

최고의 지적 능력을 보유한 교사들을 다루는 일은 쉽지 않고 그들은 자존심 하나만으로도 하늘을 찌를 정도로 곧고 원대하다. 사람을 다루는 일은 그만큼 어려운 일이다.

퇴직 후에는 왠지 계속 쉬고 싶은 마음이 가득하다. 퇴직 이전까지 일에 시달리고 심적으로 수십 년 동안의 누적된 피로가 지병이 되어 버려서 생기는 현상인 것일까?

생각도 많고 미련도 많고 하고 싶은 것도 많았지만 막상 뚜껑을 열고 달려들려 하면 용기가 쪼그라들고 열정이 식어버리는 것은 나이가 들었다는 증거일 것이다.

퇴직은 밀어내기가 아니다. 지금까지 살아온 날들을 뒤돌아보면서 재평가하고 이승에서의 삶을 정리할 기회를 주는 것이다. 저승에 가져갈 보따리는 가벼워야 한다. 무거울수록 저승에서의 삶은 고달 프다. 모든 것을 다 두고 내려놓고 홀가분한 영혼과 몸으로 하늘을 향해 훨훨 날아가야 한다.

　퇴직 후 자신이 낙동강 오리알이 설령 되었다고 해도 분노하거나 슬퍼하지 마라. 그동안의 가상의 세계에서 나를 들여다볼 수 있고 나를 평가할 수 있고 잃어버렸던 나를 되찾을 수 있다. 절호의 기회 가 당도한 것이니 위축되고 숨죽이며 살아갈 필요는 없다.

　현직에 있을 때 일에 파묻혀 내가 하고 싶은 것을 내 맘대로 시간 적 여유를 갖고 뜻대로 해본 적이 없다. 자칫 잘못 생각하면 사회가 자신을 버린 것으로 착각할 때가 많다. 버림받았다면 얼마나 원통한 일이랴마는 자신을 붙들었던 사회가 자기를 놓아 준 것이 정답이다. 오히려 감사하고 나아갈 방향을 설정하고 유한한 시간을 쪼개고 나 누어서 힘찬 발걸음을 내딛어야 한다.

　쉴 새 없이 움직이는 시계의 초침을 바라보라. 얼마나 빠르게 움 직이고 있는지 소름이 끼칠 정도이다. 우리 모두에게 무한함은 존재 하지 않는다. 유한함만 있을 뿐이다.

　퇴직은 곧 절망의 계절로 접어들 것이라는 선입견이 우세하다. 무 엇을 할 것인가를 생각하면 마땅히 떠오르는 것 없이 대안부재의 상 태가 계속된다. 머릿속은 복잡하고 결론을 내지 못하는 혼동이 계속 되며 머리는 지끈지끈 아파온다.

　신이 허락하지 않는 한 낯선 길은 미지의 세계이고 험난하면서도 불확실하다는 것이다.

　다시 말하면 길이 나 있는 곳을 걷는 것은 블루오션으로 안전하지 만 경쟁이 어마어마하다는 것을 알아야 한다. 생존경쟁이 치열하고 성공이 보장되지 않는 세계이다.

기득권층을 치고 들어가서 차별화하면서 자신의 영역을 넓혀가는 것이 수순이다.

길이 있지 않는 곳을 걷는 것은 위험하고 모험을 해야 하지만 레드오션의 세계이다.

위험지수가 높은 만큼 성공의 보수도 두둑한 매력이 숨어 있다. 투기로 몰락할 수도 있지만 경쟁자가 거의 없어 잘만 하면 짧은 시간에 떼돈을 챙길 수 있는 보물이 숨어 있는 세상이다.

퇴직의 희로애락을 맛본 노년들이여! 미래를 향해 새들처럼 훨훨 날아보자.

엄대용 ─────────────────────────────

인하대학교 교육대학원 교육학 석사

전국 교사 연구대회 1등급 푸른기장 수상
안산 원곡고등학교 외 7개교 교사 재직
부천북고등학교, 부천북여자중학교 교감 재직
송내고등학교, 일동고등학교, 부천중학교, 고양 지도중학교 교장 재직

好學先生의
窓

───────────────

갈래길에서 賢者는

초판인쇄 2017년 9월 1일
초판발행 2017년 9월 1일

지은이   엄대용
펴낸이   채종준
펴낸곳   한국학술정보㈜
주소   경기도 파주시 회동길 230(문발동)
전화   031) 908-3181(대표)
팩스   031) 908-3189
홈페이지 http://ebook.kstudy.com
전자우편 출판사업부 publish@kstudy.com
등록   제일산-115호(2000. 6. 19)

ISBN 978-89-268-8124-8 93370